버전업!

新HSK VOCA 2500

张近平 저 · 최경아 역

6급

동양북스

3쇄 발행 | 2017년 4월 5일

지은이 | 张近平
역　자 | 최경아
발행인 | 김태웅
편집장 | 강석기
편　집 | 권민서, 양정화, 정지선, 김효수, 김다정
디자인 | 방혜자, 성지현, 이미영, 김효정
마케팅 총괄 | 나재승
마케팅 | 서재욱, 김귀찬, 이종민, 오승수, 조경현
온라인 마케팅 | 김철영, 양윤모
제　작 | 현대순
총　무 | 한경숙, 안서현, 최여진, 강아담
관　리 | 김훈희, 이국희, 김승훈, 이규재

발행처 | 동양북스
등　록 | 제10-806호(1993년 4월 3일)
주　소 | 서울시 마포구 동교로22길 12(04030)
전　화 | (02)337-1737
팩　스 | (02)334-6624

http://www.dongyangbooks.com

ISBN 978-89-98914-08-0　13720

▶ 본 책은 저작권법에 의해 보호를 받는 저작물이므로 무단 전재와 복제를 금합니다.
▶ 잘못된 책은 구입처에서 교환해 드립니다.

이 도서의 국립중앙도서관 출판시도서목록(CIP)은 서지정보유통지원시스템 홈페이지(http://seoji.go.kr)와
국가자료공동목록시스템(http://www.nl.go.kr/kolisnet)에서 이용하실 수 있습니다.
(CIP제어번호:CIP2013006058)

自中国国家汉办/孔子学院总部2009年正式推出新汉语水平考试(HSK)以来，这一考试在海内外受到热烈欢迎。现在应试人数越来越多，对汉语国际推广工作起到了积极的推动作用。2013年中国国家汉办又对新HSK词汇大纲进行了修订，并于2013年1月在网站上正式公布。为了让应试者能更有的放矢地准备新HSK考试，笔者编写了这套单词书。

중국 국가 한반 및 공자학원 본부가 2009년 정식으로 출시한 新HSK는 중국과 해외에서 열렬한 환영을 받고 있습니다. 현재에도 응시 인원이 갈수록 늘어나면서 중국어를 세계적으로 보급하는 데 촉진제 역할을 하고 있습니다.

하지만, 2013년 중국 국가 한반은 또 한 번 新HSK 어휘 요강을 개정하였으며, 이에 관한 내용을 2013년 1월 해당 사이트에 정식으로 발표했습니다. 이에 필자는 응시자가 新HSK 준비에 만전을 기할 수 있도록 본서를 편찬하게 되었습니다.

지은이

이 책의 특징

01 最新! 这次修订的大纲除了调整一些词汇的级别分布，删减一部分词汇外，还增添了一些使用频率高的词汇。本套书严格按照最新修订的新HSK词汇大纲编写，并且标注出了新增添的和级别有变化的词汇。

02 最切近考试! 通过对新HSK真题语料的分析，注释出了每个词语在考试中常出现的义项的韩语意思，忽略其他不常出现的义项。所给出的例句大都来自新HSK真题语料库，能最大限度地帮助应试者准备考试。

03 最典型! 例句不但大都来自新HSK真题语料，而且都是根据每个词语的典型意义和语法特点筛选。因此只要掌握所给出的例句，就基本能掌握该词的意思和语法功能。

04 最易记! 选择例句时，除了考虑以上几点外，还特别注意了韩国人的母语思考方式和记忆方式，所选例句对韩国人来说易记不易忘。

为了急得给你们信息，只争朝夕地进行编写，本套书还有很多不足，希望在使用过程中给予指正。

01 **가장 새롭다!** 이번 개정의 요지는 일부 어휘의 등급 조정과 일부 어휘를 빼고 추가하는 것 이외에도, 사용 빈도가 높은 어휘를 추가했다는 것이다. 본서는 최신 개정된 新HSK 어휘 요강에 따라 엄격하게 집필했으며, 새로 추가된 단어와 등급 조정된 어휘에 별도로 표시를 해두었다.

02 **시험에 가장 가깝다!** 新HSK 기출문제에 대한 분석을 통해서, 각 단어에는 시험에서 자주 나오는 의미의 한국어 뜻으로 주석을 달았고, 기타 잘 나오지 않는 의미는 제외했다. 제시한 예문은 대부분 新HSK 기출문제에 근거했으며, 최대한 응시자의 입장을 배려했다.

03 **가장 전형적이다!** 예문은 기출문제에 근거하여, 각 단어의 전형적인 뜻과 어법 특징을 기준으로 선별했다. 따라서 주어진 예문만 잘 파악하면 기본적으로 해당 단어의 의미와 어법적 기능을 파악할 수 있다.

04 **가장 기억하기 쉽다!** 예문 선별 시 이상의 몇 가지 점을 고려한 것을 제외하고도 한국인의 모국어 사고방식과 기억방식에 유념하여 집필하였으므로, 한국인에게 가장 쉽게 기억되고 또한 쉽게 잊어버리지 않을 것이다.

끝으로 수험생들에게 단어 개정에 관련된 정보를 빠르게 전달하고자 촉각을 다투며 집필하여 본서가 다소 부족한 점이 있을 수 있으니, 독자 여러분의 많은 지도편달 바랍니다.

이 책의 활용팁

Tip 1
해당 단어를 예문에 표시하여 문장에서의 쓰임을 한 번 더 확인할 수 있습니다.

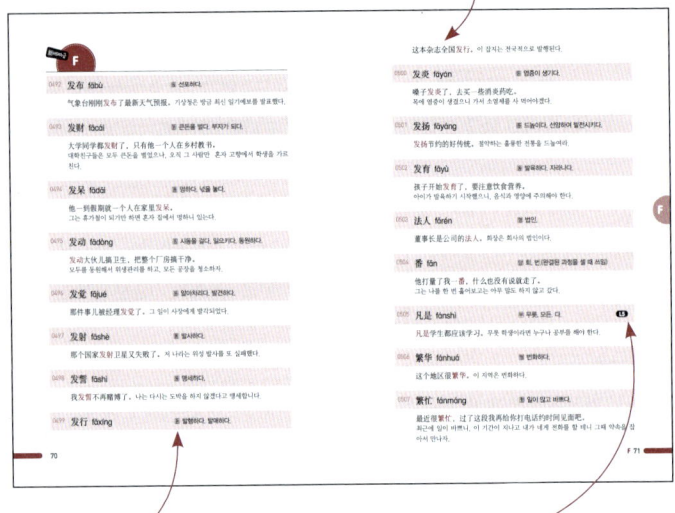

Tip 2
품사는 다음과 같이 약자로 표시하였습니다.

명사	명	형용사	형	인칭대사	
동사	동	조동사	조동	의문대사	대
부사	부	접속사	접	지시대사	
수사	수	감탄사	감	어기조사	
양사	양	접두사	접두	시태조사	조
전치사	전	접미사	접미	구조조사	
의성어	의성				

Tip 3
개정된 단어에는 암호를 따로 표기했습니다.

- **N** - 해당 급수에 새롭게 추가된 단어
- **C** - 같은 급수에서 단어의 형태가 바뀐 단어
  예) 划船 → 划
- **L숫자** - 해당 급수가 바뀐 단어로 L뒤에 있는 숫자는 바뀌기 전 급수를 표기함.
  예) 播放 **L6** → 6급에서 5급으로 급수 조정.

新 HSK 6급

차 례

이 책을 내면서 · · · · · · · · · · · · · · 3
이 책의 특징 · · · · · · · · · · · · · · · 4
이 책의 활용팁 · · · · · · · · · · · · · 6

A · · · · · · · · · · · · · 8		**N** · · · · · · · · · · · · · 167
B · · · · · · · · · · · · · 10		**O** · · · · · · · · · · · · · 170
C · · · · · · · · · · · · · 29		**P** · · · · · · · · · · · · · 171
D · · · · · · · · · · · · · 51		**Q** · · · · · · · · · · · · · 179
E · · · · · · · · · · · · · 69		**R** · · · · · · · · · · · · · 194
F · · · · · · · · · · · · · 70		**S** · · · · · · · · · · · · · 199
G · · · · · · · · · · · · · 85		**T** · · · · · · · · · · · · · 221
H · · · · · · · · · · · · · 100		**W** · · · · · · · · · · · · · 234
J · · · · · · · · · · · · · 112		**X** · · · · · · · · · · · · · 244
K · · · · · · · · · · · · · 136		**Y** · · · · · · · · · · · · · 263
L · · · · · · · · · · · · · 146		**Z** · · · · · · · · · · · · · 283
M · · · · · · · · · · · · · 157		

0001 **挨** āi　　　　　　　　　　　동 붙어있다. 인접하다.
　　　ái　　　　　　　　　　　동 ~을 당하다. ~을 받다.

他喜欢挨āi着我坐。 그는 나와 붙어 앉는 것을 좋아한다.
他挨ái了爸爸一顿批评。 그는 아버지께 야단을 맞았다.

0002 **癌症** áizhèng　　　　　　　명 암. 암의 통칭.

他得了癌症, 活不了多长时间了。 그는 암에 걸려 얼마 살지 못하게 되었다.

0003 **爱不释手** àibú shìshǒu　　　성 너무나 좋아하여 차마 손에서 떼어 놓지 못하다.

新买的玩具让孩子爱不释手。
아이는 새로 산 장난감에 빠져 한시도 손에서 놓지 못한다.

0004 **爱戴** àidài　　　　　　　　동 추대하다. 우러러 섬기다.

公司的下属都爱戴他。 회사의 아랫사람들은 모두 그를 추대한다.

0005 **暧昧** àimèi　　　　　　　　형 애매하다. 불확실하다. 떳떳하지 못하다.

这两个人的关系很暧昧。 이 두 사람의 관계는 매우 애매하다.

0006 **安宁** ānníng　　　　　　　형 (마음·질서가) 안정되다. 편하다.

最近家里很不安宁。 최근에 집안이 매우 불안하다.

0007 **安详** ānxiáng　　　　　　　형 점잖다. 차분하다.

老人安详地坐在椅子上。 노인께서 점잖게 의자에 앉아 계신다.

0008 **安置** ānzhì　　　　　　　　동 잘 놓아두다. 안치하다. 배치하다.

邻国已经无法安置难民。이웃 나라는 이미 이재민을 수용할 방법이 없다.

0009 **按摩** ànmó
동 안마하다. 마사지하다.
명 안마. 마사지.

他很喜欢给妈妈按摩。그는 엄마에게 안마해주는 것을 매우 좋아한다.
我太累了，一会儿去做按摩。
나는 너무 피곤해서, 조금 있다 안마나 하러 가야겠다.

0010 **案件** ànjiàn
명 (법률상의) 사건. 안건.

那个小区又发生了一件杀人案件。저 작은 마을에 또 살인사건이 발생했다.

0011 **案例** ànlì
명 사례. 사건·소송 등의 구체적인 예.

这是一个不常见的案例。이것은 흔한 사례가 아니다.

0012 **暗示** ànshì
명 암시. 동 암시하다.

这个图案给了我们很多暗示。이 도안이 우리에게 많은 암시를 주었다.

0013 **昂贵** ángguì
형 비싸다. 가격이 치솟다.

这块手表很昂贵。이 손목시계는 비싸다.

0014 **凹凸** āotū
형 울퉁불퉁하다.

地面凹凸不平。지면이 울퉁불퉁하고 고르지 못하다.

0015 **熬** áo
동 인내하다. 견디다. 푹 삶다.

他熬了十年的苦日子。그는 십 년의 고생스러운 세월을 견뎌냈다.

0016 **奥秘** àomì
명 신비. 비밀.

太空有很多奥秘。우주에는 많은 신비스러운 것이 있다.

0017 **巴不得 bābude** 동 간절히 원하다. 몹시 바라다.

我巴不得早点回国。 나는 서둘러 귀국하기를 간절히 바란다.

0018 **巴结 bājie** 동 권력에 아첨하다. 비위를 맞추다. 아부하다.

他喜欢巴结领导。 그는 상관에게 아부하는 것을 좋아한다.

0019 **扒 bā** 동 벗기다. 벗어버리다. 뜯어내다. 캐내다.

小李把衣服扒了下来。 이 군은 옷을 벗었다.

0020 **疤 bā** 명 상처. 흉터. 흠.

那个人的脸上有一道疤，衣服很破。
저 사람의 얼굴에는 상처가 있고, 옷은 낡았다.

0021 **拔苗助长 bámiáo zhùzhǎng** 성 일을 급하게 이루려고 하다가 도리어 일을 그르치다.

教育孩子不能拔苗助长。 아이 교육은 급하게 서두르다가 그르쳐서는 안 된다.

0022 **把关 bǎguān** 동 책임을 지다. 엄격히 심사하다.

请有经验的师傅给把关。 경험이 있는 선생이 책임을 져주세요.

0023 **把手 bǎshou** 명 손잡이. 핸들.

这个门把手坏了。 이 문의 손잡이가 고장 났다.

0024 **罢工 bàgōng** 명 동맹 파업.
동 동맹 파업하다.

这场罢工一共有三万人参加。
이번 동맹 파업은 모두 삼만 명이 참가했다.

工人们仍然在罢工。 직원들은 여전히 동맹 파업 중이다.

0025 **霸道** bàdào   형 난폭하다. 포악하다.   명 패도.

做人不能太霸道。 처신하는 데 있어 너무 난폭해서는 안 된다.

0026 **掰** bāi   동 (손으로 물건을) 쪼개다. 가르다.

农民在地里掰玉米。 농민이 땅에서 옥수수를 쪼개고 있다.

0027 **摆脱** bǎituō   동 (속박·규제·생활상의 어려움 등에서) 벗어나다. 빠져나오다.

我终于摆脱掉他了。 나는 마침내 그에게서 벗어났다.

0028 **败坏** bàihuài   동 (명예·풍속 등을) 망치다. 손상시키다.

社会风气让这些人败坏了。 사회 풍조가 이 사람들을 망쳤다.

0029 **拜访** bàifǎng   동 삼가 방문하다. 예방하다.

我昨天去拜访了老师。 나는 어제 선생님을 찾아가 뵈었다.

0030 **拜年** bàinián   동 세배하다. 새해인사를 드리다.

明天去舅舅家拜年。 내일 외삼촌 댁에 가서 세배를 드리려 한다.

0031 **拜托** bàituō   동 부탁하다.

我想拜托您帮个忙。 저는 당신께서 좀 도와주셨으면 합니다.

0032 **颁布** bānbù   동 반포하다. 공포하다.

新的法令颁布了，旧的法令自动废除。
새로운 법령이 반포되어, 옛날 법령은 자동적으로 폐기되었다.

0033 **颁发** bānfā　　　동 (증서나 상장 따위를) 수여하다. 공포하다.

公司领导给模范颁发了奖状。 회사 사장님은 모범직원에게 상을 수여하였다.

0034 **斑** bān　　　명 얼룩. 반점. **C**

老婆怀孕后，脸上长了一些斑。 마누라는 임신 후에 얼굴에 반점들이 생겼다.

0035 **版本** bǎnběn　　　명 판본.

这本小说有很多版本。 이 소설은 여러 판본이 있다.

0036 **半途而废** bàntú érfèi　　　성 일을 중도에 그만두다.

做任何事情都不能半途而废。
어떤 일을 하든지 중도에 그만두어서는 안 된다.

0037 **扮演** bànyǎn　　　동 ~역을 맡아 하다. 출연하다.

他在公司扮演着重要的角色。 그는 회사에서 중요한 역할을 맡고 있다.

0038 **伴侣** bànlǚ　　　명 배우자. 반려자. 동료. 짝.

他们俩是伴侣又是朋友。 그들 둘은 반려자이자 친구이다.

0039 **伴随** bànsuí　　　동 따라가다. 동행하다. 수반하다.

春天伴随着春风来了。 봄이 봄바람을 타고 왔다.

0040 **绑架** bǎngjià　　　동 납치하다. 인질로 잡다.

那个富人的孩子被绑架了。 그 부자의 아이가 인질로 잡혔다.

0041 **榜样** bǎngyàng　　　명 모범. 본보기.

他是我学习的榜样。 그는 내 학습의 본보기이다.

0042 **磅 bàng** 몡 (중량 단위인) 파운드(pound).

这个黄瓜重三磅。이 오이는 3파운드의 무게가 나간다.

0043 **包庇 bāobì** 동 (나쁜 일을) 감싸주다. 비호하다.

包庇坏人的政府不是好政府。악인을 비호하는 정부는 좋은 정부가 아니다.

0044 **包袱 bāofu** 몡 부담. 짐. 보따리.

放下包袱，快乐生活。부담을 내려놓아야 생활이 즐거워진다.

0045 **包围 bāowéi** 동 포위하다. 에워싸다.

小偷儿被我们包围了。좀도둑은 우리에게 포위되었다.

0046 **包装 bāozhuāng** 동 물건을 포장하다.

他把这件礼物包装好给妈妈了。그는 선물을 잘 포장하여 엄마에게 드렸다.

0047 **饱和 bǎohé** 형 최고조에 달하다. 포화상태에 이르다.

蔬菜市场已经饱和了。채소시장은 이미 포화상태가 되었다.

0048 **饱经沧桑 bǎojīng cāngsāng** 성 세상만사의 변화를 실컷 경험하다.

这位老人饱经沧桑。이 노인은 세상만사를 다 겪은 분이다.

0049 **保管 bǎoguǎn** 동 보관하다. 확실히 보증하다.

把东西交给我保管吧。물건을 저에게 주시면 보관하겠습니다.

0050 **保密 bǎomì** 동 비밀을 지키다.

你要替我保密。너는 나를 대신해서 비밀을 지켜야 한다.

0051 **保姆 bǎomǔ** 몡 보모. 가정부.

家里请了一个保姆。 집에 가정부를 한 분 모셨다.

0052 **保守 bǎoshǒu** 혱 보수적이다.
동 지키다. 고수하다.

他那个人很保守。 그라는 사람은 매우 보수적이다.
你别担心了，他一定能保守秘密。
너는 걱정하지 마, 그는 반드시 비밀을 지킬 수 있어.

0053 **保卫 bǎowèi** 동 보위하다. 지키다.

我们誓死保卫我们的祖国。 우리는 조국을 보위할 것을 목숨을 걸고 맹세한다.

0054 **保养 bǎoyǎng** 동 보양하다. 양생하다. 수리하다. 정비하다.

她很注意保养皮肤。 그녀는 피부관리에 매우 신경을 쓴다.

0055 **保障 bǎozhàng** 동 보장하다. 보증하다.

固定工作会保障我们的生活。 고정된 직업은 우리의 생활을 보장할 수 있다.

0056 **保重 bǎozhòng** 동 몸조심하다. 건강에 주의하다.

一个人在外，要保重身体。 혼자서 밖에 있으면 몸조심을 해야 한다.

0057 **报仇 bàochóu** 동 복수하다. 원수를 갚다.

我一定要替父母报仇。 나는 반드시 부모를 대신해서 복수해야 한다.

0058 **报酬 bàochou** 몡 보수. 사례금. 수고비.

每天工作很长时间，得到的报酬却很少。
매일 오랫동안 일을 하는데, 손에 들어온 보수가 너무 적다.

0059 **报答** bàodá 〔동〕 보답하다. 은혜를 갚다.

我一定会报答您的恩情。
저는 당신이 베풀어주신 은혜에 반드시 보답할 것입니다.

0060 **报复** bàofù 〔동〕 보복하다.

战士们用更猛烈的炮火报复了敌人。
전사들은 더 강한 화력으로 적에게 복수했다.

0061 **报警** bàojǐng 〔동〕 경찰에 신고하다. Ⓝ

他已经报警了。 그는 이미 경찰에 신고했다.

0062 **报销** bàoxiāo 〔동〕 (사용 경비를) 청구하다. 결산하다.

我要去会计那里报销出差费用。
나는 회계에게 가서 출장 비용을 청구해야 한다.

0063 **抱负** bàofù 〔명〕 포부.

孩子年纪不大, 抱负却很远大。 아이가 나이는 어린데, 포부가 원대하다.

0064 **暴力** bàolì 〔명〕 폭력. 무력. 공권력.

我们反对一切暴力行动。 우리는 모든 폭력적인 행동을 반대한다.

0065 **暴露** bàolù 〔동〕 드러내다. 폭로하다.

他在工作中暴露出很多缺点。 그는 작업 중 많은 결점을 드러냈다.

0066 **曝光** bàoguāng 〔동〕 폭로되다. 노출되다.

事情曝光后他很担心。 일이 폭로된 후에 그는 걱정을 많이 한다.

0067 **爆发** bàofā 〔동〕 발발하다. (감정이) 폭발하다.

工人革命爆发了。 노동자 혁명이 일어났다.

0068 **爆炸** bàozhà　　　　　동 작렬하다. 폭발하다.

火药不小心爆炸了。화약이 부주의로 폭발했다.

0069 **卑鄙** bēibǐ　　　　　형 비열하다. 졸렬하다.

这种做法很卑鄙。이런 방법은 매우 비열하다.

0070 **悲哀** bēi'āi　　　　　형 슬프고 애통하다. 상심하다.

鸟的叫声很悲哀。새의 울음소리가 매우 슬프고 애통하다.

0071 **悲惨** bēicǎn　　　　　형 비참하다. 비통하다.

丈夫去世后，她的生活很悲惨。
남편이 세상을 떠난 후, 그녀의 생활은 매우 비참하다.

0072 **北极** běijí　　　　　명 북극.

北极在逐渐变暖。북극이 점점 따뜻해지고 있다.

0073 **贝壳** bèiké　　　　　명 조가비.

海边有很多贝壳。해변에 조가비가 많이 있다.

0074 **备份** bèifèn　　　　　동 예비분으로 복제하다. 백업(back-up)하다.

文件要经常备份。문서는 자주 백업을 해두어야 한다.

0075 **备忘录** bèiwànglù　　　　　명 비망록.

这份备忘录很重要。이 비망록은 매우 중요하다.

0076 **背叛** bèipàn　　　　　동 배반하다. 배신하다.

16

我们不能背叛祖国。우리는 조국을 배신해서는 안 된다.

0077 **背诵 bèisòng** 통 외우다. 암송하다.

那篇课文是要背诵的。그 본문은 암송해야 한다.

0078 **被动 bèidòng** 형 피동적이다. 수동적이다.

我们现在处于很被动的地位。우리는 현재 매우 수동적인 위치에 처해있다.

0079 **被告 bèigào** 명 피고.

他是被告，人民群众是原告。 그는 피고이고, 국민은 원고이다.

0080 **奔波 bēnbō** 통 분주히 뛰어다니다. 분주하다.

从农村来到城市后，他每天为生活而奔波。
농촌에서 도시로 온 후, 그는 매일 생활을 위해 분주히 뛰어다닌다.

0081 **奔驰 bēnchí** 통 질주하다. 폭주하다.

汽车在高速公路上奔驰。자동차가 고속도로에서 질주한다.

0082 **本能 běnnéng** 명 본능.

保护自己的孩子是动物的本能。제 자식을 보호하는 것은 동물의 본능이다.

0083 **本钱 běnqián** 명 밑천. 자본. 본전. 원금.

做生意需要很多本钱。사업을 하려면 많은 자본이 필요하다.

0084 **本人 běnrén** 명 본인. 당사자.

照片不像他本人。사진이 그 사람 본인 같지 않다.

0085 **本身 běnshēn** 명 자신. 본인.

老师本身不想去。 선생님 자신은 가고 싶지 않다.

0086 **本事 běnshì** 명 능력. 재능.

孩子的本事很大。 아이의 재능이 매우 크다.

0087 **笨拙 bènzhuō** 형 멍청하다. 우둔하다.

他的动作看上去很笨拙。 그의 동작은 보기에 매우 우둔하다.

0088 **崩溃 bēngkuì** 동 붕괴하다. 무너지다.

被告的精神已经崩溃了。 피고의 정신이 이미 붕괴되었다.

0089 **甭 béng** 부 ~할 필요 없다. ~하지 마라.

你甭理他，他本来就是一个不讲理的人。
그는 원래 도리를 모르는 사람이니, 너는 그를 상대할 필요 없다.

0090 **迸发 bèngfā** 동 밖으로 내뿜다. 분출하다.

她的怒火迸发了出来。 그녀의 격한 노여움이 분출되었다.

0091 **蹦 bèng** 동 뛰어오르다. 껑충 뛰다.

孩子从上面蹦了下来。 아이가 위에서 껑충 뛰어 내려왔다.

0092 **逼迫 bīpò** 동 핍박하다. 강요하다.

他那样做是被逼迫的。 그가 그렇게 하는 것은 강요에 의한 것이다.

0093 **鼻涕 bítì** 명 콧물.

天气一冷就流鼻涕。날씨가 추워지기만 하면 콧물이 흐른다.

0094 **比方** bǐfang　　　　　　　접 예를 들어. 만일.　명 비유. 예.

比方你在现场，该怎么办?
예를 들어 네가 현장에 있다면, 어떻게 할 건데?

0095 **比喻** bǐyù　　　　　　　동 비유하다.　명 비유.

孩子把祖国比喻成母亲，比喻得很恰当。
아이는 조국을 어머니에 비유했는데, 비유가 매우 적당하다.

0096 **比重** bǐzhòng　　　　　　명 비중.(전체에서 차지하는 분량)

水占了很大的比重。물이 매우 큰 비중을 차지했다.

0097 **鄙视** bǐshì　　　　　　　동 무시하다. 경멸하다.　**N**

我鄙视那些依靠父母生活的人。
나는 부모에 기대어 생활하는 저런 사람들을 경멸한다.

0098 **闭塞** bìsè　　　　　　　형 (교통이) 불편하다. 외지다.

山村的交通很闭塞。산간 마을의 교통은 아주 불편하다.

0099 **弊病** bìbìng　　　　　　명 결함. 문제점.

这种方法有很多弊病。이런 방법에는 문제점이 많다.

0100 **弊端** bìduān　　　　　　명 폐단. 폐해.

那样做有很多弊端。그렇게 하면 폐단이 많이 생긴다.

0101 **臂** bì　　　　　　　　명 팔.

那个运动员的臂上有很多肌肉。 저 운동선수의 팔에는 근육이 많다.

0102 **边疆** biānjiāng 　　　　　　명 변방. 변경.

士兵们冒着大雪守卫着边疆。사병들이 큰 눈을 무릅쓰고 변방을 지키고 있다.

0103 **边界** biānjiè 　　　　　　명 경계선. 국경선.

那条河是两国的边界。저 강은 두 나라의 경계선이다.

0104 **边境** biānjìng 　　　　　　명 국경지대. 변경.

两国的边境相邻。두 나라의 국경지대가 서로 인접해있다.

0105 **边缘** biānyuán 　　　　　　명 가장자리 부분. 가.

杯子边缘有很多花纹。잔의 가장자리 부분에 무늬가 많다.

0106 **编织** biānzhī 　　　　　　동 짜다. 엮다. 편직하다.

女朋友给我编织了一件毛衣。여자친구가 내게 스웨터를 한 벌 짜주었다.

0107 **鞭策** biāncè 　　　　　　동 채찍질하다. 독려하고 재촉하다.

他的先进事迹鞭策着我们。그의 선진 사적이 우리를 채찍질한다.

0108 **贬低** biǎndī 　　　　　　동 (가치를) 깎아내리다. 얕잡아보다.

他总是贬低别人，抬高自己。
그는 항상 타인을 깎아내리고 자신을 치켜세운다.

0109 **贬义** biǎnyì 　　　　　　명 부정적이거나 혐오적인 의미. 폄의.

这个词是贬义的，用的时候要小心。
이 단어는 부정적인 의미이므로 사용할 때 조심해야 한다.

0110 **扁** biǎn 　　　　　　형 평평하다. 납작하다.

皮球扁了，需要去充一些气儿。
고무공이 납작해져서, 가서 공기를 좀 채워넣어야 한다.

0111 **变故** biàngù　　　　　　　　명 변고. 재난.

十年间，这里发生了很多变故。 십 년간 이곳에서 많은 변고가 발생했다.

0112 **变迁** biànqiān　　　　　　　　동 변천하다.

虽然经过多年变迁，那家店还是老样子。
비록 많은 세월이 흘렀어도, 그 상점은 여전히 예전 그대로이다.

0113 **变质** biànzhì　　　　　　　　동 변질하다. 달라지다.

咖啡已经变质了，不能再喝了。 커피가 상했으니, 더 이상 마셔서는 안 된다.

0114 **便利** biànlì　　　　　　　　형 편리하다.

首尔的交通很便利，地铁四通八达，公交路线很多。
서울의 교통은 편리한데, 지하철이 여기저기로 뚫려 있고 대중교통 노선도 많다.

0115 **便条** biàntiáo　　　　　　　　명 메모. 쪽지.

他不在，我给他留了张便条。 그가 없어서, 나는 메모를 남겼다.

0116 **便于** biànyú　　　　　　　　동 (~를 하기에) 편하다.

把字典放在旁边，便于使用。 사용하기 편하게 자전을 옆에 두세요.

0117 **遍布** biànbù　　　　　　　　동 널리 퍼지다. 널리 분포하다.

这种植物遍布整个小岛。 이런 식물은 모든 섬에 널리 퍼져있다.

0118 **辨认** biànrèn　　　　　　　　동 식별하다.

他在辨认着当时的样子。 그는 당시의 모습을 식별하고 있다.

0119 **辩护** biànhù 동 변호하다. 변론하다.

给被告辩护的律师姓刘。피고를 변호해주는 변호사의 성씨는 유이다.

0120 **辩解** biànjiě 동 해명하다. 변명하다.

他还在为自己的错误辩解。그는 아직도 자신의 잘못을 해명하고 있다.

0121 **辩证** biànzhèng 동 변증하다. 논증하다.

两种关系是辩证的。두 관계는 논증된 것이다.

0122 **辫子** biànzi 명 땋은 머리. 변발.

她梳着两根辫子。그녀는 양 갈래의 땋은 머리를 손질하고 있다.

0123 **标本** biāoběn 명 표본.

学校收集了很多动物标本。학교는 동물 표본을 많이 수집했다.

0124 **标记** biāojì 명 표기.

那本书他看得很认真，而且在上面做了很多标记。
그는 저 책을 매우 자세히 봤고, 게다가 윗면에 표시까지 많이 해두었다.

0125 **标题** biāotí 명 표제. 제목.

新闻的标题很重要。뉴스의 제목은 매우 중요하다.

0126 **表决** biǎojué 동 표결하다.

通过表决他被选为总理。표결을 통해 그는 총리로 선출되었다.

0127 **表态** biǎotài 동 태도를 밝히다. 입장을 표명하다.

国王一直没有表态。국왕은 계속해서 태도를 밝히지 않았다.

0128 **表彰** biǎozhāng 　　　　동 표창하다.

公司决定开会表彰先进。
회사는 회의를 해서 선진인물을 표창하기로 결정했다.

0129 **憋** biē 　　　　동 참다. 억제하다. 답답하게 하다.

我快憋不住了。 나는 거의 참지 못할 지경에 이르렀다.

0130 **别墅** biéshù 　　　　명 별장.

河边有很多别墅。 강가에 별장이 많다.

0131 **别致** biézhì 　　　　형 독특하다. 색다르다.

河边的别墅很别致。 강가의 별장들은 매우 독특하다.

0132 **别扭** bièniu 　　　　형 어색하다. 부자연스럽다.

这句话很别扭，需要修改一下。 이 말은 부자연스러우니 수정해야 한다.

0133 **濒临** bīnlín 　　　　동 임박하다. ~한 지경에 이르다.

公司濒临破产，很多职员都提出了辞职申请。
회사가 파산 지경에 이르러서 많은 직원들이 사직서를 제출했다.

0134 **冰雹** bīngbáo 　　　　명 우박.

天上突然下起了冰雹。 하늘에서 갑자기 우박이 내리기 시작했다.

0135 **丙** bǐng 　　　　명 (순서·등급에서) 세 번째. 제3위. **L5**

我在甲队，他在丙队。 나는 일류 팀 소속이고, 그는 삼류 팀 소속이다.

0136 **并非** bìngfēi　　　　　　동 결코 ~하지 않다.

我并非不想去，是没有时间。
난 결코 가고 싶지 않은 것이 아니라, 시간이 없다.

0137 **并列** bìngliè　　　　　　동 병렬하다.

两个人并列第一。 두 사람이 나란히 1위를 했다.

0138 **拨** bō　　　　　　동 나누어주다. 배포하다.
　　　　　　　　　　　동 (손·발·막대기 등을 이용하여 옆으로) 밀어 움직이다. ❻

上面拨了很多钱给我们。 상부에서 우리에게 많은 돈을 나누어주었다.
用这软件可以免费拨打国际长途。
이 소프트웨어를 사용해 무료로 국제전화를 걸 수 있다.

0139 **波浪** bōlàng　　　　　　명 파도. 물결.

风吹起了一些波浪。 바람이 파도를 일으켰다.

0140 **波涛** bōtāo　　　　　　명 파도. ❻

轮船在波涛汹涌的海面上航行。
선박은 파도와 물결이 거센 바다에서 항해하고 있다.

0141 **剥削** bōxuē　　　　　　동 착취하다. 명 착취.

资本家剥削工人。 자본가는 노동자를 착취한다.

0142 **播种** bōzhòng　　　　　　동 씨를 뿌리다.

播种希望，收获成果。 희망의 씨를 뿌리고 성과를 수확한다.

0143 **伯母** bómǔ　　　　　　명 백모. 큰어머니. 아주머니.

孩子们都喊她伯母。아이들은 모두 그녀를 큰어머니라고 부른다.

0144 **博大精深** bódà jīngshēn　　　형 (사상·학식 등이) 넓고 심오하다.

中华文化博大精深。중화의 문화는 넓고 심오하다.

0145 **博览会** bólǎnhuì　　　명 박람회.

班主任组织学生参观博览会。반주임은 학생들을 모아 박람회에 참관한다.

0146 **搏斗** bódòu　　　동 격렬하게 싸우다. 격투하다.

两只鸟在天上搏斗。두 마리의 새가 하늘에서 격렬하게 싸우고 있다.

0147 **薄弱** bóruò　　　형 박약하다. 약하다.

这个环节很薄弱，要特别注意。
이 부분은 매우 약하니 특별히 조심해야 한다.

0148 **补偿** bǔcháng　　　동 손실·손해를 보충하다. 결손을 보상하다.

政府补偿了老工人们很多钱。
정부는 나이든 노동자들에게 많은 돈을 배상했다.

0149 **补救** bǔjiù　　　동 교정하다. 보완하다.

已经没有办法补救了，大家只好放弃。
이미 보완할 방법이 없어서 모두 포기할 수밖에 없다.

0150 **补贴** bǔtiē　　　명 보조금.
　　　　　　　　　동 보조하다. 보태주다.

政府给一些困难户发放补贴。
정부는 극빈가정들에게 보조금을 나누어준다.

他晚上还出去打工，补贴家里的生活费。
그는 저녁에도 나가서 아르바이트를 하여, 집안의 생활비를 보탠다.

0151 **捕捉 bǔzhuō** 동 잡다. 붙잡다.

摄影师用自己的镜头捕捉精彩瞬间。
사진사는 자신의 렌즈로 멋진 순간을 포착한다.

0152 **哺乳 bǔrǔ** 동 젖을 먹이다. 젖을 먹여 키우다.

母猪在哺乳小猪。어미 돼지가 새끼 돼지에게 젖을 먹이고 있다.

0153 **不得已 bùdéyǐ** 형 어쩔 수 없다. 부득이하다.

他不得已才那样做。그는 어쩔 수 없이 그렇게 하는 것이다.

0154 **不妨 bùfáng** 부 괜찮다. 무방하다.

这个方法不错, 不妨试一下。이 방법이 괜찮으니, 시도해도 좋다.

0155 **不敢当 bù gǎndāng** 감당하기 어렵다. 가당치 않다. 송구스럽다.

他们喊我教授, 我很不敢当。
그들이 저를 교수라고 부르는데, 저는 정말 몸 둘 바를 모르겠습니다.

0156 **不顾 búgù** 동 고려하지 않다. 꺼리지 않다.

他不顾自己的危险, 救出了小女孩儿。
그는 자신의 위험을 고려하지 않고, 어린 여자아이를 구출했다.

0157 **不禁 bùjīn** 부 자기도 모르게. 참지 못하고.

这样的场面让我不禁流下泪来。
이 장면은 나도 모르게 눈물을 흘리게 했다.

0158 **不堪 bùkān** 동 감당할 수 없다. 견딜 수 없다.

这几年的生活让老母亲痛苦不堪。
최근 몇 년의 생활은 노모가 감당하기에는 너무 고통스러웠다.

0159 **不可思议** bùkě sīyì　　　형 불가사의하다. 상상할 수 없다.

真不可思议，她竟然是个小偷。
그녀가 좀도둑이라니, 정말 믿을 수가 없네.

0160 **不愧** búkuì　　　부 부끄럽지 않게. 손색없이.

他不愧是当代最优秀的作家。
그는 당대 최고로 우수한 작가라 하기에 손색이 없다.

0161 **不料** búliào　　　부 뜻밖에. 의외로.

我早就出门了，不料迟到了。
나는 일찍 집을 나섰는데, 뜻밖에도 지각을 했다.

0162 **不免** bùmiǎn　　　부 면할 수 없다. 피하지 못하다. L5

妈妈不免有点儿担心。엄마는 걱정을 좀 하지 않을 수 없다.

0163 **不时** bùshí　　　부 자주. 종종. 늘.

那边的那个人不时抬头看看我。
저쪽의 저 사람이 자주 고개를 들어 나를 본다.

0164 **不惜** bùxī　　　동 아끼지 않다.

为了钱，他不惜牺牲了自己的健康。
돈을 위해 그는 기꺼이 자신의 건강을 희생했다.

0165 **不相上下** bùxiāng shàngxià　　　성 우열을 가릴 수 없다. 막상막하이다.

他们俩的汉语水平不相上下。그들 둘의 중국어 수준은 우열을 가릴 수 없다.

0166 **不像话** bú xiànghuà　　　말이 안 된다. 이치에 맞지 않다.

你们真不像话，这么晚了还不起床。
이렇게 늦었는데도 아직도 안 일어나다니, 너희들은 정말로 말이 안 된다.

0167 **不屑一顾 búxiè yígù**　　　　거들떠볼 가치도 없다.

他对我不屑一顾。 그는 나를 거들떠보지도 않는다.

0168 **不言而喻 bùyán éryù**　　　　성 말하지 않아도 알다.

这句话里的道理不言而喻。 이 말 속의 이치는 말하지 않아도 안다.

0169 **不由得 bùyóude**　　　　부 저절로. 자연히. 자기도 모르게.
　　　　　　　　　　　　　　동 ~하지 않을 수 없다.

孩子不由得大哭起来。 아이는 자기도 모르게 크게 울기 시작했다.
孩子一个月没有往家里打过电话了，母亲不由得担心起来。
아이가 한 달 동안이나 집에 전화를 하지 않았으니, 어머니가 걱정하지 않을 수 없다.

0170 **不择手段 bùzé shǒuduàn**　　　성 (목적을 달성하기 위하여) 수단·방법을 가리지 않다.

坏人开始不择手段地搞破坏。
악인은 수단과 방법을 가리지 않고 파괴하기 시작한다.

0171 **不止 bùzhǐ**　　　　동 멈추지 않다. 그치지 않다.

伤口流血不止，他只得去医院了。
상처에서 피가 멈추지 않고 계속 흘러 그는 어쩔 수 없이 병원에 가야 했다.

0172 **布告 bùgào**　　　　명 게시문. 포고문. 공고문.

墙上贴了很多布告。 벽에 게시문을 많이 붙였다.

0173 **布局 bùjú**　　　　명 구도. 짜임새. 분포.

房间的布局很舒适。 방안의 배치가 매우 적절하게 되어있다.

0174 **布置 bùzhì**　　　　동 안배하다. 배치하다. 진열하다.

她把房间布置得很精致。 그녀는 방을 매우 정교하고 세밀하게 배치했다.

0175 **步伐** bùfá 몡 발걸음. 걸음걸이.

军人们迈着一致的步伐向前。
군인들은 똑같은 걸음걸이로 앞을 향해서 걷고 있다.

0176 **部署** bùshǔ 통 배치하다. 안배하다.

上级又部署了很多新任务。 상부에서 또 많은 새로운 임무를 배치했다.

0177 **部位** bùwèi 몡 (신체) 부위.

眼睛是人体的重要部位。 눈은 인체의 중요한 부위이다.

0178 **才干** cáigàn 몡 능력. 재간.

他很有才干，所以公司让他负责整个部门。
그는 뛰어난 능력을 갖추고 있어서, 회사는 그에게 모든 부서의 책임을 맡겼다.

0179 **财富** cáifù 몡 부(富). 자산.

知识就是财富，拥有知识才能拥有财富。
지식이야말로 자산이므로 지식을 보유해야만 비로소 부를 가질 수 있다.

0180 **财务** cáiwù 몡 재무. 재정.

他负责公司的财务。 그는 회사의 재무를 책임진다.

0181 **财政** cáizhèng 몡 (정부 부서의) 재정.

老总掌握财政，会计得听他的。
사장이 재정을 장악하고 있어서 회계는 그의 말을 들어야 한다.

0182 **裁缝** cáifeng 　　　　　　명 재봉사.

父母都是裁缝，所以他经常能穿新衣服。
부모가 모두 재봉사이셔서, 그는 늘 새 옷을 입을 수 있다.

0183 **裁判** cáipàn 　　　　　　명 심판.
　　　　　　　　　　　　　　동 심판을 보다.

这场球他做裁判。 이 구장에서 그는 심판이다.

他裁判得很公正，胜败双方都没有意见。
그가 매우 공정하게 심판을 봐서, 승자와 패자 쌍방이 모두 이의가 없다.

0184 **裁员** cáiyuán 　　　　　　동 감원하다. 인원을 축소하다.

公司又开始了裁员减薪。 회사는 또 인원 감축과 월급 삭감을 시작했다.

0185 **采购** cǎigòu 　　　　　　동 구입하다. 구매하다.

夫妻俩采购了很多吃的。 부부 두 사람은 먹을 것을 많이 샀다.

0186 **采集** cǎijí 　　　　　　동 채집하다. 수집하다.

同学们都很喜欢采集标本。 친구들은 모두 표본 수집을 좋아한다.

0187 **采纳** cǎinà 　　　　　　동 받아들이다. 수락하다. 채택하다.

公司采纳了我的建议。 회사는 내 제안을 수락했다.

0188 **彩票** cǎipiào 　　　　　　명 복권.

我从来不买彩票。 나는 여태껏 복권을 사본 적이 없다.

0189 **参谋** cānmóu 　　　　　　명 참모. 상담자.
　　　　　　　　　　　　　　동 조언하다.

买东西，他是好参谋。 물건을 살 때 그는 좋은 조언자이다.

到底买哪个，你给我参谋一下。
도대체 어떤 것을 사야 하는지 네가 나에게 조언을 좀 해줘.

0190 **参照** cānzhào　　　　동 참조하다. 참고하다.

参照这件衣服做就可以了。 이 옷을 참고해서 만들면 된다.

0191 **残疾** cánjí　　　　명 불구. 장애. 장애인.　　**L5**

他身上有残疾，可是心里却有很大的抱负。
그는 몸에는 장애가 있지만, 마음속에는 매우 큰 포부를 품고 있다.

0192 **残酷** cánkù　　　　형 잔혹하다. 잔인하다.

现实是很残酷的，不要存有太多的幻想。
현실은 정말 잔혹한 것이니 너무 많은 환상을 가지지 말아라.

0193 **残留** cánliú　　　　동 남아있다. 잔류하다.

地上残留了很多雪。 땅에 많은 눈이 남아있다.

0194 **残忍** cánrěn　　　　형 잔인하다. 악독하다.

杀人的手段很残忍。 살인의 수법이 정말 잔인하다.

0195 **灿烂** cànlàn　　　　형 찬란하다.

今天下起了暴雪，昨天还阳光灿烂。
오늘은 폭설이 내렸지만, 어제만해도 태양 빛이 찬란했다.

0196 **仓促** cāngcù　　　　형 촉박하다. 황급하다.

来得很仓促，没有准备太多东西。 황급히 오느라 많은 것을 준비하지 못했다.

0197 **仓库 cāngkù** 명 창고.

小夫妻租了一个房子做仓库。
젊은 부부는 창고로 사용하려고 집을 하나 계약했다.

0198 **苍白 cāngbái** 형 창백하다. 파리하다. 생기가 없다.

你脸色很苍白，哪里不舒服吗? 너 안색이 창백한데 어디 아파?

0199 **舱 cāng** 명 (비행기·배 등의) 객실. 선실. 선창.

货物都装进舱里了，不用担心了。화물을 모두 선실에 실었으니 걱정하지 마.

0200 **操劳 cāoláo** 동 애써 일하다. 수고하다.

操劳了一辈子，该休息一下了。한평생 애써 일했으니 좀 쉴 때도 되었다.

0201 **操练 cāoliàn** 동 훈련하다. 조련하다.

新兵们已经开始操练了。새로운 병사들은 이미 훈련을 시작했다.

0202 **操纵 cāozòng** 동 제어하다. 조작하다.

操纵机器要特别小心。기계를 조작할 때는 특히 조심해야 한다.

0203 **操作 cāozuò** 동 조작하다. 다루다.

这台机器操作起来很简单。이 기계는 조작이 매우 간단하다.

0204 **嘈杂 cáozá** 형 떠들썩하다. 시끌벅적하다.

周末街上很嘈杂。주말 거리는 매우 떠들썩하다.

0205 **草案 cǎo'àn** 명 초안.

代表会议通过了草案。대표회의에서 초안이 통과되었다.

0206 **草率** cǎoshuài 　　　　　　　　형 경솔하다. 대강하다.

这个决定太草率了。이 결정은 너무 경솔했다.

0207 **侧面** cèmiàn 　　　　　　　　명 옆면. 측면.

他站在我的侧面，我没有看到他。
그는 내 측면에 서있어서 나는 그를 보지 못했다.

0208 **测量** cèliáng 　　　　　　　　동 측량하다.

测量一下身高，然后再去买衣服吧。키를 재고 나서, 다시 옷을 사러 가자.

0209 **策划** cèhuà 　　　　　　　　동 획책하다. 일을 꾸미다.
　　　　　　　　　　　　　　　　　명 기획자.

小王策划了整个计划。왕 군이 모든 계획을 기획했다.
这个策划很不错。이 기획자는 매우 훌륭하다.

0210 **策略** cèlüè 　　　　　　　　명 책략. 전술.
　　　　　　　　　　　　　　　　　형 전략적이다. 전술적이다.

做事情要讲究策略，否则费力不讨好。
일을 할 때는 전술에 신경을 써야지 그렇지 않으면 힘만 들고 성과가 없다.
这样做很不策略。이렇게 하는 것은 매우 전략적이지 못 하다.

0211 **层出不穷** céngchū bùqióng 　성 끊임없이 나타나다.

最近我们村里新鲜事儿层出不穷。
최근 우리 마을에 새로운 일이 끊임없이 일어난다.

0212 **层次** céngcì 　　　　　　　　명 단계. 등급

两个人的水平不是一个层次。두 사람의 수준은 같지 않다.

0213 **差别 chābié** 명 차별. 차이. 구별. **L5**

这样做和那样做没有差别。이렇게 하는 것과 그렇게 하는 것은 차이가 없다.

0214 **插座 chāzuò** 명 콘센트. 소켓. **N**

我新买了一个插座。나는 콘센트를 하나 새로 샀다.

0215 **查获 cháhuò** 동 수사하여 체포하다.

警察查获了很多非法物品。경찰은 많은 불법 물품을 수사하여 체포하였다.

0216 **岔 chà** 동 (화제를) 바꾸다. 어긋나다.
명 분기점. 갈림길.

他故意岔开了话题。그는 일부러 화제를 바꿨다.
山路在那里生了一个岔。산길이 저쪽에서 갈림길이 생겼다.

0217 **刹那 chànà** 명 찰나. 순간.

大雨刹那间下来了。호우가 순식간에 내리기 시작했다.

0218 **诧异 chàyì** 형 의아해하다. 이상해하다.

我很诧异他的表现。나는 정말 그의 태도가 매우 의아하다.

0219 **柴油 cháiyóu** 명 경유. 디젤유.

柴油价格上升了，农民负担加重了。
경유 가격이 상승해서, 농민들의 부담이 가중되었다.

0220 **掺 chān** 동 혼합하다. 섞다. 부축하다. 붙잡다.

商贩往酒里掺了很多水。소매상인이 술에 물을 많이 탔다.

0221 **馋 chán** 형 게걸스럽다. 식탐하다.

任何人小时候都很馋。 누구나 어릴 때는 게걸스럽다.

0222 **缠绕** chánrào　　　　　　통 둘둘 감다. 휘감다.

绳子缠绕在树上。 끈이 나무에 둘둘 감겨 있다.

0223 **产业** chǎnyè　　　　　　명 산업. 부동산.

计算机不再是新的产业了。 컴퓨터는 더 이상 새로운 산업이 아니다.

0224 **阐述** chǎnshù　　　　　　통 명백하게 논술하다.

阐述一下你的理论, 让大家听听。
당신의 이론을 명백하게 논술해서 모두에게 들려주세요.

0225 **颤抖** chàndǒu　　　　　　통 부들부들 떨다.

整个身体都在颤抖。 온몸을 부들부들 떨고 있다.

0226 **昌盛** chāngshèng　　　　　　형 창성하다. 흥성하다.

希望你们的事业昌盛。 당신들의 사업이 흥성하기를 바랍니다.

0227 **尝试** chángshì　　　　　　통 시도해보다. 테스트하다.

尝试了很多方法来解决问题。 많은 방법을 시도해서 문제를 해결했다.

0228 **偿还** chánghuán　　　　　　통 (진 빚을) 상환하다. 갚다.

我工作了几年终于偿还了债务。
나는 일한 지 몇 년만에 마침내 채무를 상환했다.

0229 **场合** chǎnghé　　　　　　명 특정한 시간. 장소. 상황.

说话做事要认清场合。 말과 행동은 때와 장소를 가려서 해야 한다.

0230 **场面** chǎngmiàn　　　　명 장면. 광경.

孩子从来没有见过这样的场面。 아이는 지금까지 이런 장면을 본 적이 없다.

0231 **场所** chǎngsuǒ　　　　명 장소. 시설.

公共场所禁止抽烟。 공공장소에서는 흡연 금지이다.

0232 **敞开** chǎngkāi　　　　동 (활짝) 열다.

回家的时候，门是敞开着的。 집에 도착했을 때, 문이 활짝 열려있었다.

0233 **畅通** chàngtōng　　　　형 원활하다. 잘 소통되다.

那个时代信息很不畅通。 그 시대에는 소식이 잘 교류되지 못했다.

0234 **畅销** chàngxiāo　　　　형 잘 팔리다. 매상이 좋다.

这是最畅销的产品，所以我才推荐给你。
이것이 가장 잘 팔리는 상품이라서 당신께 추천하는 겁니다.

0235 **倡导** chàngdǎo　　　　동 창도하다. 선도하다. 제창하다.

倡导节约，反对浪费。 절약을 선도하고 낭비를 반대한다.

0236 **倡议** chàngyì　　　　동 제의하다. 제안하다.

我倡议大家为贫苦地区捐款。
저는 여러분께 빈곤 지역을 위해 기부할 것을 제의합니다.

0237 **钞票** chāopiào　　　　명 지폐. 돈.

他为孩子们准备了一些新钞票。
그는 아이들을 위해서 신권 지폐를 약간 준비했다.

0238 **超越** chāoyuè 동 초월하다. 뛰어넘다. 추월하다.

后面的运动员很快超越了他。 뒤의 선수가 매우 빨리 그를 추월했다.

0239 **巢穴** cháoxué 명 (새나 짐승의) 집. 소굴. 은신처. **C**

孩子们找到了老鼠的巢穴。 아이들은 쥐의 소굴을 찾았다.

0240 **朝代** cháodài 명 왕조의 연대. 조대. **L5**

中国有很多朝代，其中唐代是一个最为繁盛的朝代。
중국에는 많은 왕조가 있는데, 그중 당대가 가장 번성했던 시대이다.

0241 **嘲笑** cháoxiào 동 비웃다. 빈정거리다.

别嘲笑穷人，谁都有变穷的可能。
가난한 사람을 비웃지 마라, 누구든지 가난해질 수 있다.

0242 **潮流** cháoliú 명 (사회적) 조류. 추세. 풍조.

这是新的潮流，你不懂的话，就是老土了。
이것은 신풍조인데, 모르면 촌스러운 거다.

0243 **撤退** chètuì 동 (군대가) 철수하다. 퇴각하다.

部队已经开始撤退了。 부대는 이미 철수하기 시작했다.

0244 **撤销** chèxiāo 동 없애다. 취소하다.

政府撤销了那条法令。 정부는 그 법령을 없앴다.

0245 **沉淀** chéndiàn 동 침전하다. 가라앉다.

底下沉淀了些什么，你去查一下。
밑바닥에 뭔가 좀 침전되어 있으니, 네가 가서 조사 좀 해봐라.

0246 **沉闷** chénmèn 〔형〕 음울하다. 명랑하지 않다.

室内的空气很沉闷，我们开一会儿窗户吧。
실내의 분위기가 음침하니 우리 창문을 좀 엽시다.

0247 **沉思** chénsī 〔동〕 깊이 생각하다. 심사숙고하다.

沉思代表着成熟，如果你不会沉思证明你还不成熟。
심사숙고한다는 것은 성숙함을 의미하므로, 만약 당신이 심사숙고할 줄 모른다면 당신은 아직 성숙하지 못 하다는 것이다.

0248 **沉重** chénzhòng 〔형〕 몹시 무겁다. 심각하다.

老师的话让他的心情很沉重。 선생님의 말이 그의 마음을 매우 무겁게 했다.

0249 **沉着** chénzhuó 〔형〕 침착하다. 차분하다.

他一向很沉着。 그는 줄곧 매우 침착하다.

0250 **陈旧** chénjiù 〔형〕 낡다. 케케묵다.

家里的家具都很陈旧。 집안의 가구들이 모두 매우 낡았다.

0251 **陈列** chénliè 〔동〕 진열하다. 전시하다.

房间里陈列着很多爷爷用过的物品。
방안에 할아버지께서 사용하셨던 물품들이 많이 진열되어 있다.

0252 **陈述** chénshù 〔동〕 진술하다.

他一口气陈述了事情的全部。 그는 단숨에 사건의 전부를 진술했다.

0253 **衬托** chèntuō 〔동〕 부각시키다. 돋보이게 하다. **N**

红花需要绿叶来衬托。 빨간 꽃은 녹색 잎으로 돋보이게 해주어야 한다.

0254 **称心如意** chènxīn rúyì 〔성〕 마음에 꼭 들다.

他过上了称心如意的生活。그는 자신의 마음에 꼭 드는 생활을 했다.

0255 **称号 chēnghào** 명 칭호. 호칭.

她获得了劳动模范的称号。그녀는 모범 근로자라는 칭호를 얻었다.

0256 **成本 chéngběn** 명 원가. 자본금.

做生意要计算成本。사업을 하려면 자본금을 고려해야 한다.

0257 **成交 chéngjiāo** 동 거래가 성립하다. 매매가 성립되다.

经过协商，两家成交了一大笔生意。
협상을 통해서 두 기업 간의 큰 매매가 성립되었다.

0258 **成天 chéngtiān** 명 종일. 온종일.

成天玩儿，怎么能考出好成绩？ 종일 놀면서 어떻게 좋은 성적을 낼 수 있겠니?

0259 **成效 chéngxiào** 명 효능. 효과.

经过努力，他取得了让人满意的成效。
노력을 통해 그는 사람들이 만족할만한 효과를 거두었다.

0260 **成心 chéngxīn** 부 고의로. 일부러.

你是在成心气我吧？ 당신은 지금 일부러 나한테 화 내고 있는 거죠?

0261 **成员 chéngyuán** 명 성원. 구성원.

他是小组的重要成员。그는 소모임의 중요 구성원이다.

0262 **呈现 chéngxiàn** 동 나타나다. 드러나다.

事情呈现了新的转机。일에 새로운 전환점이 나타났다.

0263 **诚挚** chéngzhì 〔형〕 성실하고 진실하다. 진지하다.

请接受我诚挚的谢意。 저의 진심 어린 감사의 뜻을 받아주세요.

0264 **承办** chéngbàn 〔동〕 일을 맡아 처리하다.

博览会由你们单位承办。 박람회는 너희 부서가 맡아 처리해라.

0265 **承包** chéngbāo 〔동〕 맡아서 처리하다. 하청을 받다.

我家去年承包了两亩地。 우리 집은 작년에 두 묘의 땅을 하청받았다.

0266 **承诺** chéngnuò 〔동〕 승낙하다. 대답하다.
〔명〕 승낙. 대답.

他承诺事情办成后给我一万块。
그는 일이 성사된 이후에 나에게 일만 위안을 줄 것을 약속했다.

每个人都应该遵守承诺。 모두가 약속을 반드시 지켜야 한다.

0267 **城堡** chéngbǎo 〔명〕 성. 성벽.

欧洲有很多古老的城堡。 유럽에는 매우 오래된 성벽이 많다.

0268 **乘** chéng 〔동〕 (교통수단·가축 등에) 타다. **L5**

我是乘飞机来的韩国。 나는 비행기를 타고 한국에 왔다.

0269 **盛** chéng 〔동〕 (용기 등에) 물건을 담다. 넣다.

孩子已经可以自己盛饭了。 아이는 벌써 스스로 밥을 담을 줄 안다.

0270 **惩罚** chéngfá 〔동〕 징벌하다.

惩罚那些坏蛋，让他们永远不再敢干坏事。
저런 나쁜 놈들을 징벌해서, 그들이 영원히 나쁜 짓을 못하게 해라.

0271 **澄清** chéngqīng 동 분명히 하다. 분명하게 밝히다.

事实终于澄清了，他一直是被冤枉的。
사실이 마침내 분명하게 밝혀졌는데, 그는 줄곧 억울함을 뒤집어쓴 것이다.

0272 **橙** chéng 명 오렌지 나무.

山上种满了橙树。산에 오렌지 나무가 가득 심어져 있다.

0273 **秤** chèng 명 저울.

我刚买了一杆秤。나는 조금 전에 저울을 하나 구입했다.

0274 **吃苦** chīkǔ 동 고생하다. 고생을 견뎌내다.

孩子们都很能吃苦。아이들은 모두 고생을 잘 견딘다.

0275 **吃力** chīlì 형 힘들다. 고달프다.

日语学起来很吃力。일어는 배우기 너무 어렵다.

0276 **迟钝** chídùn 형 (생각·감각·행동·반응 등이) 둔하다. 느리다. 무디다. **N**

人越老反应越迟钝。사람은 나이가 들면 들수록 반응이 둔해진다.

0277 **迟缓** chíhuǎn 형 느리다. 완만하다.

那个老人的动作很迟缓。그 노인의 동작이 매우 느리다.

0278 **迟疑** chíyí 형 망설이다. 머뭇거리다.

我迟疑了半天终于决定去找她。
나는 한참을 망설이다가 마침내 그녀를 찾아가기로 했다.

0279 **持久** chíjiǔ 　　　　　　　형 오래 유지되다.

这种药药效很持久。 이런 약은 효과가 오래 유지된다.

0280 **赤道** chìdào 　　　　　　　명 적도.

赤道穿过越南国土。 적도는 베트남의 영토를 지나간다.

0281 **赤字** chìzì 　　　　　　　명 적자. 결손.

政府在努力减少赤字。 정부는 적자를 줄이려고 노력 중이다.

0282 **冲动** chōngdòng 　　　　　　　명 충동.
　　　　　　　　　　　　　　　　　동 충동하다. 흥분하다.

这种冲动让他很后悔。 그는 이런 충동적인 행동을 매우 후회한다.
做事情不能太冲动。 일을 할 때, 너무 흥분해서는 안 된다.

0283 **冲击** chōngjī 　　　　　　　동 세차게 부딪치다.
　　　　　　　　　　　　　　　　동 심각하게 영향을 끼치다.

海浪冲击着岩石。 파도가 암석에 세차게 부딪치고 있다.
伪劣品冲击着市场。 위조품이 시장에 심각한 영향을 끼치고 있다.

0284 **冲突** chōngtū 　　　　　　　동 충돌하다. 싸우다. 모순되다.

两支队伍冲突了起来。 두 군대가 싸우기 시작했다.

0285 **充当** chōngdāng 　　　　　　　동 맡다. 담당하다.

不能拿次品充当合格产品。 질 낮은 물건으로는 합격제품을 충당할 수 없다.

0286 **充沛** chōngpèi 　　　　　　　형 충분하다. 충족하다. 넘쳐 흐르다.

这个地区的降雨量很充沛。 이 지역의 강우량은 충분하다.

0287 充实 chōngshí
형 충분하다. 풍부하다.
동 충족시키다. 강화시키다.

他活得很充实，没有无聊的时候。
그는 매우 충실하게 생활해서 지루할 틈이 없다.

丰收的玉米充实了粮仓。
풍작을 이룬 옥수수로 곡식 저장창고가 가득 채워졌다.

0288 充足 chōngzú
형 충족하다. 충분하다.

时间很充足，慢慢来，不要着急。
시간은 충분하니 천천히 해. 서두르지 말고.

0289 重叠 chóngdié
동 중첩되다. 중복되다.

奶奶把两张纸重叠在一起，剪出了很多漂亮的花纹。
할머니는 두 장의 종이를 같이 겹친 다음, 여러 예쁜 꽃무늬로 잘라내셨다.

0290 崇拜 chóngbài
동 숭배하다.

我从小就崇拜父亲。 나는 어려서부터 부친을 숭배하였다.

0291 崇高 chónggāo
형 숭고하다. 고상하다.

父母从小教育我要树立崇高的理想。
부모님은 어려서부터 숭고한 이상을 세워야 한다고 나를 교육하셨다.

0292 崇敬 chóngjìng
동 숭배하고 존경하다.

老人让大家很崇敬。 노인은 모든 사람에게 존경받는다.

0293 稠密 chóumì
형 조밀하다. 촘촘하다.

竹林很稠密，一不小心就会迷路。
대나무 숲이 매우 조밀해서 조심하지 않으면 길을 잃을 수 있다.

0294 **筹备** chóubèi　　　　　　　　图 기획하고 준비하다. 사전에 준비하다.

秘书在忙着筹备会议。 비서는 바쁘게 회의를 기획하고 준비하고 있다.

0295 **丑恶** chǒu'è　　　　　　　　图 추악하다. 더럽다.

这种做法很丑恶。 이런 방법은 매우 추악하다.

0296 **出路** chūlù　　　　　　　　图 출구. 판로. 발전의 여지.

上大学成了山里孩子的唯一出路。
대학을 가는 것이 산속 아이들의 유일한 출구가 되었다.

0297 **出卖** chūmài　　　　　　　　图 판매하다. 팔아먹다.

不能出卖灵魂，更不能出卖祖国。
영혼을 팔아서는 안 되고, 조국을 팔아서는 더더욱 안 된다.

0298 **出身** chūshēn　　　　　　　　图 ~출신이다.
　　　　　　　　　　　　　　　　图 신분. 출신.

他出身贫困人家。 그는 가난한 집안 출신이다.
公司很重视出身。 회사는 출신을 매우 중시한다.

0299 **出神** chūshén　　　　　　　　图 넋을 잃다. 멍해지다.

他呆呆地望着天空出神。 그는 멍하니 하늘을 바라보며 넋을 잃고 있다.

0300 **出息** chūxi　　　　　　　　图 전도. 발전성.

家里的孩子都很有出息。 집안의 아이는 모두 발전 가능성이 있다.

0301 **初步** chūbù　　　　　　　　图 초보적인. 첫 단계의.

这只是我的初步想法。 이것은 단지 나의 처음 생각이다.

0302 **除** chú   젠 ~을(를) 제외하고. ~이외에.   L5

除星期三我都没有时间。 수요일을 제외하고는 나는 전혀 시간이 없다.

0303 **处分** chǔfèn   동 처벌하다.
　　　　　　　　　　　　명 처벌. 처분.

学校**处分**了几个坏学生。 학교는 몇 명의 나쁜 학생을 처벌하였다.
学校给了他最严重的**处分**。 학교는 그에게 가장 엄중한 처벌을 내렸다.

0304 **处境** chǔjìng   명 처지. 환경.

我很了解他的**处境**。 나는 그의 처지를 매우 잘 알고 있다.

0305 **处置** chǔzhì   동 처리하다. 조치를 취하다. 징벌하다.

这些旧文件怎么**处置**？ 이런 오래된 문서들은 어떻게 처리합니까?

0306 **储备** chǔbèi   동 비축하다. 저장하다.
　　　　　　　　　　　　명 비축한 물건. 예비품.

储备知识才能应对将来的各种变化。
지식을 비축해야만 장차 다가올 각종 변화에 대응할 수 있다.

增加粮食**储备**，防止灾年的发生。
예비 식량을 증가시켜서 흉년의 발생에 대비하자.

0307 **储存** chǔcún   동 모아두다. 저장하다.
　　　　　　　　　　　　명 저장품. 저장량.

我家里**储存**了充足的粮食。 우리 집에 충분한 식량을 저장했다.
村里的粮食**储存**不足，大家都很担心。
마을의 식량 저장품이 부족해서 모두 걱정이다.

0308 **储蓄** chǔxù   동 저축하다. 비축하다.
                                             명 저금. 예금. 저축.

把不用的钱储蓄起来。쓰지 않는 돈을 저축해라.

他有很多储蓄，因此不担心找不到工作。
그는 예금이 많아서, 직업을 찾지 못할까 걱정하지 않는다.

0309 **触犯** chùfàn   동 저촉되다. 위반하다.

犯人触犯了刑法，被判处十年有期徒刑。
범인은 형법을 위반해서 10년의 유기징역을 선고받았다.

0310 **川流不息** chuānliú bùxī   성 냇물처럼 끊임없이 오가다. 꼬리에 꼬리를
                                                     물고 이어지다.

路上的车辆川流不息。도로 위에 차량이 끊임없이 오간다.

0311 **穿越** chuānyuè   동 통과하다. 지나가다.

穿越历史，来到了古代。역사를 뚫고 고대로 왔다.

0312 **传达** chuándá   동 전하다. 전달하다.

司令员传达了上级的命令。사령원은 상부의 명령을 전달했다.

0313 **传单** chuándān   명 전단지.

门口有一些传单。입구에 약간의 전단지가 있다.

0314 **传授** chuánshòu   동 전수하다. 가르치다.

老人把所有的技艺都传授给了儿子。
노인은 모든 기술을 아들에게 전수해주었다.

0315 **船舶** chuánbó   명 배. 선박.

港口里有很多船舶。항구에 많은 선박이 있다.

0316 **喘气 chuǎnqì** 동 호흡하다. 헐떡거리다. 숨차다.

黄牛停止了喘气。황소는 헐떡거리는 것을 멈추었다.

0317 **串 chuàn** 양 꿰미.(꿴 물건을 세는 단위)

一串葡萄，像珍珠一样挂在葡萄架上。
한 꿰미의 포도는 마치 진주처럼 포도나무에 걸려있다.

0318 **床单 chuángdān** 명 침대보. 침대시트.

把床单洗一下，昨晚孩子尿床了。
침대보를 좀 세탁하세요. 어제저녁 아이가 침대에 오줌을 쌌거든요.

0319 **创立 chuànglì** 동 창립하다. 창설하다.

公司是由爷爷创立的。회사는 할아버지께서 창립하신 것이다.

0320 **创新 chuàngxīn** 동 옛것을 버리고 새것을 창조하다. 쇄신하다.
명 창의성.

人类创新了一种新工具。인류는 새로운 도구를 창조하였다.

公司提倡创新，谁创新谁得奖。
회사는 창의성을 제창하며 누구든 창의적인 사람에게 상을 준다.

0321 **创业 chuàngyè** 동 창업하다.

他从二十岁开始创业。그는 스무 살 때부터 창업을 시작했다.

0322 **创作 chuàngzuò** 동 창작하다.

作家们创作了很多新作品。작가들은 새 작품들을 많이 창작했다.

0323 **吹牛** chuīniú　　　　　　　图 허풍을 떨다. 큰소리치다.

他在吹牛，别相信他。그는 지금 허풍을 떨고 있으니, 그를 믿지 마라.

0324 **吹捧** chuīpěng　　　　　　图 치켜세우다.

他很喜欢吹捧别人。그는 다른 사람을 치켜세우는 것을 좋아한다.

0325 **炊烟** chuīyān　　　　　　图 밥 짓는 연기. **N**

一缕炊烟，从屋顶升起，他知道妈妈在给他做好吃的。
한 줄기 밥 짓는 연기가 지붕에서 올라오자, 그는 엄마가 그에게 줄 맛있는 음식을 하고 계시다는 것을 알았다.

0326 **垂直** chuízhí　　　　　　图 수직이다.

那条线是垂直的。저 선은 수직이다.

0327 **锤** chuí　　　　　　图 쇠망치. 해머.
　　　　　　　　　　　　图 (쇠망치로) 치다. 때리다.

他抡起一把大锤把锁砸碎了。그는 큰 망치를 휘둘러서 자물쇠를 부셨다.
奶奶用手轻轻地锤着自己的腿。
할머니께서 손으로 가볍게 자신의 다리를 두드리고 계신다.

0328 **纯粹** chúncuì　　　　　　图 순수하다. 깨끗하다.

他是一个很纯粹的人。그는 매우 순수한 사람이다.

0329 **纯洁** chúnjié　　　　　　图 순결하다. 티 없이 깨끗하다.

这种感情很纯洁，没有任何私心杂念。
이런 감정은 매우 순수해서 어떠한 이기적인 잡념도 없다.

0330 **慈善** císhàn　　　　　　图 자선을 베풀다. 남을 배려하다. **N**

庙里的和尚很慈善。절의 승려는 자선을 잘 베푸는 사람이다.

0331 **慈祥** cíxiáng 　　　　　형 자애롭다. 자상하다.

老人是那么的慈祥。노인은 매우 자상하다.

0332 **磁带** cídài 　　　　　명 자기 테이프. **L5**

磁带已经慢慢消失了，CD也慢慢不见了。
자기 테이프는 이미 사라졌고, CD도 점차 보이지 않는다.

0333 **雌雄** cíxióng 　　　　명 자웅. 암컷과 수컷.

他太欺负人了，我要和他决一雌雄。
그는 너무 사람을 무시해. 나는 그와 싸워 승패를 가려야 해(자웅을 가려야 해).

0334 **次品** cìpǐn 　　　　명 질이 낮은 물건. 저질품.

次品不能出售，更不能以次充好。
저질품을 판매해서는 안 되고, 또한 나쁜 물건을 좋은 물건으로 속여서도 안 된다.

0335 **次序** cìxù 　　　　　명 차례. 순서.

按照次序办理，谁都不能插队。
순서에 따라 처리해야 하고 누구도 끼어들어서는 안 된다.

0336 **伺候** cihou 　　　　　동 시중들다. 모시다.

他们兄妹几个轮流伺候父母。그들 형제자매들은 돌아가며 부모를 모신다.

0337 **刺** cì 　　　　　동 찌르다. 뚫다.
　　　　　　　　　　　명 가시. 뾰족한 물건.

刀刺进了心脏，他永远闭上了眼睛。
칼이 심장을 뚫고 들어왔고, 그는 영원히 눈을 감았다.

手上有一根刺，一动就疼。손에 가시가 있어서 움직이면 아프다.

0338 **从容 cóngróng** 〖형〗 침착하다.

任何事情他都可以从容应对。
어떠한 일이든지 그는 모두 침착하게 대처할 수 있다.

0339 **丛 cóng** 〖양〗 수풀을 세는 단위. 〖명〗 덤불. 수풀.

墙上长出了一丛草。 벽에 덤불이 자랐다.

0340 **凑合 còuhe** 〖동〗 그런대로 ~할만하다. 모이다.

我们凑合着睡一晚上吧。 우리 아쉬운 대로 그냥 하룻밤 잡시다.

0341 **粗鲁 cūlǔ** 〖형〗 거칠고 우악스럽다. 교양이 없다.

他说话很粗鲁，我一点都不喜欢他。
그는 말하는 것이 거칠어서, 나는 조금도 그를 좋아하지 않는다.

0342 **窜 cuàn** 〖동〗 마구 뛰어다니다. 달아나다.

一只兔子窜了出来，把孩子吓哭了。
토끼 한 마리가 뛰어나와, 아이가 놀라서 울었다.

0343 **摧残 cuīcán** 〖동〗 심한 손상을 주다. 피해주다. 학대하다.

暴风雨摧残了全部鲜花。 폭풍우가 생화에 전체 심한 손상을 주었다.

0344 **脆弱 cuìruò** 〖형〗 연약하다. 취약하다.

他是一个感情脆弱的人。 그는 감정이 여린 사람이다.

0345 **搓 cuō** 〖동〗 비비다. 비벼 꼬다. 문지르다.

他紧张地搓着手。 그는 긴장하면서 손을 비볐다.

0346 **磋商 cuōshāng** 〖동〗 반복하여 협의하다.

这样的事情要进一步磋商。이런 일은 한층 더 나아가 반복 협의해야 한다.

0347 **挫折** cuòzhé
- 명 좌절, 실패.
- 동 좌절시키다. 패배시키다.

历经挫折终于成功。좌절을 여러 번 겪고 마침내 성공하다.
你不要挫折我的勇气。너 내 용기를 꺾지 마.

0348 **搭** dā
- 동 설치하다. 널다.

村里搭起了戏台，请来了很有名的戏班子。
마을에 무대를 설치하고 유명한 극단을 초청했다.

0349 **搭档** dādàng
- 동 협력하다. 합작하다.
- 명 협력자.

你们俩搭档肯定成功。너희 둘이 협력하면 반드시 성공할 것이다.
我换搭档了，你还不知道吧? 나는 파트너를 바꿨는데, 너는 아직 몰랐지?

0350 **搭配** dāpèi
- 형 잘 어울리다. 걸맞다.
- 동 배합하다. 조합하다.

你的穿戴很不搭配。네 옷차림이 어울리지 않는다.
两个菜不搭配，看上去也很别扭。
두 요리가 어울리지 않고 보기에도 이상하다.

0351 **达成** dáchéng
- 동 달성하다. 이루다.

经过磋商，协议终于达成了。반복 협의를 거쳐 협의가 마침내 달성되었다.

0352 **答辩** dábiàn　　　　　　　동 답변하다. 대답하다.

教授对学生们的质疑答辩了。교수님은 학생들의 질문에 답변을 하셨다.

0353 **答复** dáfù　　　　　　　동 회답하다. 답변하다.
　　　　　　　　　　　　　　명 답변. 회답.

他还没有答复我。그는 아직 나에게 회답하지 않았다.
他的答复我很满意。나는 그의 답변에 만족한다.

0354 **打包** dǎbāo　　　　　　　동 포장하다. 싸다.

把剩下的菜打包吧。남은 요리를 포장합시다.

0355 **打官司** dǎ guānsi　　　　　소송하다. 고소하다.

两家磋商不成，开始打官司。
두 기업의 협의가 이루어지지 않아 소송을 시작했다.

0356 **打击** dǎjī　　　　　　　동 타격을 주다. 공격하다.

那件事情打击了他的热情。그 일은 그 사람의 열정에 타격을 주었다.

0357 **打架** dǎjià　　　　　　　동 싸우다. 다투다.

你们俩一起玩儿别打架。너희 둘은 싸우지 말고 같이 놀아라.

0358 **打量** dǎliang　　　　　　동 훑어보다. 살펴보다.

他一进门就开始打量我。그는 문에 들어서자마자 나를 살펴보기 시작했다.

0359 **打猎** dǎliè　　　　　　　동 사냥하다. 수렵하다.

山上禁止打猎。산에서는 수렵이 금지되었다.

0360 **打仗** dǎzhàng　　　　　　동 전쟁하다. 전투하다.

两个国家又开始打仗了。두 나라는 또 전쟁을 시작하였다.

0361 **大不了** dàbuliǎo　　　휑 대단하다. 굉장하다.
　　　　　　　　　　　　　　뿐 기껏해야. 고작.

别担心，没什么大不了的。걱정 마세요, 대단한 일이 아닙니다.
大不了少睡几个小时的觉。기껏해야 몇 시간 못 자는 것 뿐이다.

0362 **大臣** dàchén　　　휑 대신.

身边的大臣都很忠诚。곁의 대신들이 모두 충성스럽다.

0363 **大伙儿** dàhuǒr　　　때 모두. 여러분.

大伙儿一起帮帮忙吧。모두 같이 도와줍시다.

0364 **大肆** dàsì　　　뿐 제멋대로. 함부로.

他在大肆宣传自己的理论。그는 제멋대로 자신의 이론을 선전하고 있다.

0365 **大体** dàtǐ　　　뿐 대체로. 대략.

我大体看了一下，整个设计大体上还可以。
내가 대략 좀 봤더니, 전체 계획이 대체로 괜찮았다.

0366 **大意** dàyi　　　휑 부주의하다. 소홀하다.

千万不能太大意。아무쪼록 너무 소홀해서는 안 된다.

0367 **大致** dàzhì　　　휑 대략적인. 대체적인.
　　　　　　　　　　　　뿐 대개. 대략.

他陈述了事情的大致经过。그는 일의 대략적 경과를 진술했다.
这两本杂志的内容大致相同。이 두 권의 잡지는 내용이 대략 비슷하다.

0368 **歹徒** dǎitú   몡 나쁜 사람. 악인. 악당.

大伙儿一起抓住了歹徒。 모두 다 같이 나쁜 사람을 붙잡았다.

0369 **代价** dàijià   몡 대가. 대금. 물건 값.

他为自己的粗心付出了沉重的代价。
그는 자신의 부주의함 때문에 무거운 대가를 지불하였다.

0370 **代理** dàilǐ   통 대리하다. 대신하다.

副总代理公司的全部事情。 부사장은 회사의 모든 일을 대신한다.

0371 **带领** dàilǐng   통 인솔하다. 이끌다.

老师打算带领大家去爬山。 선생님은 모두를 인솔해 등산을 갈 예정이다.

0372 **怠慢** dàimàn   통 냉대하다. 푸대접하다. 소홀하다.

妈妈怕怠慢了客人，拿出了家里最好的东西来招待他们。
엄마는 손님을 푸대접할까 걱정되어, 집안의 가장 좋은 것을 가져와 대접하셨다.

0373 **逮捕** dàibǔ   통 체포하다. 잡다.

他被逮捕了，看来逃脱不了官司了。
그는 체포되었고, 보아하니 소송에서 벗어나지 못할 것이다.

0374 **担保** dānbǎo   통 보증하다. 담보하다.

谁都不能担保自己不会出事。
그 누구도 자신에게 일이 생기지 않을 것이라고 보장할 수 없다.

0375 **胆怯** dǎnqiè   형 겁내다. 무서워하다.

他很胆怯，晚上连厕所都不敢去。
그는 겁이 많아서, 저녁에 화장실도 감히 못 간다.

0376 **诞辰** dànchén 명 탄신. 생일.

今年是党的诞辰，大家都在忙着准备庆祝大会的事情。
올해는 당이 탄생한 해여서 모두들 바쁘게 경축대회 일을 준비한다.

0377 **诞生** dànshēng 동 탄생하다. 태어나다.

一代伟人诞生了，他拯救了整个国家。
한 시대의 위인이 탄생하였고, 그는 온 나라를 구출했다.

0378 **淡季** dànjì 명 비성수기. 불경기인 계절.

淡季机票比较便宜。 비성수기의 비행기 표는 비교적 저렴하다.

0379 **淡水** dànshuǐ 명 담수. 민물.

中国是一个缺少淡水的国家。 중국은 담수가 부족한 국가이다.

0380 **蛋白质** dànbáizhì 명 단백질.

鸡蛋富含蛋白质。 계란은 단백질을 풍부하게 함유하고 있다.

0381 **当场** dāngchǎng 부 그 자리에서. 당장.

他当场指出了我的错误。 그는 그 자리에서 나의 잘못을 지적했다.

0382 **当初** dāngchū 명 당초. 애초. 그전. 원래.

我当初就不应该爱上你。 나는 애초에 너를 사랑해서는 안 되는 거였다.

0383 **当代** dāngdài 명 당대.

当代作家中很多人都是半路出家。
당대의 작가 중 많은 사람이 도중에 직업을 바꿨다.

0384 **当面 dāngmiàn** 동 마주하다. 얼굴을 맞대다.

有话当面说清楚，别在背后瞎嘀咕dígu。
할 말이 있으면 등 뒤에서 함부로 말하지 말고, 마주하고 똑바로 말하세요.

0385 **当前 dāngqián** 명 현재.

当前有三件事情要办。현재 처리해야 할 일이 세 가지 있습니다.

0386 **当事人 dāngshìrén** 명 관계자. 당사자.

他是事情的当事人。그는 사건의 관계자입니다.

0387 **当务之急 dāngwù zhījí** 성 당장 급히 처리해야 하는 일.

当务之急是要找到资金。당장 급한 일은 자금을 찾는 것입니다.

0388 **当选 dāngxuǎn** 동 당선되다.

他当选为人民代表。그는 인민 대표로 당선되었다.

0389 **党 dǎng** 명 당. 정당.

党的需要就是命令。정당에서 필요한 것은 바로 명령이다.

0390 **档案 dàng'àn** 명 문서. 서류. 데이터. 파일.

档案馆失窃了，丢失了很多档案。
문서 보관소에 도둑이 들어서 많은 문서를 잃어버렸다.

0391 **档次 dàngcì** 명 등급. 등차.

两人不在一个档次，所以你就别让他们俩比了。
두 사람은 등급이 다르니, 너는 그들 둘을 비교하지 마라.

0392 **导弹** dǎodàn　　　　　　　　圐 유도탄. 미사일.

那个国家不顾邻国的反对，发射了导弹。
그 나라는 주변국의 반대에도 불구하고 미사일을 발사했다.

0393 **导航** dǎoháng　　　　　　　　동 인도하다. 유도하다.
　　　　　　　　　　　　　　　　圐 내비게이션.

党为我们导航。당은 우리를 인도한다.

山里没有导航，只能凭感觉。
산에는 내비게이션이 없으므로 단지 감각에 의지할 수밖에 없다.

0394 **导向** dǎoxiàng　　　　　　　　동 유도하다. 이끌다.
　　　　　　　　　　　　　　　　圐 인도하는 방향.

这次会谈导向这个地区的经济合作。
이번 회담은 이 지역의 경제 합작을 이끈다.

这篇评论代表着新的舆论导向。 이 평론은 새로운 여론의 방향을 대표한다.

0395 **捣乱** dǎoluàn　　　　　　　　동 방해하다. 성가시게 하다.

别在这里捣乱，出去玩儿。 여기에서 소란을 피우지 말고, 나가서 놀아라.

0396 **倒闭** dǎobì　　　　　　　　동 도산하다. 폐업하다.

那家公司已经倒闭多年了。 그 회사는 파산한 지 이미 여러 해가 되었다.

0397 **盗窃** dàoqiè　　　　　　　　동 절도하다. 도둑질하다.

小偷盗窃了很多首饰。 좀도둑이 장신구를 많이 훔쳤다.

0398 **稻谷** dàogǔ　　　　　　　　圐 벼.

今年丰收了很多稻谷。 올해는 많은 벼를 수확하였다.

0399 **得不偿失** débù chángshī 〈성〉 얻는 것보다 잃는 것이 더 많다.

这样做会得不偿失的。 이렇게 하면 얻는 것보다 잃는 것이 더 많을 것이다.

0400 **得力** délì 〈형〉 유능하다. 야무지다.

他是我的得力助手。 그는 내 유능한 조수이다.

0401 **得天独厚** détiān dúhòu 〈성〉 우월한 조건을 갖고 있다. 처한 환경이 남 달리 좋다.

济州岛的地理环境得天独厚。
제주도의 지리적 환경은 타고난 조건을 갖추고 있다.

0402 **得罪** dézuì 〈동〉 미움을 사다.

他从来不得罪人。 그는 지금까지 남에게 미움을 산 적이 없다.

0403 **灯笼** dēnglong 〈명〉 등롱. 초롱.

门口挂着两只大红灯笼。 입구에 붉고 큰 초롱이 두 개 걸려있다.

0404 **登陆** dēnglù 〈동〉 상륙하다. 육지에 오르다.

军队已经在仁川登陆了。 군대가 이미 인천에 상륙했다.

0405 **登录** dēnglù 〈동〉 접속하다. 로그인하다. 등록하다.

现在网络登录不上去了。 현재 인터넷에 접속할 수 없다.

0406 **蹬** dēng 〈동〉 밟다. 누르다.

兔子的两条腿乱蹬着绿茸茸的草坪。
토끼가 두 다리로 푸르고 여린 잔디를 마구 밟고 있다.

0407 **等候** děnghòu 〈동〉 기다리다.

大家都在等候客人的到来。 모두 손님의 방문을 기다리고 있다.

0408 **等级 děngjí** 명 등급. 차별.

新HSK分六个等级。新HSK는 6개의 등급으로 나뉜다.

0409 **瞪 dèng** 동 눈을 부라리다. 눈을 크게 뜨고 보다.

她生气地瞪了我一眼。 그녀는 화가 나서 나를 한 번 쳐다보았다.

0410 **堤坝 dībà** 명 댐과 둑.

堤坝拦住了汹涌的河水。 댐과 둑이 용솟음치는 강물을 막았다.

0411 **敌视 díshì** 동 적대시하다. 적대하다.

两家公司互相敌视。 두 회사는 서로 적대시하고 있다.

0412 **抵达 dǐdá** 동 도착하다. 도달하다.

我们顺利抵达了仁川机场。 우리는 순조롭게 인천공항에 도착하였다.

0413 **抵抗 dǐkàng** 동 저항하다. 대항하다.

敌人还在抵抗，可是已经是最后的挣扎了。
적은 아직 저항 중이나 이미 최후의 발버둥이다.

0414 **抵制 dǐzhì** 동 거절하다. 배척하다. 억제하다.

抵制日货，支持国货。 일본 상품을 배척하고 국산품을 지지한다.

0415 **地步 dìbù** 명 정도. 지경. 좋지 않은 형편.

他们已经到了分手的地步。 그들은 이미 헤어지는 지경에 이르렀다.

0416 **地势** dìshì　　　　　　　　　명 지세.

地势很平坦，一眼可以望到很远的地方。
지세가 매우 평탄해서 한눈에 먼 곳까지 볼 수 있다.

0417 **地质** dìzhì　　　　　　　　　명 지질.

济州岛的地质很特殊。제주도의 지질은 매우 특수하다.

0418 **递增** dìzēng　　　　　　　　동 점점 늘다. 점차 증가하다.

销售额在不断递增。판매액은 끊임없이 증가하고 있다.

0419 **颠簸** diānbǒ　　　　　　　　동 흔들리다. 요동하다.

经过一路颠簸终于到了那个小山村。
요동치는 길을 거쳐 마침내 그 작은 산골마을에 도착했다.

0420 **颠倒** diāndǎo　　　　　　　　동 뒤바뀌다. 전도되다.

不要颠倒黑白，否则你会受到历史的惩罚的。
흑과 백을 뒤집지 마세요, 그렇지 않으면 당신은 역사의 벌을 받을 것입니다.

0421 **典礼** diǎnlǐ　　　　　　　　　명 식. 의식. 행사.

明天举行开学典礼。내일 개학식이 거행된다.

0422 **典型** diǎnxíng　　　　　　　　명 전형. 전형적인 인물이나 사건.
　　　　　　　　　　　　　　　　형 대표적인. 전형적인.

他是新树立的典型。그는 새로 수립된 전형적 인물이다.
济州岛的地质很典型。제주도의 지질이 매우 대표적이다.

0423 **点缀** diǎnzhuì　　　　　　　　동 단장하다. 꾸미다.

几朵鲜花点缀在绿叶丛中。몇 송이의 생화가 녹색 잎 수풀 속에 꾸며져 있다.

0424 **电源** diànyuán　　　　　　명 전원.

出门时要关闭电源。외출할 때 전원을 차단해야 한다.

0425 **垫** diàn　　　　　　동 깔다. 괴다.
　　　　　　　　　　　　명 깔개. 매트. 방석.

把桌子垫高一点儿。탁자를 좀 높이 괴어주세요.
下面有垫儿，移动的时候要连同垫儿一起移动。
아래에 매트가 있으니 이동 시 매트와 같이 움직여주세요.

0426 **惦记** diànjì　　　　　　동 늘 생각하다. 염려하다.

妈妈总是惦记儿子。엄마는 항상 아들을 생각한다.

0427 **奠定** diàndìng　　　　　　동 다지다. 닦다.

这次学术大讨论，为以后新学科的建立奠定了坚实的基础。
이번 학술 대토론회에서 이후 새로운 학과의 건립을 위해 견실한 기초를 다졌다.

0428 **叼** diāo　　　　　　동 입에 물다.

鸟嘴里叼着虫子。새가 입에 곤충을 물고 있다.

0429 **雕刻** diāokè　　　　　　동 조각하다.
　　　　　　　　　　　　명 조각. 조각품.

椅子上雕刻着漂亮的花。의자에 예쁜 꽃이 새겨져 있다.
他喜欢那些雕刻。그는 저런 조각품들을 좋아한다.

0430 **雕塑** diāosù　　　　　　명 조소품.

那个雕塑很逼真。저 조소품은 매우 진품에 가깝다.

0431 **吊** diào   동 걸다. 매달다. 내려놓다.

门口吊着几只灯笼。 입구에 초롱이 몇 개 걸려 있다.

0432 **调动** diàodòng   동 이동하다. 바꾸다. 옮기다.

他跟上级提出工作调动，自愿调动到最困难的地区。
그는 상부에 업무 이동을 제출했고 자원하여 가장 힘든 지역으로 전근을 갔다.

0433 **跌** diē   동 (물가가) 떨어지다. (균형을 잃고) 쓰러지다. 넘어지다.

美元跌了很多，赶快把手里的韩币换成美元吧。
달러가 많이 하락했으니 빨리 수중의 한화를 달러로 바꾸자.

0434 **丁** dīng   명 성년남자. 장정. **L5**

成年男人可以叫男丁。 성년이 된 남자는 장정이라고 불리운다.

0435 **叮嘱** dīngzhǔ   동 신신당부하다. 분부하다.

每次出门前妈妈都要叮嘱我很多。
외출할 때마다 엄마는 나에게 많은 것을 신신당부하신다.

0436 **盯** dīng   동 주시하다. 응시하다.

孩子一直盯着墙上的那张画。
아이는 줄곧 벽에 있는 저 그림을 주시하고 있다.

0437 **定期** dìngqī   형 정기의. 정기적인.

孩子们都定期去看望父母。 아이들은 모두 정기적으로 부모를 뵈러 간다.

0438 **定义** dìngyì   명 정의.

这是关于资源的最新定义。 이것이 자원에 관한 최신 정의이다.

0439 **丢人 diūrén** 동 체면을 잃다. 부끄럽다.

这样做不觉得丢人吗? 이렇게 하면 창피하지 않아?

0440 **丢三落四 diūsān làsì** 형 흐리멍덩하다. 이것저것 빠뜨리다.

他有丢三落四的毛病。그는 흐리멍덩한 결점이 있다.

0441 **东道主 dōngdàozhǔ** 명 주인. 주최자.

中国是这次奥运会的东道主。중국은 이번 올림픽의 주최자이다.

0442 **东张西望 dōngzhāng xīwàng** 형 여기저기 두리번거리다.

有人在门口东张西望。누군가 입구에서 두리번거리고 있다.

0443 **董事长 dǒngshìzhǎng** 명 대표이사. 이사장. 회장.

事情已经汇报给董事长了。사건은 이미 회장에게 보고되었다.

0444 **动荡 dòngdàng** 형 불안하다. 동요하다.

最近股市很动荡, 先不要买进也不要卖出。
최근에 주식시장이 매우 불안하니, 우선 사지도 팔지도 말아라.

0445 **动机 dòngjī** 명 동기.

学习要有正确的动机。학습에는 정확한 동기가 있어야 한다.

0446 **动静 dòngjing** 명 동정. 동태. 인기척.

门外好像有动静, 你出去看看。
문밖에 아무래도 움직임이 있으니 네가 나가서 봐라.

0447 **动力 dònglì** 명 동력. 원동력.

有压力才有动力。압력이 있어야만 동력이 생긴다.

0448 **动脉** dòngmài　　　　　　　명 동맥.

人有两根大动脉，一个负责把血输出心脏，一个负责把血输回心脏。
사람은 두 개의 대동맥이 있는데, 하나는 혈액을 심장에서 내보내는 역할을 하고
하나는 혈액을 심장으로 돌려보내는 역할을 한다.

0449 **动身** dòngshēn　　　　　　 동 출발하다. 떠나다.

明天八点动身，谁都不能迟到。
내일 여덟 시에 출발하므로, 누구도 늦어서는 안 된다.

0450 **动手** dòngshǒu　　　　　　 동 (~을) 하다. 손을 대다. 착수하다.

我说了没几句，他就动手打起来我了。
나는 몇 마디 하지도 않았는데, 그가 나를 때리기 시작했다.

0451 **动态** dòngtài　　　　　　　 명 변화. 동태.

你的任务是注意敌人动态。 네 임무는 적의 동태를 살피는 것이다.

0452 **动员** dòngyuán　　　　　　 동 동원하다. 전시 체제화하다.

动员大家一起动手打扫卫生。 모두를 동원해 다 같이 청소에 착수하자.

0453 **冻结** dòngjié　　　　　　　 동 동결하다. 얼다. 얼리다.

银行冻结了他的所有储蓄。 은행은 그의 모든 자금을 동결시켰다.

0454 **栋** dòng　　　　　　　　　 양 동. 채.(건물을 세는 단위)

小区里有十栋公寓。 작은 마을에 열 개 동의 아파트가 있다.

0455 **兜** dōu　　　　　　　　　 명 주머니. 자루.
　　　　　　　　　　　　　　 동 싸다. 품다.

我记得把钥匙放进兜里了。 나는 열쇠를 주머니에 넣은 것을 기억한다.
他用衣服兜着几个鸡蛋。 그는 옷으로 계란 몇 개를 쌌다.

0456 **陡峭** dǒuqiào 형 험준하다. 가파르다.

地势很陡峭，开车一定要小心。
지세가 매우 가파르므로 운전시 반드시 조심해야 한다.

0457 **斗争** dòuzhēng 동 투쟁하다. 싸우다. 노력하다.
　　　　　　　　　　 명 투쟁.

我们决心要与敌人斗争到底。 우리는 적과 끝까지 싸우기로 결심했다.
一场新的斗争开始了。 새로운 투쟁이 시작되었다.

0458 **督促** dūcù 동 감독하고 재촉하다. 독촉하다.

老师随时督促学生们努力学习。
선생님께서는 언제든지 학생들을 독촉해 열심히 공부하게 하신다.

0459 **毒品** dúpǐn 명 마약.

远离毒品，保护健康。 마약을 멀리하여 건강을 보호하자.

0460 **独裁** dúcái 동 독재하다.

国家大事不能一人独裁。
국가의 중요한 일을 한 사람이 독단적으로 결정해서는 안 된다.

0461 **堵塞** dǔsè 동 막히다. 가로막다.

下水道堵塞了，请人来疏通一下。 하수도가 막혔으니 사람을 불러 뚫어라.

0462 **赌博** dǔbó 동 노름하다. 도박하다.
　　　　　　　　　 명 도박.

国家禁止赌博，提倡健康娱乐。
국가에서는 도박을 금지하고 건전한 오락을 제창한다.
赌博害了他，也害了他全家。 도박이 그를 망쳤고, 그의 모든 가족도 해쳤다.

0463 **杜绝** dùjué 　　　　　　　　　동 제지하다. 근절하다.

杜绝这样的事情再次发生。 이런 일이 재차 발생하는 것을 제지하자.

0464 **端** duān 　　　　　　　　　동 받쳐 들다. 똑바로 들다.

妈妈端上来一壶茶。 엄마가 차를 받쳐 내오신다.

0465 **端午节** Duānwǔ Jié 　　　　　명 단오절. 단오.

明天端午节，中国有吃粽子的习惯。
내일은 단오절로, 중국에는 쫑즈를 먹는 습관이 있다.

0466 **端正** duānzhèng 　　　　　동 바로잡다.　형 단정하다. 똑바르다.

端正你的学习态度。 너의 학습 태도를 바로 잡아라.

0467 **短促** duǎncù 　　　　　　　　형 매우 짧다. 매우 급하다.

病人的呼吸越来越短促，快叫医生来。
환자의 호흡이 점점 짧아지니 빨리 의사를 불러라.

0468 **断定** duàndìng 　　　　　　　동 단정하다. 결론을 내리다.

现在还不能断定他来不来。
지금도 아직 그가 오는지 안 오는지를 단정할 수 없다.

0469 **断绝** duànjué 　　　　　　　동 단절하다. 차단하다.

父亲和他儿子断绝了关系。 부친은 아들과의 관계를 끊었다.

0470 **堆积** duījī 　　　　　　　　　동 쌓여있다. 쌓다.

作业像山一样堆积着。 숙제가 산처럼 쌓여있다.

0471 **队伍** duìwu 　　　　　　　　명 대오. 대열.

队伍很长，一眼看不到头。 대오가 길어서 한눈에 끝까지 볼 수 없다.

0472 **对策** duìcè 　　　　　　　　명 대책. 대응책.

我一时想不出对策，只得求助朋友。
나는 갑자기 대응책이 떠오르질 않아서, 부득이하게 친구에게 도움을 요청했다.

0473 **对称** duìchèn 　　　　　　　형 대칭이다.

中国古代建筑讲究左右对称。 중국 고대 건축은 좌우 대칭을 중시했다.

0474 **对付** duìfu 　　　　　　　　동 아쉬운 대로 하다. 대처하다. 다루다.

吃饭不能对付，一定要注意营养。
식사는 대충 해서는 안 되고, 영양에 반드시 주의해야 한다.

0475 **对抗** duìkàng 　　　　　　　동 대항하다. 저항하다.

要有勇气和压力对抗。 용기를 가지고 압력에 대항해야 한다.

0476 **对立** duìlì 　　　　　　　　동 대립하다.

两种观点完全对立。 두 관점이 완전히 대립한다.

0477 **对联** duìlián 　　　　　　　명 대련. 대구.

门口贴着对联。 입구에 대련이 붙여져 있다.

0478 **对应** duìyìng 　　　　　　　동 대응하다.
　　　　　　　　　　　　　　　　형 대응하는. 상응하는.

两组数据对应不上。 두 개의 데이터가 맞지 않는다.
两边的数据很对应。 양쪽의 데이터가 상응한다.

0479 **对照** duìzhào　　　　　　　통 대조하다. 비교하다.

对照原书再看一下，看有什么错误没有。
보기에 어떤 틀린 부분이 있는지, 원서와 대조해서 다시 보세요.

0480 **兑现** duìxiàn　　　　　　　통 현금으로 바꾸다.

他去银行兑现。 그는 은행으로 가서 현금으로 바꾸었다.

0481 **顿时** dùnshí　　　　　　　부 갑자기. 곧바로. 바로.

我顿时明白了他不是真正想去而是不得不去。
나는 그가 정말로 가고 싶어하는 것이 아니라 어쩔 수 없이 간 것을 문득 깨달았다.

0482 **多元化** duōyuánhuà　　　　통 다원화하다.

这是一个多元化的世界。 지금은 다원화의 세계이다.

0483 **哆嗦** duōsuo　　　　　　　통 (부들부들) 떨다.

冻得他只哆嗦。 추워서 그는 떨고만 있다.

0484 **堕落** duòluò　　　　　　　통 타락하다. 부패하다.

赌博让他堕落，亲人们都远离他而去。
도박이 그를 타락시키자, 친지들도 모두 그를 멀리하고 떠나버렸다.

0485 **额外** éwài ⟨형⟩ 과외의. 정액 외의.

这是一笔额外收入。이것은 과외의 수입이다.

0486 **恶心** ěxīn ⟨형⟩ 역겹다. 속이 메스껍다.

他说的话很恶心。그가 하는 말은 매우 역겹다.

0487 **恶化** èhuà ⟨동⟩ 악화되다.

两国关系不断恶化，随时都有发生战争的可能。
양국의 관계가 끊임없이 악화됨에 따라, 언제든지 전쟁이 일어날 가능성이 있다.

0488 **遏制** èzhì ⟨동⟩ 저지하다. 억제하다.

要尽力遏制事情的进一步恶化。
있는 힘을 다해 일이 더욱 악화되는 것을 저지해야 한다.

0489 **恩怨** ēnyuàn ⟨명⟩ 원한.

多年的恩怨就别再提了。오랜 원한을 다시는 언급하지 마라.

0490 **而已** éryǐ ⟨조⟩ (단지) ~뿐이다.

我什么都明白，只是不想说而已。
나는 다 알지만, 단지 말을 하고 싶지 않을 뿐이다.

0491 **二氧化碳** èryǎng huàtàn ⟨명⟩ 이산화탄소(CO_2).

人呼出二氧化碳，吸入氧气。
사람은 이산화탄소를 내뱉고 산소를 들이마신다.

0492 **发布** fābù　　　　　　图 선포하다.

气象台刚刚发布了最新天气预报。기상청은 방금 최신 일기예보를 발표했다.

0493 **发财** fācái　　　　　　图 큰돈을 벌다. 부자가 되다.

大学同学都发财了，只有他一个人在乡村教书。
대학친구들은 모두 큰돈을 벌었으나, 오직 그 사람만 혼자 고향에서 학생을 가르친다.

0494 **发呆** fādāi　　　　　　图 멍하다. 넋을 놓다.

他一到假期就一个人在家里发呆。
그는 휴가철이 되기만 하면 혼자 집에서 멍하니 있다.

0495 **发动** fādòng　　　　　　图 시동을 걸다. 일으키다. 동원하다.

发动大伙儿搞卫生，把整个厂房搞干净。
모두를 동원해서 위생관리를 하고, 모든 공장을 청소하자.

0496 **发觉** fājué　　　　　　图 알아차리다. 발견하다.

那件事儿被经理发觉了。그 일이 사장에게 발각되었다.

0497 **发射** fāshè　　　　　　图 발사하다.

那个国家发射卫星又失败了。저 나라는 위성 발사를 또 실패했다.

0498 **发誓** fāshì　　　　　　图 맹세하다.

我发誓不再赌博了。나는 다시는 도박을 하지 않겠다고 맹세합니다.

0499 **发行** fāxíng　　　　　　图 발행하다. 발매하다.

这本杂志全国发行。이 잡지는 전국적으로 발행된다.

0500 **发炎** fāyán　　　　통 염증이 생기다.

嗓子发炎了，去买一些消炎药吃。
목에 염증이 생겼으니 가서 소염제를 사 먹어야겠다.

0501 **发扬** fāyáng　　　　통 드높이다. 선양하여 발전시키다.

发扬节约的好传统。절약하는 훌륭한 전통을 드높여라.

0502 **发育** fāyù　　　　통 발육하다. 자라나다.

孩子开始发育了，要注意饮食营养。
아이가 발육하기 시작했으니, 음식과 영양에 주의해야 한다.

0503 **法人** fǎrén　　　　명 법인.

董事长是公司的法人。회장은 회사의 법인이다.

0504 **番** fān　　　　양 회. 번.(완결된 과정을 셀 때 쓰임)

他打量了我一番，什么也没有说就走了。
그는 나를 한 번 훑어보고는 아무 말도 하지 않고 갔다.

0505 **凡是** fánshì　　　　부 무릇. 모든. 다.

凡是学生都应该学习。무릇 학생이라면 누구나 공부를 해야 한다.

0506 **繁华** fánhuá　　　　형 번화하다.

这个地区很繁华。이 지역은 번화하다.

0507 **繁忙** fánmáng　　　　형 일이 많고 바쁘다.

最近很繁忙，过了这段我再给你打电话约时间见面吧。
최근에 일이 바쁘니, 이 기간이 지나고 내가 네게 전화를 할 테니 그때 약속을 잡아서 만나자.

0508 **繁体字** fántǐzì　　　　　　　　몡 번체자.

繁体字很难写。 번체자는 매우 쓰기가 어렵다.

0509 **繁殖** fánzhí　　　　　　　　통 번식하다. 퍼지다.

蚊子一天能繁殖很多。 모기는 하루에 번식을 많이 할 수 있다.

0510 **反驳** fǎnbó　　　　　　　　통 반박하다.

他的观点让人无法反驳。 그의 관점은 반박할 수가 없다.

0511 **反常** fǎncháng　　　　　　　　형 이상하다. 비정상적이다.

最近几年的气候很反常。 최근 몇 년의 기후가 매우 이상하다.

0512 **反感** fǎngǎn　　　　　　　　몡 반감. 불만.
　　　　　　　　　　　　　　　 통 반감을 보이다. 불만을 가지다.

他一直在台上说一些没用的话，大家都出现了反感情绪。
그가 줄곧 무대에서 쓸데없는 말을 해서 모두들 반감을 드러냈다.

那个男人的目光使她反感。 그 남자의 시선에 그녀는 반감을 갖게 됐다.

0513 **反抗** fǎnkàng　　　　　　　　통 반항하다.

敌人还在反抗。 적은 아직도 반항 중이다.

0514 **反馈** fǎnkuì　　　　　　　　통 피드백하다. (정보나 반응이) 되돌아오다.

意见很快反馈回来。 의견에 대한 피드백이 매우 빨리 되돌아왔다.

0515 **反面** fǎnmiàn　　　　　　　　몡 부정적이거나 소극적인 일면. 뒷면. 이면.

很少有人注意事情的反面。 일의 부정적인 면에 주의를 기울이는 사람은 적다.

0516 **反射** fǎnshè 图 반사하다.

光从镜子里反射过来。 빛이 거울에서 반사되어 돌아왔다.

0517 **反思** fǎnsī 图 돌이켜 사색하다. 반성하다.

反思过去是为了以后。 과거를 돌이켜 생각하는 것은 나중을 위해서이다.

0518 **反问** fǎnwèn 图 반문하다.
　　　　　　　　　　　图 반어로 묻다.

你可以反问他。 당신은 그에게 반문해도 됩니다.
这是反问，不是疑问。 이것은 반어로 묻는 것이지 질문이 아니다.

0519 **反之** fǎnzhī 접 이와 반대로. 바꾸어서 말하면.

冷就多穿衣服，反之就少穿衣服。
추우면 옷을 많이 껴입고, 이와 반대면 옷을 적게 입어라.

0520 **泛滥** fànlàn 图 범람하다. 유행하다.

河水不断泛滥。 강물이 계속해서 범람한다.

0521 **范畴** fànchóu 图 범주. 범위.

两个事物不在一个范畴之内。 두 개의 사물은 한 개의 범주 안에 있지 않다.

0522 **贩卖** fànmài 图 판매하다.

他在贩卖衣服，生活条件有了很大改善。
그는 옷을 판매하고 있어서, 생활여건이 크게 개선되었다.

0523 **方位** fāngwèi 图 방향. 위치.

告诉我你的具体方位，我现在就过去。
당신의 구체적인 위치를 제게 알려주시면 제가 지금 가겠습니다.

0524 **方言** fāngyán　　　　　　　　명 방언.

他说方言，不说普通话。 그는 방언을 하지 표준어를 하지 않는다.

0525 **方圆** fāngyuán　　　　　　　명 주변. 주위.　　　　　**N**

方圆百里没有一户人家。 주변 100리 안에 사람 사는 집이 한 채도 없다.

0526 **方针** fāngzhēn　　　　　　　명 방침.

政府制定了新的方针。 정부는 새로운 방침을 제정했다.

0527 **防守** fángshǒu　　　　　　　동 수비하다. 방어하다.

不懂防守就不能进攻。 수비를 할 줄 모르면 공격도 할 수 없다.

0528 **防御** fángyù　　　　　　　　동 방어하다.

防御敌人的进攻，同时要做好进攻敌人的准备。
적의 진격을 방어함과 동시에 적을 공격할 준비를 잘 해야 한다.

0529 **防止** fángzhǐ　　　　　　　　동 방지하다.

出门前要检查窗门是否关好，防止有人偷东西。
외출 전 창문이 잘 잠겼는지 확인해서, 누군가 물건을 훔치는 것을 방지해야 한다.

0530 **防治** fángzhì　　　　　　　　동 예방 치료하다. 막다.

要注意环境卫生，防治疾病的传播。
환경위생에 유의해서 질병의 창궐을 방지해야 한다.

0531 **访问** fǎngwèn　　　　　　　동 방문하다.　　　　　**L4**

中国国家主席下个月访问韩国。 중국 국가주석이 다음 달에 한국을 방문한다.

0532 **纺织** fǎngzhī　　　　　　　　동 방직하다. 짜다.

妈妈纺织了很多棉布。 엄마는 무명을 많이 짜셨다.

0533 **放大 fàngdà** 동 크게 하다. 확대하다.

把这些照片放大一下。 이 사진들을 좀 확대해주세요.

0534 **放射 fàngshè** 동 방사하다. 방출하다.

烟火在天空中绽放zhànfàng，放射出很多火花。
하늘에 연기와 불꽃이 터져 많은 불꽃을 뿜어냈다.

0535 **飞禽走兽 fēiqín zǒushòu** 명 금수. 조수.

森林里住着很多飞禽走兽。 숲에는 짐승이 많이 살고 있다.

0536 **飞翔 fēixiáng** 동 하늘을 빙빙 돌며 날다. 비상하다.

鸟在天空飞翔，鱼在水里畅游。
새는 하늘에서 빙빙 돌며 날고, 물고기는 물에서 마음껏 헤엄친다.

0537 **飞跃 fēiyuè** 동 비약하다. 급격히 발전하다

一只鸟突然飞跃起来。 새 한 마리가 갑자기 날아오르기 시작했다.

0538 **非法 fēifǎ** 형 불법적인.

这种行为是非法的。 이런 행위는 불법적인 것이다.

0539 **肥沃 féiwò** 형 비옥하다. 기름지다.

东北平原的土地很肥沃。 동북평원의 토지는 매우 비옥하다.

0540 **诽谤 fěibàng** 동 비방하다. 중상모략하다.

不能诽谤好人，否则会受到法律的惩罚。
좋은 사람을 비방해서는 안 된다. 그렇지 않으면 법률의 처벌을 받을 것이다.

0541 **肺** fèi 명 허파. 폐.

吸烟对肺有害。 흡연은 폐에 해롭다.

0542 **废除** fèichú 동 폐지하다. 취소하다.

国会废除旧法规，制定新的法规。
국회는 오래된 법규를 폐지하고, 새로운 법규를 제정한다.

0543 **废寝忘食** fèiqǐn wàngshí 성 (어떤 일에) 전심전력하다. 매우 몰두하다.

临近高考，学生们都在废寝忘食地学习。
수능이 다가오자, 학생들은 모두 전심전력으로 공부한다.

0544 **废墟** fèixū 명 폐허.

高楼成了一片废墟。 고층건물이 폐허가 되었다.

0545 **沸腾** fèiténg 동 끓다. 끓어오르다

人群沸腾了起来。 사람들이 들끓어 오르기 시작하였다.

0546 **分辨** fēnbiàn 동 분별하다. 구분하다.

不能分辨好坏，就不能交到真正的朋友。
좋고 그름을 구분할 줄 모르면, 진정한 친구를 사귈 수 없다.

0547 **分寸** fēncun 명 분수. 한계. 한도. 분별.

说话做事要讲究分寸。 말과 행동에는 분별을 중요시해야 한다.

0548 **分红** fēnhóng 동 이익을 분배하다.

大家都很关心年终分红。 모두 연말의 이익 분배에 관심이 있다.

0549 **分解** fēnjiě
통 분해하다. 와해하다.

氧气可以从水里分解出来。 산소는 물에서 분해해낼 수 있다.

0550 **分裂** fēnliè
통 분열하다. 결별하다.

队伍开始分裂成两个部分。 대오가 두 부분으로 분열되기 시작한다.

0551 **分泌** fēnmì
통 분비하다.

蜗牛的身体里分泌出很多液体。 달팽이 몸에서 액체가 많이 분비되어 나온다.

0552 **分明** fēnmíng
형 명확하다. 분명하다.
부 확실히. 분명히.

他这个人很爱憎分明。 그라는 사람은 싫고 좋음이 분명하다.
我分明已经告诉他了。 나는 분명히 이미 그에게 알려주었다.

0553 **分歧** fēnqí
명 불일치. 차이.

有分歧不要紧，大家一起坐下来沟通一下。
불일치하는 점이 있으면 서두르지 말고 모두 같이 앉아서 이야기를 나누어봅시다.

0554 **分散** fēnsàn
통 분산하다. 흩뜨리게 하다.

力量不能分散，要集中。 역량을 분산해서는 안 되고 집중시켜야 한다.

0555 **吩咐** fēnfù
통 분부하다. 말로 시키다.

这样的事情可以吩咐部下去做。 이런 일은 아랫사람이 하도록 시키면 된다.

0556 **坟墓** fénmù
명 무덤.

前面有一些坟墓，孩子们吓得不敢过去。
앞에 무덤이 몇 개 있어서, 아이들은 놀라서 감히 지나가지도 못한다.

0557 **粉末** fěnmò　　　　　　图 가루. 분말.

那台机器可以把小麦磨成粉末。저 기계는 밀을 가루로 갈아버릴 수 있다.

0558 **粉色** fěnsè　　　　　　图 분홍색. 핑크색.

女孩儿都喜欢粉色。여자아이들은 모두 분홍색을 좋아한다.

0559 **粉碎** fěnsuì　　　　　　图 산산조각이 나다. 가루처럼 되다.
　　　　　　　　　　　　图 분쇄하다. 박살 내다.

碗被摔得粉碎。그릇이 깨져서 산산조각이 났다.
小麦被粉碎成粉末。밀은 분쇄되어 가루가 되었다.

0560 **分量** fènliàng　　　　　　图 중량. 무게. 가치.

他的话分量很重，大家都听他的。
그의 말은 무게가 있어서, 모두 그의 말을 듣는다.

0561 **愤怒** fènnù　　　　　　图 분노하다.　　　　　　**L5**

他已经愤怒了，别去惹他了。그는 이미 분노했으니 그의 화를 돋구지 마라.

0562 **丰满** fēngmǎn　　　　　　图 풍만하다. 포동포동하다.

那女孩儿长得很丰满。저 여자아이는 포동포동하게 생겼다.

0563 **丰盛** fēngshèng　　　　　　图 풍성하다. 성대하다.

父母准备了丰盛的晚饭。부모님께서 성대한 저녁식사를 준비하셨다.

0564 **丰收** fēngshōu　　　　　　图 풍작을 이루다.

去年雨水很多，丰收了很多稻谷。
작년에 비가 많이 와서, 많은 벼를 수확했다.

0565 **风暴** fēngbào　　　　　　　명 폭풍. 폭풍우. 위기.

明天有风暴，注意预防。 내일은 폭풍우가 있으니 예방에 주의하자.

0566 **风度** fēngdù　　　　　　　명 품격. 풍모. 매너.

他很有风度，因此身边经常有漂亮女孩儿。
그는 매우 품격이 넘쳐서 옆에 항상 예쁜 여자가 있다.

0567 **风光** fēngguāng　　　　　　명 풍경. 경치. 풍광.

美丽的江南风光，让大家流连忘返。
아름다운 강남의 경치가 모두로 하여금 돌아가는 것을 잊게 한다.

0568 **风气** fēngqì　　　　　　　명 풍조. 기풍.

政府要采取各种措施杜绝不良风气。
정부는 각종 조치를 취해 불량한 풍조를 단절시키고자 한다.

0569 **风趣** fēngqù　　　　　　　명 유머. 해학. 재미.
　　　　　　　　　　　　　　형 유머러스하다. 해학적이다.

他是一个很有风趣的人。 그는 매우 유머가 있는 사람이다.

他说话很风趣，经常逗得大家笑个不停。
그는 말을 매우 재미있게 해서 항상 모두를 웃겨준다.

0570 **风土人情** fēngtǔ rénqíng　　명 지방의 특색과 풍습.

我不了解当地的风土人情。 나는 해당 지역의 특색과 풍습을 잘 모른다.

0571 **风味** fēngwèi　　　　　　　명 특색. 분위기.

我很喜欢山东风味。 나는 산동의 특색을 정말 좋아한다.

0572 **封闭 fēngbì** 동 봉하다. 밀봉하다.

这里的交通不便，消息封闭了。
이곳의 교통이 편리하지 않아 소식이 봉쇄되었다.

0573 **封建 fēngjiàn** 명 봉건주의. 봉건제도.
형 봉건적인.

中国经历了几千年的封建社会。 중국은 몇 천 년의 봉건주의 사회를 겪었다.
这个人很封建，思想一点都不开放。
이 사람은 매우 봉건적이라, 생각이 조금도 열리지 않았다.

0574 **封锁 fēngsuǒ** 동 폐쇄하다. 봉쇄하다.

警察封锁了所有通道。 경찰은 모든 통로를 봉쇄했다.

0575 **锋利 fēnglì** 형 날카롭다. 뾰족하다.

那把刀很锋利，小心别把自己划破。
그 칼은 매우 날카로우니, 베이지 않도록 조심해라.

0576 **逢 féng** 동 만나다. 마주치다.

每逢佳节倍思亲。 명절 때가 되면 언제나 부모님 생각이 더 하다.

0577 **奉献 fèngxiàn** 동 바치다. 공헌하다.

他为祖国奉献出了自己的青春。 그는 조국을 위해 자신의 청춘을 바쳤다.

0578 **否决 fǒujué** 동 부결하다. 거부하다.

我的提案被老板否决了。 내 제안이 사장에 의해서 부결되었다.

0579 **夫妇 fūfù** 명 부부.

那对夫妇没有孩子。 저 부부는 아이가 없다.

0580 **夫人** fūrén　　　　명 부인.

这是我夫人，这是我女儿。 이 사람은 제 부인이고, 이 아이는 제 딸입니다.

0581 **敷衍** fūyǎn　　　　동 성의 없이 대하다. 그럭저럭 버티다.

他一直在敷衍我。 그는 줄곧 나를 성의 없이 대하고 있다.

0582 **服从** fúcóng　　　　형 복종하다. 따르다.

士兵要服从命令。 사병은 명령에 복종해야 한다.

0583 **服气** fúqì　　　　동 진심으로 복종하다.

我批评了他，可是他不服气。 내가 그를 비평했지만, 그는 인정하지 않는다.

0584 **俘虏** fúlǔ　　　　명 포로.
　　　　　　　　　　동 포로로 잡다.

两军交换了俘虏。 두 군대가 포로를 교환했다.
我们俘虏了两个敌军。 우리는 두 명의 적군을 포로로 잡았다.

0585 **符号** fúhào　　　　명 기호. 표기. 부호.

墙上有很多符号，大家都不知道是什么意思。
벽에 기호가 많은데 모두들 무슨 뜻인지 모른다.

0586 **幅度** fúdù　　　　명 폭. 너비.

汇率变动幅度很大。 환율 변화의 폭이 크다.

0587 **辐射** fúshè　　　　동 복사하다. 방사하다.
　　　　　　　　　　명 복사. 방사.

紫外线从太阳上辐射下来。 자외선은 태양에서 방사되어 내려온다.
孕妇使用电脑要注意防止辐射。
임산부는 컴퓨터 사용시 전자파를 방지하는 데 유의해야 한다.

0588 **福利** fúlì　　　　　　　　　명 복지. 복리.

我公司的福利很好。우리 회사는 복지가 좋다.

0589 **福气** fúqi　　　　　　　　　명 복. 행운.

孩子孝顺是父母的福气。아이가 효도하는 것은 부모의 복이다.

0590 **抚摸** fǔmō　　　　　　　　　동 어루만지다. 쓰다듬다.　　　**N**

老师轻轻抚摸着我的头。선생님께서는 가볍게 나의 머리를 쓰다듬고 계시다.

0591 **抚养** fǔyǎng　　　　　　　　동 부양하다. 기르다.

她抚养了三个孩子。그녀는 세 명의 아이를 부양했다.

0592 **俯视** fǔshì　　　　　　　　　동 굽어보다. 내려다보다.　　　**C**

从山上可以俯视整个城市。산 위에서 모든 도시를 내려다볼 수 있다.

0593 **辅助** fǔzhù　　　　　　　　　동 협조하다. 보조하다.
　　　　　　　　　　　　　　　 형 보조적인. 부차적인.

我会努力辅助他工作。나는 그가 작업하는 것에 열심히 협조할 것이다.
秘书起了很大的辅助作用。비서는 많은 보조적인 작용을 했다.

0594 **腐败** fǔbài　　　　　　　　　동 썩다. 부패하다.
　　　　　　　　　　　　　　　 형 진부하다. 타락하다.

食物已经腐败了，不能再吃了。음식물이 이미 부패해서 더이상 먹을 수 없다.
他生活得很腐败。그는 매우 타락한 생활을 한다.

0595 **腐烂** fǔlàn　　　　　　　　　동 부패하다. 부식하다.
　　　　　　　　　　　　　　　 형 부패하다. 진부하다. 타락하다.

尸体腐烂了，已经无法确认身份。
시체가 부패해서 이미 신분을 확인할 방법이 없다.

腐烂食品不能吃，否则会闹肚子。
부패한 식품은 먹어서는 안 된다. 그렇지 않으면 배탈이 날 수도 있다.

0596 **腐蚀** fǔshí 　　　　　　　　동 부식하다. 썩어 문드러지다.

铁片被化学药品腐蚀了。철이 화학약품으로 인해 부식되었다.

0597 **腐朽** fǔxiǔ 　　　　　　　　동 썩다. 부패하다. 타락하다.

木头已经腐朽了。나무가 이미 썩었다.

0598 **负担** fùdān 　　　　　　　　명 부담. 책임.
　　　　　　　　　　　　　　　　동 부담하다. 책임지다.

他有三个孩子，所以负担很重。그는 세 아이가 있어서 부담감이 크다.
他负担三个孩子的学费。그는 아이 세 명의 학비를 책임진다.

0599 **附和** fùhè 　　　　　　　　동 남의 언행을 따르다. 부화하다.

他没有自己的意见，只附和别人。
그는 자신의 의견은 없고, 단지 다른 사람의 언행만을 따른다.

0600 **附件** fùjiàn 　　　　　　　　명 부품. 부분품. 관련 문서. 첨부파일.

车坏了需要换一些附件。차가 고장 나서 부품들을 교체해야 한다.

0601 **附属** fùshǔ 　　　　　　　　동 부속되다. 종속되다.
　　　　　　　　　　　　　　　　형 부속의. 부설의.

这家工厂附属我们学校。이 공장은 우리 학교에 부속되어 있다.
我儿子在师大附属小学上学。내 아들은 사범대학 부속 초등학교에 다닌다.

0602 **复活** fùhuó　　　　　　　　동 부활하다. 소생하다.

那棵老树又复活了。 저 오래된 나무가 다시 부활했다.

0603 **复兴** fùxīng　　　　　　　　동 부흥하다. 흥성하다.

那是一件文艺复兴时期的作品,现在很值钱。
그것은 문예 부흥시기의 작품이어서 지금 값어치가 있다.

0604 **副** fù　　　　　　　　형 제2의. 보조의. 부. 부수적인.
　　　　　　　　　　　　　　양 벌. 세트.(쌍으로 된 물건을 셀 때 쓰임)

他是我们部门的副经理。 그는 우리 부서의 부사장이다.
我刚买了一副手套就丢了。 내가 막 장갑 한 벌을 샀는데 잃어버렸다.

0605 **赋予** fùyǔ　　　　　　　　동 부여하다. 주다.

那首诗被他赋予了新的意义。 그 시는 그에게 새로운 의미를 부여했다.

0606 **富裕** fùyù　　　　　　　　형 부유하다.

他们家很富裕。 그들 집은 부유하다.

0607 **腹泻** fùxiè　　　　　　　　동 설사하다.

我腹泻了一个晚上,早上都起不来了。
나는 저녁 내내 설사를 해서, 아침에 일어나지 못했다.

0608 **覆盖** fùgài　　　　　　　　동 덮다. 뒤덮다.

白雪覆盖大地,地上成了银白的世界。
흰 눈이 대지를 뒤덮어, 땅 위가 온통 은백색의 세계가 되었다.

0609 **改良** gǎiliáng　　　　　图 개량하다. 개선하다.

这个品种需要改良。이 품종은 개량이 필요하다.

0610 **钙** gài　　　　　图 칼슘(Ca, calcium).

孩子缺钙，要经常让他吃一些补钙的食物。
아이가 칼슘이 부족해서, 항상 아이에게 칼슘을 보충해주는 음식을 먹여야 한다.

0611 **盖章** gàizhāng　　　　　图 도장을 찍다. 날인하다.

老板让秘书在文件上盖章。사장은 비서를 시켜 문서에 도장을 찍게 했다.

0612 **干旱** gānhàn　　　　　图 가물다. 메마르다.

天气很干旱，庄稼的收成可能不会太好。
날씨가 매우 가물어서 농가의 수확물이 아마도 그다지 좋지 못할 것이다.

0613 **干扰** gānrǎo　　　　　图 방해. 图 방해하다.

外面工地上的声音很大，他的学习受到了干扰。
외부 작업장의 소리가 너무 커서 그의 공부에 방해를 받는다.

0614 **干涉** gānshè　　　　　图 간섭하다. 图 간섭.

任何国家都不得干涉我国内政。
어떠한 나라도 우리나라의 내정에 간섭해서는 안 된다.

0615 **干预** gānyù　　　　　图 관여하다. 간섭하다.

婚姻自由，不得干预。혼인의 자유를 간섭되어서는 안 된다.

0616 **尴尬** gāngà 　　　　　　　　형 (입장이) 곤란하다. 난처하다.

当时的场面很尴尬，我都不知道怎么做了。
당시의 상황이 매우 곤란해서, 나도 어떻게 해야 할지 모르겠다.

0617 **感慨** gǎnkǎi 　　　　　　　　동 감격하다. 감개무량하다.

眼前的情景让他很感慨。 현재 상황에 그는 매우 감격했다.

0618 **感染** gǎnrǎn 　　　　　　　　동 감염되다. 전염되다.

伤口感染了，只得住院。 상처가 전염되어서 입원할 수밖에 없다.

0619 **干劲** gànjìn 　　　　　　　　명 (일하려는) 의욕. 열정.

大家都干劲十足。 모두들 의욕이 넘쳐난다.

0620 **纲领** gānglǐng 　　　　　　　　명 강령. 대강.

我们要遵守党的行政纲领。 우리는 당의 행정강령을 준수해야 한다.

0621 **岗位** gǎngwèi 　　　　　　　　명 직장. 부서.

他病倒了在岗位上。 그는 병에 걸려 직장에서 쓰러졌다.

0622 **港口** gǎngkǒu 　　　　　　　　명 항구. 항만.

釜山是港口城市。 부산은 항구도시이다.

0623 **港湾** gǎngwān 　　　　　　　　명 항만.

釜山有很多优良港湾。 부산에는 우수한 항만이 많이 있다.

0624 **杠杆** gànggǎn 　　　　　　　　명 지레. 지렛대.

他用杠杆撬qiào石头。 그는 지렛대를 사용해서 돌을 젖혔다.

0625 **高超** gāochāo　　　　　　　형 출중하다. 특출나다.

每个杂技演员都技艺高超。모든 곡예 단원이 다 기예가 출중하다.

0626 **高潮** gāocháo　　　　　　　명 고조. 절정. 클라이맥스.

晚会进入了高潮。저녁 모임이 절정에 이르렀다.

0627 **高峰** gāofēng　　　　　　　명 최고봉. 절정.

现在是上下班高峰时间。지금은 출퇴근이 절정인 시간이다.

0628 **高明** gāomíng　　　　　　　형 출중하다. 빼어나다.

这种做法并不高明。이런 방법은 결코 뛰어난 것이 아니다.

0629 **高尚** gāoshàng　　　　　　　형 고상하다. 도덕적으로 고결하다.

高尚的人永远让人尊敬。고상한 사람은 언제나 사람들에게 존중을 받는다.

0630 **高涨** gāozhǎng　　　　　　　동 급증하다. 급상승하다.

在他的鼓动下，大家都情绪高涨。그의 독려로 모두의 감정이 고조되었다.

0631 **稿件** gǎojiàn　　　　　　　명 원고.

新交来的稿件几乎都不能用。새로 제출된 원고를 거의 사용할 수 없다.

0632 **告辞** gàocí　　　　　　　동 이별을 고하다.

我先告辞了，回头再联系。
저는 먼저 가겠습니다. 나중에 다시 연락하겠습니다.

0633 **告诫** gàojiè　　　　　　　동 훈계하다. 타이르다.

老师告诫，不要胡思乱想。선생님께서 허튼 생각하지 말라고 훈계하셨다.

0634 **疙瘩** gēda   명 종기. 뾰두라지. 부스럼.

她身上有一些疙瘩。그녀의 몸에 종기들이 났다.

0635 **鸽子** gēzi   명 비둘기.   L5

鸽子象征和平。비둘기는 평화를 상징한다.

0636 **搁** gē   동 놓다. 두다.

我忘记把钥匙搁哪里了。나는 열쇠를 어디에다 두었는지 까먹었다.

0637 **割** gē   동 절단하다. 자르다.

手被割破了。손이 절단되었다.

0638 **歌颂** gēsòng   동 찬양하다. 찬미하다.

合唱团用歌声歌颂祖国。합창단이 노래로 조국을 찬양한다.

0639 **革命** gémìng   명 혁명.   L5

他出生在文化大革命时期。그는 문화대혁명 시기에 태어났다.

0640 **格局** géjú   명 구조. 구성.

冷战结束后，世界形成了新格局。
냉전이 끝나고 세계는 새로운 국면을 맞이했다.

0641 **格式** géshi   명 격식. 양식. 규칙.

这些表格要按照统一格式填写。
이 양식은 통일된 격식에 따라 써넣어야 한다.

0642 **隔阂** géhé   명 틈. 간격. 거리.

通过沟通消除隔阂。소통을 통해서 거리를 없애자.

0643 隔离 gélí
동 분리하다. 떼어놓다.

病人已被隔离。 환자는 이미 격리되었다.

0644 个体 gètǐ
명 개인. 인간. 개체.

个体小贩们都集中在市政府门前想讨个公道。
개인 영세상인은 모두 시청 앞에 모여서 정도를 구현하고 싶어한다.

0645 各抒己见 gèshū jǐjiàn
성 각자 자기의 의견을 발표하다.

针对学术问题要各抒己见。
학술 문제에 관련하여, 각자 자신의 의견을 발표해야 한다.

0646 根深蒂固 gēnshēn dìgù
성 기초가 튼튼하여 쉽게 흔들리지 않다.

这种思想根深蒂固。 이런 사상은 기초가 튼튼해 쉽게 흔들리지 않는다.

0647 根源 gēnyuán
명 근원. 근본 원인.

警察们在寻找事故的根源。 경찰들은 사고의 근본 원인을 찾고 있다.

0648 跟前 gēnqián
명 곁. 신변. 옆.

跟前没有笔，不能做记录。 옆에 펜이 없어서 기록을 할 수가 없다.

0649 跟随 gēnsuí
동 따르다. 동행하다.

便衣警察跟随他走进酒店。 사복경찰은 그를 따라서 술집으로 들어갔다.

0650 跟踪 gēnzōng
동 미행하다. 추적하다.

我被人跟踪了。 누군가 나를 미행했다.

0651 更新 gēngxīn
동 경신하다. 갱신하다. 새롭게 바뀌다.

信息好久没有更新了。 소식이 오랫동안 새롭게 바뀌지 않았다.

0652 **更正 gēngzhèng** 图 정정하다. 잘못을 고치다.

要及时更正错误信息。제때에 잘못된 정보를 고쳐야 한다.

0653 **耕地 gēngdì** 图 논밭을 갈다.
图 농경지. 전지.

农民们在用拖拉机耕地。농민들은 트랙터로 논밭을 갈고 있다.
我们家去年承包了两亩耕地。우리집은 작년에 농경지 두 묘를 하청받았다.

0654 **工艺品 gōngyìpǐn** 图 공예품.

这件东西成了工艺品。이 물건은 공예품이 되었다.

0655 **公安局 gōng'ānjú** 图 공안국. 경찰국.

他在公安局工作。그는 공안국에서 근무한다.

0656 **公道 gōngdao** 图 공평하다. 공정하다.

评理要讲公道。시비를 가리려면 공정함에 신경 써야 한다.

0657 **公告 gōnggào** 图 공고. 공포.

关于他被任命为局长的事情已经发布了公告。
그가 국장에 임명된 사실이 이미 공포되었다.

0658 **公关 gōngguān** 图 홍보. 섭외. 공공관계.

她在公司负责公关。그녀는 회사에서 홍보를 책임진다.

0659 **公民 gōngmín** 图 국민. 공민.

中国公民都可以持有中国护照。
중국 국민은 모두 중국 여권을 소지할 수 있다.

0660 **公然** gōngrán　　　　　　　튄 공개적으로. 공공연히.

那个发了疯的女人开始公然骂人。
저 미친 여자는 공공연히 사람을 욕하기 시작했다.

0661 **公认** gōngrèn　　　　　　　통 공인하다. 모두가 인정하다.

他的能干是被公认的。 그의 능력은 모두에게 인정받은 것이다.

0662 **公式** gōngshì　　　　　　　명 공식. 법칙.

学生们需要记住很多数学公式。 학생들은 많은 수학공식을 기억해야 한다.

0663 **公务** gōngwù　　　　　　　명 공무.

把他拉出去，别让他在这里妨碍公务。
그가 여기에서 공무를 방해하지 못하도록 그를 끌어 내라.

0664 **公正** gōngzhèng　　　　　　형 공정하다.

那场比赛主裁判裁判得很公正。 저 시합의 주심은 공정하게 심판을 본다.

0665 **公证** gōngzhèng　　　　　　통 공증하다.

证明信需要公证。 증명서신에는 공증이 필요하다.

0666 **功劳** gōngláo　　　　　　　명 공로.

这次的成功，他功劳最大。 이번 성공은 그의 공로가 가장 크다.

0667 **功效** gōngxiào　　　　　　　명 효능. 효과.

这种药的功效很好。 이런 약은 효과가 좋다.

0668 **攻击** gōngjī　　　　　　　　통 공격하다. 진공하다. 비난하다.

敌人攻击进来了。 적이 공격해왔다.

G 91

0669 **攻克** gōngkè　　　　　　　图 극복하다. 뛰어넘다.

技术人员在努力攻克技术难关。 기술자는 열심히 기술 난관을 극복하고 있다.

0670 **供不应求** gōngbú yìngqiú　　　셍 공급이 수요를 따르지 못하다.

这种商品供不应求。 이런 상품은 공급이 수요를 따르지 못한다.

0671 **供给** gōngjǐ　　　　　　　图 공급하다. 제공하다.

这些蔬菜和肉蛋是供给香港的。
이 야채, 육류, 계란들은 홍콩으로 공급되는 것이다.

0672 **宫殿** gōngdiàn　　　　　　图 궁전.

宫殿很大，展示了那个朝代的繁盛。
궁전이 큰 것은 그 시대의 번영을 나타낸다.

0673 **恭敬** gōngjìng　　　　　　 혱 공손하다.

他对学者都很恭敬。 그는 학자에게 모두 공손하다.

0674 **巩固** gǒnggù　　　　　　 혱 견고하다. 공고하다.　图 견고하게 하다.

他的社会地位很巩固。 그의 사회적 지위는 매우 견고하다.

0675 **共和国** gònghéguó　　　　图 공화국.

我是中华人民共和国公民。 나는 중화인민공화국 국민이다.

0676 **共计** gòngjì　　　　　　　图 합계하다.

一个月共计来了三次。 한 달에 모두 합쳐서 세 번 왔다.

0677 **共鸣** gòngmíng　　　　　 图 공명하다. 공감하다.

波浪和风声共鸣。 파도와 바람 소리가 같이 울린다.

0678 **勾结** gōujié 동 결탁하다. 내통하다.

敌人内外勾结想破坏我们的管理组织。
적은 안과 밖으로 결탁해서 우리의 경영조직을 파괴하고자 한다.

0679 **钩子** gōuzi 명 갈고리.

把衣服挂在钩子上。 옷을 고리에 거세요.

0680 **构思** gòusī 동 구상하다.
　　　　　　　　　　　명 구상.

构思新故事需要新的灵感。
새로운 이야기를 구상하려면 새로운 영감이 필요하다.
整个故事的构思很好。 전체 이야기의 구상이 좋다.

0681 **孤独** gūdú 형 고독하다. 외롭다.

一个人生活很孤独。 혼자서 생활하는 것은 외롭다.

0682 **孤立** gūlì 형 고립하다. 고립시키다.

他在办公室感到很孤立。 그는 사무실에서 매우 고립됨을 느낀다.

0683 **姑且** gūqiě 부 잠시. 잠깐. 우선.

姑且休息一下，一会儿再继续干吧。 잠시 쉬었다가 이후에 다시 합시다.

0684 **辜负** gūfù 동 헛되게 하다. 저버리다.

不要辜负父母的期望。 부모의 기대와 희망을 저버리지 마라.

0685 **古董** gǔdǒng 명 골동품.

爷爷珍藏了很多古董。 할아버지는 많은 골동품들을 소중히 간직하신다.

0686 **古怪** gǔguài　　　　　　　　　형 괴상하다. 괴이하다.

最近几天他的行动很古怪。최근 며칠 그의 행동이 이상하다.

0687 **股东** gǔdōng　　　　　　　　명 주주. 출자자.

这件事情要在股东大会上讨论。이번 일은 주주총회에서 토론하려고 한다.

0688 **股份** gǔfèn　　　　　　　　　명 주. 주권. 주식.

大股东拥有很多股份。대주주는 많은 주식을 보유하고 있다.

0689 **骨干** gǔgàn　　　　　　　　　명 골간. 중요한 역할을 하는 사람이나 사물.

他的研究是技术骨干。그의 연구는 기술의 골간이다.

0690 **鼓动** gǔdòng　　　　　　　　동 선동하다. 부추기다.

他在四处走动，鼓动大家闹革命。
그는 사방으로 뛰어다니며 모두에게 혁명을 일으킬 것을 선동한다.

0691 **固然** gùrán　　　　　　　　　접 비록 ~하지만.

那样固然好，但是会有很多人受伤。
그렇게 하면 비록 좋지만 많은 사람이 다칠 것이다.

0692 **固体** gùtǐ　　　　　　　　　　명 고체.　　　　　　　　　　**L5**

石头是固体。돌은 고체이다.

0693 **固有** gùyǒu　　　　　　　　　형 고유의. 본래의.

勤俭是他的固有品格。근검은 그 사람만이 가지고 있는 고유의 품격이다.

0694 **固执** gùzhi　　　　　　　　　형 완고하다. 고집스럽다.

他很固执，很少听得进别人的话。
그는 고집스러워서 다른 사람의 말을 거의 듣지 않는다.

0695 **故乡** gùxiāng　　　　　　명 고향.

我爱我的故乡。 나는 내 고향을 사랑한다.

0696 **故障** gùzhàng　　　　　　명 고장.

机器出现故障，需要找技术人员修理。
기계가 고장이 나서 기술자의 수리가 필요하다.

0697 **顾虑** gùlǜ　　　　　　명 고려. 걱정.　동 고려하다.

消除顾虑，积极工作。 걱정하지 말고 적극적으로 일해라.

0698 **顾问** gùwèn　　　　　　명 고문.

我们这里需要两名技术顾问。 우리는 기술 고문 두 사람이 필요하다.

0699 **雇佣** gùyòng　　　　　　동 고용하다.　　**L5**

雇佣三名清洁工来每天打扫大厅。
세 명의 청소부를 고용해서 매일 홀을 청소한다.

0700 **拐杖** guǎizhàng　　　　　　명 지팡이.

老人拄着拐杖站在门口。 노인은 지팡이에 몸을 지탱하고 입구에 서있다.

0701 **关怀** guānhuái　　　　　　동 관심을 가지고 보살피다.　　**L5**

父母时刻关怀儿女的教育。
부모님께서는 시시각각으로 자녀들의 교육을 보살피신다.

0702 **关照** guānzhào　　　　　　동 돌보다. 보살피다.

我初来乍到，请多多关照。 제가 처음 왔으니, 잘 부탁합니다.

0703 **观光** guānguāng 동 관광하다.

我们是来旅游观光的。 우리는 관광을 하러 왔습니다.

0704 **官方** guānfāng 명 정부 당국. 정부 측.

那只是官方说法，不一定是事实。
그것은 단지 정부 측 말이니, 반드시 사실인 것은 아니다.

0705 **管辖** guǎnxiá 동 관할하다. 담당하다.

这里由市政府直接管辖。 이곳은 시청에서 직접 관할한다.

0706 **贯彻** guànchè 동 관철하다.

议员们要贯彻党的领导方针。 의원들은 당의 지도방침을 관철하려고 한다.

0707 **惯例** guànlì 명 관례. 관행. 상규.

根据惯例，第一名先进去。 관례에 따라 일등이 먼저 들어간다.

0708 **灌溉** guàngài 동 관개하다. (논밭에) 물을 대다.

天气干旱，农民们只好用井水灌溉农田。
날씨가 가물어서 농민들은 하는 수 없이 우물물을 논밭에 대었다.

0709 **罐** guàn 명 단지. 항아리. 깡통.

桌子上有一罐水，估计是昨天妈妈放在那里的。
책상에 물 한 통이 있는데 아마도 어제 엄마가 그곳에 둔 것 같다.

0710 **光彩** guāngcǎi 명 빛. 광채. 빛깔.

她的脸上没有光彩。 그녀의 얼굴에 광채가 없다.

0711 **光辉** guānghuī 명 찬란한 빛.

太阳的光辉照耀着大地。 태양의 찬란한 빛이 대지를 비추고 있다.

0712 **光芒** guāngmáng 명 광선. 빛.

他很有人气，走到哪里都光芒四射。
그는 인기가 많아 어디를 가든 온 주변에 빛을 발한다.

0713 **光荣** guāngróng 형 영광스럽다. 영예롭다. **L5**

劳动最光荣，懒惰最可耻。
노동은 가장 영광스러운 것이고, 게으름은 가장 수치스러운 것이다.

0714 **广阔** guǎngkuò 형 넓다. 광활하다.

广阔的田野上充满着大家的欢笑。
광활한 밭과 들판에 모두의 즐거운 웃음소리가 가득하다.

0715 **归根到底** guīgēn dàodǐ 성 결국. 끝내. 근본으로 돌아가다.

归根到底都是赌博害了他。 끝내 도박이 그를 망쳤다.

0716 **归还** guīhuán 동 돌려주다. 반환하다.

把失物归还失主。 잃어버린 물건을 주인에게 돌려줘라.

0717 **规范** guīfàn 명 규범. 표준. 준칙.
동 규범화하다.
형 규범적인.

公司里有行为规范。 회사 내에서는 행위 규범이 있다.
从下周开始，公司要规范上下班纪律。
다음 주부터 회사는 출퇴근 기율을 규범화하려고 한다.
这个行业制度非常规范。 이 업종은 제도가 매우 규범적이다.

0718 **规格** guīgé　　　　　　　　⑲ 표준. 규격.

按照贵宾规格接待来自香港的客人。
귀빈 규칙에 따라 홍콩에서 온 손님을 대접한다.

0719 **规划** guīhuà　　　　　　　　⑲ 계획. 기획.
　　　　　　　　　　　　　　　⑧ 기획하다. 계획하다. 꾀하다.

未来十年你们公司有什么规划?
향후 10년 동안 당신 네 회사는 어떤 계획이 있습니까?
他已经规划好未来的生活。 그는 이미 미래의 생활을 계획했다.

0720 **规章** guīzhāng　　　　　　　⑲ 규칙. 규정.

遵守公司的规章制度。 회사의 규칙제도를 준수해라.

0721 **轨道** guǐdào　　　　　　　　⑲ 궤도. 궤적.

地球沿着轨道公转。 지구는 궤도를 따라 공전한다.

0722 **贵族** guìzú　　　　　　　　　⑲ 귀족.

他过着贵族一样的生活。 그는 귀족 같은 생활을 한다.

0723 **跪** guì　　　　　　　　　　　⑧ 무릎을 꿇다.

他跪在地上向妻子道歉。 그는 땅에 무릎을 꿇고 부인에게 사과했다.

0724 **棍棒** gùnbàng　　　　　　　 ⑲ 막대기. 방망이.

老人生气地用棍棒敲打桌椅。
노인은 화내면서 막대기로 책상과 의자를 두드렸다.

0725 **国防** guófáng　　　　　　　　⑲ 국방.

政府决心加强国防建设。 정부는 국방건설을 강화하기로 결심했다.

0726 **国务院** guówùyuàn 　　　명 국무원.

国务院发布命令，从明年起恢复五一长假。
국무원은 내년부터 노동절 장기휴가를 다시 실시한다는 명령을 발표했다.

0727 **果断** guǒduàn 　　　형 과단성이 있다.

他做事果断，很少犹犹豫豫。
그는 일하는 데 결단성이 있어, 거의 우유부단하게 행동하지 않는다.

0728 **过度** guòdù 　　　형 과도하다. 지나치다.

不要过度地采伐树木，要保证森林的休养生息。
지나치게 나무를 벌목하지 말고, 삼림의 휴식기를 보장해야 한다.

0729 **过渡** guòdù 　　　통 과도하다. 넘어가다.

这个工作只是个过渡到下一个阶段的过程。
이 일은 단지 다음 단계로 넘어가는 과정일 뿐이다.

0730 **过奖** guòjiǎng 　　　통 과찬이십니다.

您过奖了，我没有你说的那么水平高。
과찬이십니다, 저는 당신이 말한 것처럼 그렇게 수준이 높지 않습니다.

0731 **过滤** guòlǜ 　　　통 거르다. 여과하다.

把杂质过滤出去，就可以直接饮用。
불순물을 여과해내면 직접 마실 수 있다.

0732 **过失** guòshī 　　　명 잘못. 실수.

事前做好准备，尽量避免过失。 사전에 잘 준비해서 최대한 실수를 피해라.

0733 **过问** guòwèn 　　　통 참견하다. 따져 묻다.

我不再过问他的事情。 나는 다시는 그의 일에 참견하지 않겠다.

0734 **过瘾** guòyǐn 형 짜릿하다. 끝내주다. 만족하다.

我们昨晚喝得很过瘾。 우리는 어제저녁에 정말 끝내주게 마셨다.

0735 **过于** guòyú 부 지나치게. 너무.

你有点过于敏感了。 너는 좀 지나치게 민감해.

0736 **嗨** hāi 감 어!. 이봐!.(남을 부를 때 쓰임)

嗨！我在这儿。 이봐! 나 여기에 있어.

0737 **海拔** hǎibá 명 해발.

那座山海拔1700米。 저 산은 해발 1,700미터이다.

0738 **海滨** hǎibīn 명 해변. 바닷가.

青岛是一座海滨城市。 칭다오는 해변(에 있는) 도시이다.

0739 **含糊** hánhu 형 모호하다. 애매하다.

他的回答一直很含糊。 그의 대답은 늘 모호하다.

0740 **含义** hányì 명 함의. 내포된 뜻.

这个词还有别的含义。 이 단어는 또 다른 내포된 뜻이 있다.

0741 **寒暄** hánxuān 동 (상투적인) 인사말을 나누다.

我们寒暄了两句就离开了。 우리는 두 마디의 인사말만 나누고 헤어졌다.

0742 **罕见** hǎnjiàn 형 보기 드물다. 희한하다.

这种植物很罕见。이런 식물은 보기 드물다.

0743 **捍卫** hànwèi 동 지키다. 수호하다.

每个人都有权力捍卫自己的尊严。
모든 사람은 자신의 존엄을 지킬 권리를 가지고 있다.

0744 **行列** hángliè 명 행렬. 행과 열.

中国还没有进入先进国家行列。
중국은 아직 선진국의 행렬에 들어서지 못했다.

0745 **航空** hángkōng 형 항공의.
동 하늘을 비행하다.

他一直研究航空科技。그는 줄곧 항공 과학기술을 연구해왔다.
飞机航空在云层之上。비행기가 구름 위에서 비행하고 있다.

0746 **航天** hángtiān 동 우주를 비행하다.

航天技术是一个国家实力的象征。우주비행기술은 한 나라의 국력을 상징한다.

0747 **航行** hángxíng 동 항행하다. 항해하다.
명 항해. 항행.

一艘大船正在大海上航行。큰 배 한 척이 지금 바다 위를 항해 중이다.
这次航行很顺利。이번 항해는 매우 순조롭다.

0748 **毫米** háomǐ 양 밀리미터(mm).

十毫米等于一厘米。10밀리미터는 1센티미터이다.

0749 **毫无** háowú 동 조금도 ~이 없다.

我毫无思想准备。나는 마음의 준비가 전혀 안 되어 있다.

0750 **豪迈** háomài　　　　　형 용맹스럽다. 씩씩하다.

那首诗抒发了诗人的豪迈情怀。
저 시는 시인의 용맹스러운 마음을 나타내었다.

0751 **号召** hàozhào　　　　동 호소하다.
　　　　　　　　　　　　명 호소.

我号召大家为贫困地区捐款。
저는 빈곤지역을 위해 기부할 것을 여러분에게 호소합니다.

市民们都积极响应党的号召。 시민들 모두가 당의 호소에 적극적으로 응한다.

0752 **耗费** hàofèi　　　　　동 들이다. 낭비하다.

做那样的事情很耗费精力。 저런 일을 하려면 힘이 많이 든다.

0753 **呵** hē　　　　　　　　동 입김을 불다.
　　　　　　　　　　　　의성 하하.(웃음소리를 나타냄)

他呵了一口气。 그는 입김을 한 번 불었다.
呵, 好大的雪啊! 하하, 눈이 정말 많이 왔네!

0754 **合并** hébìng　　　　　동 합병하다. 합치다.

两家公司合并了。 두 기업이 합병했다.

0755 **合成** héchéng　　　　동 합성하다.

这种板材由两种材料合成。 이런 판재는 두 종류의 재료를 합성한 것이다.

0756 **合伙** héhuǒ　　　　　동 동업하다. 한패가 되다.

他和大学同学合伙开了一个公司。 그는 대학동창과 동업으로 회사를 열었다.

0757 **合算** hésuàn　　　　　형 수지가 맞다.

这样坐车很不合算。이렇게 차를 타면 수지가 맞지 않는다.

0758 **和蔼** hé'ǎi 혱 상냥하다. 부드럽다.

老教授很和蔼。나이 지긋하신 교수님이 매우 상냥하시다.

0759 **和解** héjiě 동 화해하다. 화의하다.

两家公司经过调解和解了。두 회사는 조정을 통해 화해했다.

0760 **和睦** hémù 혱 화목하다. 사이가 좋다.

他们家庭比以前和睦多了。그들 가정은 예전에 비해 많이 화목해졌다.

0761 **和气** héqi 혱 온화하다. 부드럽다.

同事之间很和气。동료 간에 온정이 넘친다.

0762 **和谐** héxié 혱 잘 어울리다. 조화롭다.

只有社会和谐，国家才能稳步发展。
사회가 조화로워야만 국가가 안정적으로 발전할 수 있다.

0763 **嘿** hēi 감 야. 이봐.(남을 부를 때 쓰임)
 의성 헤헤.(웃을 때 쓰임)

嘿，你别闹了。이봐, 너 장난치지 마.
他一直在嘿嘿笑。그는 줄곧 헤헤거리며 웃는다.

0764 **痕迹** hénjì 명 흔적. 자취. 자국.

雪下得很小都没有留下痕迹。눈이 적게 내려 흔적도 남질 않았다.

0765 **狠心** hěnxīn 혱 모질다. 잔인하다.

他狠心地把孩子一个人留在家里。그는 모질게 아이 혼자 집에 남겨놨다.

0766 **恨不得** hènbude 동 ~하지 못해 한스럽다. 간절히 ~하고 싶다.

我恨不得现在就回家。 나는 정말 지금 바로 집에 돌아가고 싶다.

0767 **横** héng 형 가로의. **L5**

这条线是横着的。 이 선은 가로로 되어 있다.

0768 **哼** hēng 동 아파서 신음하다. 끙끙거리다.
동 흥얼거리다. 흥얼대다.

他疼得直哼。 그는 아파서 계속 끙끙댔다.
她每天散步时哼着这首歌。 그녀는 매일 산책할 때 이 노래를 흥얼댄다.

0769 **轰动** hōngdòng 동 뒤흔들다. 들끓게 하다.

那个消息很轰动。 그 소식이 파문을 일으키고 있다.

0770 **烘** hōng 동 말리다. 쪼이다.

我把潮湿的大衣烘干了。 나는 젖은 외투를 말렸다.

0771 **宏观** hóngguān 형 거시적인.

发展国民经济要宏观考虑。 국민경제의 발전은 거시적인 고려를 해야 한다.

0772 **宏伟** hóngwěi 형 웅장하다. 웅대하다.

那个工程很宏伟。 그 공정은 매우 웅장하다.

0773 **洪水** hóngshuǐ 명 큰물. 홍수.

洪水泛滥，很多人不得不离开了自己的家园。
홍수가 범람해서 많은 사람이 부득이 하게 자신의 집을 떠났다.

0774 **哄** hǒng 통 (거짓말로) 속이다. 기만하다. 구슬리다.
　　　 hòng 통 (큰 소리로) 떠들어 대다. 소란을 피우다.

不要哄hǒng人上当。사람을 기만하고 속이지 마.
那个事件不是一哄hòng而起的，而是有预谋的。
저 일은 갑자기 일어난 것이 아니고 사전에 모의한 것이다.

0775 **喉咙** hóulóng 명 목구멍. 인후.

喉咙是发声器官。목구멍은 소리를 내는 기관이다.

0776 **吼** hǒu 통 고함치다. 소리 지르다.

他吼了一声。그는 소리를 한 번 질렀다.

0777 **后代** hòudài 명 후대. 후세. 후손.

他是英雄的后代。그는 영웅의 후세이다.

0778 **后顾之忧** hòugù zhīyōu 성 뒷걱정.

我现在没有后顾之忧了。나는 이제 뒷걱정이 없어졌다.

0779 **后勤** hòuqín 명 후방 근무. 물자 조달 업무.

他负责后勤。그는 후방 근무를 책임진다.

0780 **候选** hòuxuǎn 통 임용을 기다리다. 입후보하다.

还没有确定候选人名单。아직 입후보자 명단을 확정하지 않았다.

0781 **呼唤** hūhuàn 통 부르다. 외치다. 고함치다. **N**

他在呼唤我的名字。그는 내 이름을 외치고 있다.

0782 **呼啸** hūxiào 　　　　　동 날카롭고 긴 소리를 내다.

大风呼啸而来。 강한 바람이 날카롭고 긴소리를 내며 불어온다.

0783 **呼吁** hūyù 　　　　　동 구하다. 청하다. 호소하다.

政府呼吁大家勤俭节约。 정부는 모두에게 근검절약을 호소한다.

0784 **忽略** hūlüè 　　　　　동 소홀히 하다.

这个细节不能忽略。 이 세부사항은 소홀히 해서는 안 된다.

0785 **胡乱** húluàn 　　　　　부 함부로. 아무렇게나.

早上胡乱吃了一点就出门了。 아침에 아무렇게나 조금 먹고 외출했다.

0786 **胡须** húxū 　　　　　명 수염. **L5**

他的胡须很长。 그의 수염은 길다.

0787 **湖泊** húpō 　　　　　명 호수.

山下有一个湖泊。 산 아래에 호수가 하나 있다.

0788 **花瓣** huābàn 　　　　　명 꽃잎.

花瓣被风吹落了。 꽃잎이 바람에 떨어졌다.

0789 **花蕾** huālěi 　　　　　명 꽃봉오리. 꽃망울. **N**

快要开放的花蕾，被狂风吹了下来。
곧 피어날 꽃봉오리가 광풍에 날려 떨어졌다.

0790 **华丽** huálì 　　　　　형 화려하다. 아름답다.

这套家具很华丽。 이 가구 세트는 참 화려하다.

0791 **华侨** huáqiáo ⑲ 화교.

一位老华侨资助了这座位于深山里的学校。
어느 나이 많은 화교 한 분이 깊은 산속에 위치한 이 학교를 후원했다.

0792 **化肥** huàféi ⑲ 화학비료.

春天需要买化肥。 봄에는 화학비료를 사야 한다.

0793 **化石** huàshí ⑲ 화석.

博物馆里陈列着很多古代鸟类化石。
박물관에는 고대 조류 화석이 많이 진열되어 있다.

0794 **化验** huàyàn ⑧ 화학 실험을 하다.

先化验一下尿, 然后我再给你开药。
먼저 소변검사를 좀 한 다음에, 약을 처방해 드리겠습니다.

0795 **化妆** huàzhuāng ⑧ 화장하다.

她从来不化妆, 但是还是比别人漂亮。
그녀는 지금까지 화장한 적이 없으나 여전히 다른 사람보다 아름답다.

0796 **划分** huàfēn ⑧ 나누다. 구획하다.

汉江把首尔划分为两大部分。 한강은 서울을 크게 두 부분으로 나누고 있다.

0797 **画蛇添足** huàshé tiānzú ㉑ 뱀을 그리는 데 다리를 그려 넣다.

这样做是画蛇添足。 이렇게 하는 것은 쓸데 없는 짓이다.

0798 **话筒** huàtǒng ⑲ 마이크. 수화기.

把话筒给他, 让他也发表一下自己的意见。
마이크를 그에게 넘겨서 그에게도 자신의 의견을 발표하게 합시다.

0799 **欢乐 huānlè** 형 즐겁다. 유쾌하다.

王子和公主过上了欢乐的生活。 왕자와 공주는 행복하게 살았다.

0800 **还原 huányuán** 동 원상회복하다.

事件已经无法还原。 사건은 이미 원상회복될 수 없다.

0801 **环节 huánjié** 명 부분. 일환.

这个环节很重要。 이 부분은 매우 중요하다.

0802 **缓和 huǎnhé** 동 완화되다. 누그러지다.

办公室气氛缓和了下来。 사무실의 분위기가 완화되었다.

0803 **患者 huànzhě** 명 환자. 병자.

患者已经出院了。 환자는 이미 퇴원했다.

0804 **荒凉 huāngliáng** 형 황량하다. 쓸쓸하다.

学校周围很荒凉。 학교 주변은 매우 황량하다.

0805 **荒谬 huāngmiù** 형 엉터리이다. 터무니없다.

这个理论很荒谬。 이 이론은 터무니없다.

0806 **荒唐 huāngtáng** 형 황당하다. 터무니없다.

你的想法太荒唐。 네 생각은 너무 황당하다.

0807 **皇帝 huángdì** 명 황제. **N**

清朝一共有几位皇帝? 청나라에는 모두 몇 명의 황제가 있었습니까?

0808 **皇后** huánghòu 몡 황후.

他们家曾经出过一位皇后。 그들 집안에서는 일찍이 황후를 배출한 적이 있다.

0809 **黄昏** huánghūn 몡 황혼.

时间已近黄昏，屋里的灯已经亮了起来。
시간이 황혼에 이르자, 집안의 등도 켜졌다.

0810 **恍然大悟** huǎngrán dàwù 셍 문득 모든 것을 깨닫다.

说了半天他才恍然大悟。 한참을 말하고 나서야, 그는 깨달았다.

0811 **晃** huàng 통 흔들다. 흔들리다. 젓다.

他晃了一下手里的球杆。 그는 손안의 채를 한번 휘둘렀다.

0812 **挥霍** huīhuò 통 돈을 헤프게 쓰다.

不能随便挥霍钱财。 돈을 함부로 헤프게 써서는 안 된다.

0813 **辉煌** huīhuáng 형 휘황찬란하다. 눈부시다.

那是个辉煌年代。 그때는 눈부신 시대였다.

0814 **回报** huíbào 통 보답하다. 보고하다.

要用努力回报父母的恩情。 노력으로 부모님의 사랑에 보답해야 한다.

0815 **回避** huíbì 통 회피하다. 피하다.

请回避一下，我有重要的话要和他说。
제가 그에게 중요한 할 말이 있으니, 잠시 자리를 피해주세요.

0816 **回顾** huígù 통 회고하다. 회상하다.

回顾过去，构思未来。 과거를 회고하고 미래를 구상해라.

0817 **回收 huíshōu** 동 회수하다.

可回收物品要单独存放。재활용품은 단독으로 놓아 두어야 한다.

0818 **悔恨 huǐhèn** 동 후회하다. 뼈저리게 뉘우치다.

他很悔恨自己曾经做过的坏事。
그는 일찍이 자신이 저질렀던 나쁜 일을 몹시 후회한다.

0819 **毁灭 huǐmiè** 동 훼멸시키다. 박멸시키다. 파괴시키다.

刚升起来的希望就被毁灭了。막 피어 오른 희망이 파괴되었다.

0820 **汇报 huìbào** 동 종합하여 보고하다.

我跟老板汇报了情况。나는 사장에게 상황을 종합하여 보고했다.

0821 **会晤 huìwù** 동 만나다. 회견하다.

两国领导人在这里会晤。두 나라의 지도자가 여기에서 회견한다.

0822 **贿赂 huìlù** 동 뇌물을 주다. 명 뇌물.

很多官员都因为接受贿赂而下马。
많은 관원이 모두 뇌물을 받아서 자리에서 물러났다.

0823 **昏迷 hūnmí** 동 혼미하다.

他昏迷了好几天了。그가 혼미해진 지 여러 날이 지났다.

0824 **荤 hūn** 명 육식. 고기 요리.
형 선정적인. 외설. 음란한. 저질의. **N**

我不吃荤，只吃素食。나는 육식을 하지 않고 채식만 한다.
他不喜欢听一些荤段子。그는 음란한 이야기를 듣는 것을 싫어한다.

0825 **浑身** húnshēn 　　　　　　명 전신. 온몸.

他现在浑身不舒服。그는 지금 온몸이 아프다.

0826 **混合** hùnhé 　　　　　　동 혼합하다. 함께 섞다.

香水味儿混合了体味儿。향수 냄새가 체취와 함께 섞였다.

0827 **混乱** hùnluàn 　　　　　　형 혼란하다. 문란하다.

现场很混乱，警察已经无法维持秩序。
현장이 매우 혼란해서 경찰이 질서를 유지할 방법이 없다.

0828 **混淆** hùnxiáo 　　　　　　동 뒤섞이다. 헷갈리다.

别听他瞎说，他是在混淆是非。
그는 지금 옳고 그름을 헷갈려 하고 있으니, 그가 함부로 말하는 것을 듣지 마라.

0829 **混浊** hùnzhuó 　　　　　　형 혼탁하다. 흐릿하다.

老人的眼睛很混浊。노인의 눈은 매우 흐릿하다.

0830 **活该** huógāi 　　　　　　동 ~한 것은 당연하다. ~해도 싸다.

他的下场是活该的。그의 퇴장은 당연한 것이다.

0831 **活力** huólì 　　　　　　명 활력. 생기. 원기.

年轻人都充满活力。젊은 사람들은 모두 활력이 넘친다.

0832 **火箭** huǒjiàn 　　　　　　명 로켓.

火箭把卫星送入了太空。로켓이 위성을 우주로 보내주었다.

0833 **火焰** huǒyàn 　　　　　　명 화염. 불꽃.

公司工厂被火焰包围了。회사의 공장이 화염에 휩싸였다.

0834 **火药** huǒyào　　　　　　　　圐 화약.

中国人发明了火药。　화약은 중국인이 발명했다.

0835 **货币** huòbì　　　　　　　　圐 화폐.

中国货币在国际金融市场上的地位越来越重要。
국제 금융시장에서 중국 화폐의 지위는 점점 중요해지고 있다.

0836 **讥笑** jīxiào　　　　　　　　圐 비웃다. 조소하다.

不能讥笑残疾人。　장애인을 비웃지 마세요.

0837 **饥饿** jī'è　　　　　　　　圐 배고프다.

孩子们很饥饿。　아이들은 모두 배가 고프다.

0838 **机动** jīdòng　　　　　　　　圐 융통성 있는. 기계로 움직이는. 기동적인.

留一部分时间机动使用。　시간을 좀 남겨서 융통성 있게 사용하세요.

0839 **机构** jīgòu　　　　　　　　圐 기구.

政府应该是为民服务机构。
정부는 마땅히 국민을 위해 봉사하는 기구여야 한다.

0840 **机灵** jīling　　　　　　　　圐 영리하다. 똑똑하다.

孩子很机灵，这一点儿很随他爸爸。
아이가 영리한데, 이 점은 그의 아빠를 닮았다.

0841 **机密** jīmì　　　　　　　　　　명 기밀. 극비.

这是一份**机密**文件。이것은 기밀문서다.

0842 **机械** jīxiè　　　　　　　　　　명 기계. 기계 장치.

房间里有很多**机械**。방에 많은 기계 장치가 있다.

0843 **机遇** jīyù　　　　　　　　　　명 기회. 시기.

抓住好的**机遇**，发展本国经济。
좋은 기회를 잡아, 우리나라의 경제를 발전시키자.

0844 **机智** jīzhì　　　　　　　　　　형 기지가 있다.

在敌人面前要**机智**应对。적의 앞에서 기지를 발휘해 응대해야 한다.

0845 **基地** jīdì　　　　　　　　　　명 근거지. 기지.

井冈山是爱国主义教育**基地**。징강산은 애국주의 교육의 기지이다.

0846 **基金** jījīn　　　　　　　　　　명 펀드. 기금.

很多人购买**基金**发了财。많은 사람이 펀드를 구매해 돈을 벌었다.

0847 **基因** jīyīn　　　　　　　　　　명 유전자.

每个孩子身上都有父母的**基因**。모든 아이에게는 부모의 유전자가 있다.

0848 **激发** jīfā　　　　　　　　　　동 불러일으키다.

他的热情被**激发**了出来。그의 열정이 솟아나왔다.

0849 **激励** jīlì　　　　　　　　　　동 격려하다. 북돋워주다.

他的先进事迹**激励**着我们。그의 선진 사적이 우리를 북돋았다.

0850 **激情** jīqíng 명 격정. 열정.

他对工作充满激情。 그는 일에 대해서는 열정이 넘친다.

0851 **及早** jízǎo 부 미리. 일찌감치.

现在还有时间，及早回去吧。 아직 시간이 남아있으니 일찍 돌아갑시다.

0852 **吉祥** jíxiáng 형 상서롭다. 길하다.

我在这里，恭祝大家新年吉祥。
모두 새해에는 좋은 일이 있기를 제가 기원하겠습니다.

0853 **级别** jíbié 명 등급. 단계.

他在公司的级别很高。 그는 회사에서의 지위가 높다.

0854 **极端** jíduān 형 극단적인. 과격한.

他的想法总是很极端。 그의 생각은 늘 극단적이다.

0855 **极限** jíxiàn 명 극한. 최대한도.

很多人没有勇气去挑战极限。 많은 사람들은 극한에 도전할 용기가 없다.

0856 **即便** jíbiàn 접 설령 ~하더라도.

即便你不想去也要去。 설령 네가 가고 싶지 않더라도 가야 한다.

0857 **即将** jíjiāng 부 곧. 머지않아.

比赛即将开始，请大家尽快找到自己的座位入座。
시합이 곧 시작되니 모두 빨리 자신의 좌석을 찾아 착석해주세요.

0858 **急功近利** jígōng jìnlì 성 조급한 성공과 눈앞의 이익에만 급급하다.

做事情不能急功近利。 일을 할 때는 눈앞의 이익에만 급급해서는 안 된다.

0859 **急剧** jíjù　　　　　　　　　　🔳 급격하게. 급속히.

他的成绩最近急剧下降。 그의 성적은 최근에 급격하게 떨어졌다.

0860 **急切** jíqiè　　　　　　　　　　🔳 절박하다. 다급하다. 긴박하다.

他回家的心情很急切。 그가 집에 돌아가고자 하는 마음이 절박하다.

0861 **急于求成** jíyú qiúchéng　　　🔳 객관적인 조건을 무시하고, 서둘러 목적을 달성하려 하다.

学习不能急于求成。 공부할 때, 서둘러 목적만을 달성하려고 해서는 안 된다.

0862 **急躁** jízào　　　　　　　　　　🔳 조바심내다. 초조해하다.

他的脾气很急躁。 그는 성격이 매우 급하다.

0863 **疾病** jíbìng　　　　　　　　　　🔳 병. 질병.

这是一种传染性很强的疾病。 이것은 전염성이 강한 질병이다.

0864 **集团** jítuán　　　　　　　　　　🔳 그룹. 집단. 단체.

两家公司隶属lìshǔ于同一个集团。 두 회사는 한 그룹에 소속되어 있다.

0865 **嫉妒** jídù　　　　　　　　　　　🔳 질투하다. 시기하다.

他的成绩让人嫉妒。 그의 성적을 사람들의 질투를 불러일으킨다.

0866 **籍贯** jíguàn　　　　　　　　　　🔳 원적. 출생지.

我的籍贯是河北。 나의 출생지는 허베이이다.

0867 **给予** jǐyǔ　　　　　　　　　　　🔳 주다. 부여하다.

上级对我们的努力和取得的成绩给予了肯定。
상사는 우리의 노력과 획득한 성과에 대해 긍정적으로 평가해주었다.

0868 **计较** jìjiào 동 따지다. 계산하여 비교하다.

他总是很热心地帮助有困难的同事,从来不计较个人得失。
그는 언제나 어려운 동료를 긍정적으로 도우면서도, 지금껏 개인의 득실을 따진 적이 없다.

0869 **记性** jìxing 명 기억력.

人一上了年纪记性就不好了。사람은 나이가 들면 기억력이 안 좋아진다.

0870 **记载** jìzǎi 동 기재하다. 기록하다.
명 기재. 기록.

书上记载了很多历史事件。책에는 수많은 역사적 사건이 기록되어 있다.
我查阅了很多记载,才找到这个地名的来源。
나는 수많은 기록을 조사해보고 나서야 비로소 이 지명의 출처를 찾아냈다.

0871 **纪要** jìyào 명 기요. 요점 기록.

会议纪要很重要,要认真记录下来,而且要好好儿保存。
회의의 요점 기록은 중요하므로, 열심히 기록해야 하고 또 잘 보관해야 한다.

0872 **技巧** jìqiǎo 명 기교. 기예.

工作要讲究技巧。일을 할 때에는 기교에 신경 써야 한다.

0873 **忌讳** jìhuì 동 금기하다. 꺼리다. 피하다.

他很忌讳别人喊他的绰号。
그는 다른 사람이 그의 별명을 부르는 것을 매우 꺼린다.

0874 **季度** jìdù 명 분기.

一年分四个季度。일 년은 사분기로 나뉜다.

0875 **季军** jìjūn 명 (운동 경기 등에서의) 3등.

他是比赛的季军。그는 시합에서 3등이다.

0876 **迹象** jìxiàng 명 흔적. 자취.

天气有下雪的迹象。날씨가 눈이 올 조짐이 있다.

0877 **继承** jìchéng 동 물려받다. 상속하다.

儿孙们继承了很多遗产。아들 손자들은 많은 유산을 상속받았다.

0878 **寄托** jìtuō 동 기탁하다. 위탁하다. 맡기다.

孩子身上寄托着父母的希望。아이에게는 부모의 희망이 걸려있다.

0879 **寂静** jìjìng 형 조용하다. 고요하다.

黎明的村庄很寂静。새벽녘의 시골 마을은 참 고요하다.

0880 **加工** jiāgōng 동 가공하다. 손질하다.

那个公司把面粉加工成蛋糕。저 회사는 밀가루를 가공해서 케이크를 만든다.

0881 **加剧** jiājù 동 격화되다. 악화되다.

疼痛开始加剧，他开始不停地呻吟。
고통이 격화되면서, 그는 끊임없이 신음하기 시작했다.

0882 **夹杂** jiāzá 동 혼합하다. 뒤섞다.

风声里夹杂着几声孩子的哭啼。바람소리에 아이의 울음소리가 섞여 있다.

0883 **佳肴** jiāyáo 명 맛있는 요리.

妈妈为我们准备了很多美味佳肴。
엄마는 우리를 위해서 맛있는 요리를 많이 준비하셨다.

0884 **家常** jiācháng　　　　　　　　휑 평상의. 보통의.

别客气，尽管吃，只是一顿家常便饭而已。
사양하지 말고 마음껏 드세요. 평소 집에서 먹는 음식일 뿐입니다.

0885 **家伙** jiāhuo　　　　　　　　명 놈. 녀석.

这个家伙很狡猾。이 녀석은 참 교활하다.

0886 **家属** jiāshǔ　　　　　　　　명 가족.

这次旅游可以带家属。이번 여행은 가족을 데리고 갈 수 있다.

0887 **家喻户晓** jiāyù hùxiǎo　　　　성 집집이 다 알다. 누구나 다 알다.

他的名字家喻户晓。그의 이름은 누구나 다 알고 있다.

0888 **尖端** jiānduān　　　　　　　　휑 첨단의. 최신의.

这是一项尖端科技。이것은 첨단 과학기술이다.

0889 **尖锐** jiānruì　　　　　　　　휑 날카롭다. 예리하다.　　**L5**

会上大家提出的问题都很尖锐。회의에서 지적됐던 문제들 모두가 예리하다.

0890 **坚定** jiāndìng　　　　　　　　휑 확고부동하다.

大家战胜困难的意志很坚定。
모두 어려움을 극복하려는 의지가 확고부동하다.

0891 **坚固** jiāngù　　　　　　　　휑 견고하다.

城墙做得很坚固。성벽이 견고하게 지어졌다.

0892 **坚韧** jiānrèn　　　　　　　　휑 강인하다. 단단하고 질기다.

老人的性格很坚韧。노인의 성격이 매우 강인하다.

0893 **坚实 jiānshí** 〚형〛 견실하다. 견고하다.

那次动员为这次行动的成功打下了坚实的基础。
지난번 동원은 이번 행동의 성공에 견실한 기초가 되었다.

0894 **坚硬 jiānyìng** 〚형〛 견고하다. 단단하다.

石头很坚硬，而他的心更坚硬。돌이 단단하나 그의 마음은 더 단단하다.

0895 **艰难 jiānnán** 〚형〛 곤란하다. 어렵다.

她一个人带着三个孩子，生活得很艰难。
그녀는 혼자 세 명의 아이를 데리고 있어 생활이 어렵다.

0896 **监督 jiāndū** 〚동〛 감독하다.
〚명〛 감독.

上头派了几个人过来监督我们的工作。
상부에서 몇 명을 파견해 우리의 작업을 감시하게 했다.

他是这次考试的总监督。그는 이번 시험의 총감독이다.

0897 **监视 jiānshì** 〚동〛 감시하다.

派有经验的队员去监视敌人的行动。
노련한 대원을 파견해 적의 행동을 감시해라.

0898 **监狱 jiānyù** 〚명〛 감옥. 감방.

因为接受贿赂而进了监狱。뇌물을 받아서 감옥에 들어갔다.

0899 **煎 jiān** 〚동〛 지지다. 부치다. **L5**

晚上回家煎一些饺子吃。저녁에 집에 가서 만두를 좀 지져 먹자.

0900 **拣 jiǎn** 　　　　　　　　동 고르다. 선택하다.

拣好的放到冰箱里, 不好的就扔了吧。
잘 고른 것은 냉장고에 넣고 나쁜 것은 버리세요.

0901 **检讨 jiǎntǎo** 　　　　　명 검토. 반성.
　　　　　　　　　　　　　동 검토하다. 깊이 반성하다.

我们单位在会议上进行检讨。우리 부서는 회의에서 검토를 실시했다.
他做了很深刻的检讨。그는 심도 있게 검토를 했다.

0902 **检验 jiǎnyàn** 　　　　　동 검증하다. 검사하다.

认真检验所有产品。모든 상품을 철저히 검사해라.

0903 **剪彩 jiǎncǎi** 　　　　　동 기념 테이프를 끊다.

请市领导来剪彩了。시 간부를 초청해 기념 테이프를 끊도록 했다.

0904 **简化 jiǎnhuà** 　　　　　동 간소화하다. 단순화하다.

很多程序都被简化了。순서가 많이 간소화되었다.

0905 **简陋 jiǎnlòu** 　　　　　형 초라하다. 조촐하다.

我的住处很简陋。내 처소는 매우 조촐하다.

0906 **简体字 jiǎntǐzì** 　　　　명 간화자. 간체자.

中国大陆使用简体字。중국대륙은 간체자를 사용한다.

0907 **简要 jiǎnyào** 　　　　　형 간결하고 핵심을 찌르다.

请你简要陈述一下事情的经过。사건의 과정을 간결하게 진술하세요.

0908 **见多识广** jiànduō shíguǎng 〚성〛 보고 들은 것이 많고 식견도 넓다.

那位老人见多识广, 有问题就去请教他吧。
저 노인은 식견이 넓으니 문제가 생기면 그를 청해 여쭤보아라.

0909 **见解** jiànjiě 〚명〛 견해. 소견.

每个人都要发表一下自己的见解。 모두 다 자신의 견해를 발표해야 한다.

0910 **见闻** jiànwén 〚명〛 견문.

最近有什么见闻吗? 요즘 뭐 보고 들은 거 있어?

0911 **见义勇为** jiànyì yǒngwéi 〚성〛 정의로운 일을 보고 용감하게 뛰어들다.

市长表彰了他的见义勇为行为。
시장은 정의로운 일에 용감하게 뛰어든 그의 행동을 표창했다.

0912 **间谍** jiàndié 〚명〛 간첩.

他是敌军派来的间谍。 그는 적군이 파견한 간첩이다.

0913 **间隔** jiàngé 〚명〛 간격. 사이.
〚동〛 띄우다. 간격을 두다.

两次会议之间间隔一个月。 두 차례의 회의 사이의 간격은 1개월이다.
两家间隔十米, 但是从不来往。
두 집이 10미터 간격을 두고 있지만 여태껏 왕래하지는 않았다.

0914 **间接** jiànjiē 〚형〛 간접적인.

我是间接听到的。 나는 간접적으로 들은 것이다.

0915 **剑** jiàn 〚명〛 검. Ⓝ

他身上佩戴着一把剑。 그는 몸에 검 한 자루를 차고 있다.

0916 **健全** jiànquán 동 완비하다. 갖추다.

欧洲已经健全了社会保障体制。 유럽은 일찍이 사회보장제도가 완비되었다.

0917 **舰艇** jiàntǐng 명 함정.

两艘舰艇撞在了一起，幸运的是没有人员伤亡。
함정 두 척이 서로 부딪혔는데, 다행히도 사망한 사람은 없었다.

0918 **践踏** jiàntà 동 밟다. 디디다.

国家主权不容践踏。 국가 주권은 짓밟혀서는 안 된다.

0919 **溅** jiàn 동 (액체가) 튀다.

水溅了我一身，我得赶快去换一下衣服。
물이 온몸에 튀어서, 나는 빨리 가서 옷을 갈아입어야 한다.

0920 **鉴别** jiànbié 동 감별하다. 구별하다.

鉴别古董的真假需要经验。 골동품의 진위를 감별하는 것은 경험이 필요하다.

0921 **鉴定** jiàndìng 동 감정하다. 평가하다.

他是一位文物鉴定专家。 그는 문물 감정 전문가이다.

0922 **鉴于** jiànyú 동 ~을 고려하면.

鉴于他认错诚恳，就不重罚了。
그가 잘못을 인정하고 진실한 것을 고려해서 가중처벌하지 않겠다.

0923 **将近** jiāngjìn 동 거의 ~에 근접하다.

参加会议的有将近四百人。 회의에 참가한 사람은 거의 400명에 달한다.

0924 **将就** jiāngjiu 　　　　동 그런대로 ~할 만하다. 아쉬운 대로 ~할 만하다. Ⓝ

我这里就这一支笔，你将就着用吧。
나한테는 이 펜 한 자루 뿐이니, 당신은 그냥 아쉬운 대로 쓰세요.

0925 **将军** jiāngjūn 　　　　명 장군. 장성.

他是一位勇敢的将军。 그는 용감한 장군이다.

0926 **僵硬** jiāngyìng 　　　　형 뻣뻣하다. 경직되다.

尸体已经僵硬了。 시체는 이미 굳었다.

0927 **奖励** jiǎnglì 　　　　명 상. 상금.
　　　　　　　　　　　　동 장려하다. 표창하다.

他因为成绩突出得到了奖励。 그는 성적이 뛰어나 상금을 탔다.
奖励先进，鞭策后进。 선진을 장려하고 후진을 채찍질한다.

0928 **奖赏** jiǎngshǎng 　　　　명 포상. 장려.
　　　　　　　　　　　　동 상을 주다.

他今年又获得奖赏了。 그는 올해 또 포상을 획득했다.
国家奖赏那些为祖国做出贡献的人。
국가는 조국을 위해 공헌한 그 사람들에게 상을 주었다.

0929 **桨** jiǎng 　　　　명 노.

用桨划船，用舵duò把握方向。 노로 배를 젓고 방향키로 방향을 파악한다.

0930 **降临** jiànglín 　　　　동 도래하다. 일어나다.

一场始料不及的灾难降临在了他的头上。
당초 예상하지 못한 재난이 그의 앞에 닥쳤다.

0931 **交叉** jiāochā 동 교차하다. 번갈아 하다.

两条道路交叉在一起。 두 개의 도로가 한 곳에서 교차한다.

0932 **交代** jiāodài 동 설명하다. 자백하다. 넘겨주다. 인계하다.

交代一下你犯下的罪行。 네가 저지른 죄를 자백해라.

0933 **交涉** jiāoshè 동 교섭하다. 협상하다.

我要找他交涉。 나는 그를 찾아 협상해야 한다.

0934 **交易** jiāoyì 명 교역.
　　　　　　　　　　　동 교역하다. 매매하다.

两家公司有这么多年的交易。 두 회사는 최근 여러 해 동안 교역을 해왔다.
交易完毕，双方都很满意。 교역이 모두 끝나고 쌍방이 모두 만족했다.

0935 **娇气** jiāoqì 형 여리다. 유약하다. 약하다.

她没有你说的那么娇气。 그녀는 네가 말한 것처럼 그렇게 여리지 않다.

0936 **焦点** jiāodiǎn 명 초점. 집중.

事情的焦点就在这里。 일의 초점이 바로 여기에 있다.

0937 **焦急** jiāojí 형 초조하다. 조급해하다.

找不到孩子，她很焦急。 아이를 찾지 못해서 그녀는 매우 초조하다.

0938 **角落** jiǎoluò 명 구석.

孩子坐在一个角落里不说话。 아이가 구석에 앉아서 아무 말도 하지 않는다.

0939 **侥幸** jiǎoxìng 형 요행하다. 뜻밖에 운이 좋다. Ⓝ

我们都侥幸地逃过了那次灾难。
우리는 뜻밖에 운이 좋아 그때의 재난을 피했다.

0940 **搅拌** jiǎobàn　　　　　　　图 휘저어 섞다. 반죽하다.

妈妈把鸡蛋和面粉搅拌在一起了。엄마는 계란과 밀가루를 같이 섞으셨다.

0941 **缴纳** jiǎonà　　　　　　　图 납부하다. 납입하다.

要按时缴纳水电费。수도세와 전기세는 제때에 납부해야 한다.

0942 **较量** jiàoliàng　　　　　　图 겨루다.

通过较量，才能分出高低。겨루어보아야 우열을 가릴 수 있다.

0943 **教养** jiàoyǎng　　　　　　图 교양.

他有良好的教养，那些脏话肯定不是他说的。
그는 교양 있는 사람이므로 그런 상스러운 말을 했을 리 없다.

0944 **阶层** jiēcéng　　　　　　图 계층. 단계.

社会有很多阶层，每个人都有属于自己的阶层。
사회에는 여러 계층이 있고, 누구나 자신이 속한 계층이 있다.

0945 **皆** jiē　　　　　　　　　图 모두. 전부.

一事通，万事皆通。한 가지 일이 잘 되면 모든 일이 잘 된다.

0946 **接连** jiēlián　　　　　　图 연거푸. 연이어.

那个地区接连发生了盗窃事件。그 지역에 절도 사건이 연이어 발생했다.

0947 **揭露** jiēlù　　　　　　　图 폭로하다.

小说揭露了当今社会的阴暗面。소설은 당시 사회의 어두운 면을 폭로했다.

0948 **节制** jiézhì　　　　　　　　⑧ 절제하다. 통제 관리하다.　　　　Ⓝ

任何事情都不能不加节制。 어떤 일이든 절제하지 않으면 안 된다.

0949 **节奏** jiézòu　　　　　　　　⑲ 리듬. 박자. 흐름.

跳舞要跟上节奏。 춤은 리듬을 타면서 춰야 한다.

0950 **杰出** jiéchū　　　　　　　　⑱ 걸출한. 출중한.

他是一位杰出的文艺工作者。 그는 걸출한 문화 예술인이다.

0951 **结晶** jiéjīng　　　　　　　　⑲ 결정. 결정체.

孩子是父母爱情的结晶。 아이는 부모의 애정의 결정체이다.

0952 **结局** jiéjú　　　　　　　　⑲ 결국. 결과.

这个结局让大家都很满意。 모든 사람이 이 결과에 만족한다.

0953 **结算** jiésuàn　　　　　　　　⑧ 결산하다.

我去把今年的账结算一下。 나는 가서 올해의 장부를 좀 결산해야 겠다.

0954 **截止** jiézhǐ　　　　　　　　⑧ 마감하다.　　　　Ⓝ

报名到明天下午五点截止。 신청은 내일 오후 다섯 시에 마감한다.

0955 **截至** jiézhì　　　　　　　　⑧ ~까지 이르다. 마감이다.

截至目前为止，没有消息。 지금까지도 소식이 없다.

0956 **竭尽全力** jiéjìn quánlì　　　　㉑ 온 힘을 다 기울이다. 전력을 다하다.

他一定会竭尽全力帮助你的。 그는 반드시 온 힘을 다해 너를 도울 것이다.

0957 **解除** jiěchú　　　　　　　　⑤ 제거하다. 풀다.

警报已经解除，大家可以自由活动了。
경보가 이미 해제되었으니 모두 자유롭게 활동해도 된다.

0958 **解放** jiěfàng　　　　　　　　⑤ 해방하다.　　　　　　　**L5**

高考结束了，同学们都有了解放的感觉。
수능이 끝나자 학생들은 모두 해방감을 느꼈다.

0959 **解雇** jiěgù　　　　　　　　　⑤ 해고하다.

他被公司解雇了。그는 회사에서 해고되었다.

0960 **解剖** jiěpōu　　　　　　　　⑤ 해부하다. 분석하다.

课堂上解剖了一只兔子。수업시간에 토끼 한 마리를 해부했다.

0961 **解散** jiěsàn　　　　　　　　⑤ 해산하다. 흩어지다. 취소하다.

队伍已经解散，大家都回家了。대오는 이미 해제되어, 모두 집으로 돌아갔다.

0962 **解体** jiětǐ　　　　　　　　　⑤ 와해하다. 해체되다.

那个超级大国已经解体了。저 초강대국은 이미 와해되었다.

0963 **戒备** jièbèi　　　　　　　　⑤ 경비하다. 경계하다.

明天新总统就职演说，公安系统已经开始加强戒备。
내일 있을 새로운 총통의 취임연설로, 공안시스템은 이미 경계태세를 강화하기 시작했다.

0964 **界限** jièxiàn　　　　　　　　⑱ 경계. 한도.

两种思想，界限分明，互相对立。두 사상의 경계가 분명하고 상호대립된다.

0965 **借鉴** jièjiàn 통 참고로 하다. 본보기로 삼다.

历史值得我们借鉴。 역사는 우리가 거울로 삼을만한 가치가 있다.

0966 **借助** jièzhù 통 ~의 힘을 빌리다. 도움을 받다.

借助风的力量发电。 바람의 힘을 빌려 전기를 만들어낸다.

0967 **金融** jīnróng 명 금융.

金融危机让很多国家的经济陷入低谷。
금융위기가 많은 국가의 경제를 밑바닥으로 떨어뜨렸다.

0968 **津津有味** jīnjīn yǒuwèi 성 흥미진진하다.

他讲的故事让我们听得津津有味。
그가 해주는 이야기를 우리는 정말 재미있게 들었다.

0969 **紧迫** jǐnpò 형 급박하다. 긴박하다.

快点行动，时间很紧迫。 서둘러 행동해, 시간이 촉박해.

0970 **锦上添花** jǐnshàng tiānhuā 성 금상첨화. 더없이 좋다. C

这样做会锦上添花。 이렇게 하면 더없이 좋을 것이다.

0971 **进而** jìn'ér 접 진일보하여. 더 나아가.

认真学习词法，进而学习句法，才能全面学好语法。
형태론을 제대로 공부하고, 더 나아가 통사론을 공부해야만 전면적으로 어법을 잘 공부할 수 있다.

0972 **进攻** jìngōng 통 진공하다. 공격하다.

我军向敌人发起更猛烈进攻。
우리 군은 적을 향해 더욱더 맹렬히 공격을 퍼부었다.

0973 **进化** jìnhuà 동 진화하다.

达尔文提出了进化论。다윈은 진화론을 제시했다.

0974 **进展** jìnzhǎn 동 진전하다.

事情进展到什么程度了? 일이 어느 정도까지 진전되었어?

0975 **近来** jìnlái 명 근래. 요즘.

近来出现了很多好人好事儿。근래 좋은 사람과 좋은 일들이 많이 생겼다.

0976 **晋升** jìnshēng 동 승진하다. 진급하다.

他失去了那次晋升的机会。그는 저번 승진의 기회를 잃었다.

0977 **浸泡** jìnpào 동 담그다. 잠그다.

把双脚浸泡在水里，放松身心。두 발을 물속에 담그고 심신을 편안하게 해라.

0978 **茎** jīng 명 식물의 줄기.

有些植物的茎是可以吃的。어떤 식물의 줄기는 먹을 수 있다.

0979 **经费** jīngfèi 명 경비. 비용.

这个活动的经费明显不足。이 활동 경비는 확실히 부족하다.

0980 **经纬** jīngwěi 명 날줄과 씨줄. 경도와 위도.

两种观念，经纬分明，没有相似点。
두 관념은 노선이 분명하여 비슷한 점이 없다.

0981 **惊动** jīngdòng 동 놀라게 하다. 폐를 끼치다.

外面的声音惊动了正在睡觉的爷爷。
바깥 소리에 주무시던 할아버지께서 놀라 깨셨다.

0982 **惊奇** jīngqí　　　　　　　　　[형] 놀라며 의아해하다.

第一次见到菠萝，孩子们都很惊奇。
처음 파인애플을 봤을 때 아이들은 모두 놀라워 했다.

0983 **惊讶** jīngyà　　　　　　　　　[형] 의아스럽다. 놀랍다.

他说的话让我很惊讶。 그가 한 말이 나를 놀라게 했다.

0984 **兢兢业业** jīngjīng yèyè　　　　[성] 신중하고 조심스럽게 맡은 일을 부지런하고 성실하게 하다.

他一向兢兢业业，从来不敢疏忽大意。
그는 줄곧 신중하고 성실하게 일을 했고, 지금까지 대충 한 적이 없다.

0985 **精打细算** jīngdǎ xìsuàn　　　　[성] 세밀하게 계산하다. 면밀하게 계획하다.

她每天都精打细算地过日子。 그녀는 매일 계획적으로 생활한다.

0986 **精华** jīnghuá　　　　　　　　[명] 정화. 정수.

提取植物精华，制造化妆品。 식물의 정화를 채취해 화장품을 제조한다.

0987 **精简** jīngjiǎn　　　　　　　　[동] 간소화하다. 정선하다.

精简行李，轻松出发。 짐을 간소화해서 가볍게 출발하자.

0988 **精密** jīngmì　　　　　　　　　[형] 정밀하다.

那台精密仪器，是从德国进口来的。
저 정밀한 측정기구는 독일에서 수입한 것이다.

0989 **精确** jīngquè　　　　　　　　[형] 정밀하고 확실하다.

发射卫星任何数据都要计算得很精确。
위성발사의 모든 데이터는 다 계산이 정밀하고 확실해야 한다.

0990 **精通** jīngtōng 동 정통하다. 통달하다.

新任总统精通四国语言。새로 부임한 총통은 네 개 언어에 정통하다.

0991 **精心** jīngxīn 형 정성을 들이다. 공들이다.

她总是精心照顾病人。그녀는 늘 정성을 다해 환자를 돌본다.

0992 **精益求精** jīngyì qiújīng 성 훌륭하지만 더욱더 완벽을 추구하다.

做事情要精益求精，不能马马虎虎。
일을 할 때는 더욱더 완벽을 추구해야 하며 대충해서는 안 된다.

0993 **精致** jīngzhì 형 정밀하다. 정교하다.

这件艺术品很精致。이 예술품은 정교하다.

0994 **井** jǐng 명 우물.

院子里有一口井。정원 안에 우물이 한 개 있다.

0995 **颈椎** jǐngzhuī 명 경추. 목등뼈.

长期使用电脑工作，要注意保护颈椎。
오랫동안 컴퓨터를 사용하여 작업할 때에는 경추 보호에 주의해야 한다.

0996 **警告** jǐnggào 동 경고하다.
　　　　　　　　　　　명 경고.

我警告你，下次不能再迟到！
내가 너에게 경고하는데, 또 다시 늦으면 안 돼!

他没有看到闲人勿入的警告，一个人走了进去。
그는 관계자 외 출입금지 경고를 못 보고, 혼자서 걸어 들어갔다.

0997 **警惕** jǐngtì 동 경계하다. 경계심을 갖다.

提高警惕，防止敌人破坏。경계심을 높여 적이 파괴하는 것을 방지해라.

0998 **竞赛** jìngsài 동 경쟁하다. 경기하다.

他参加了三次数学竞赛。 그는 수학 경시대회에 세 차례 참가했다.

0999 **竞选** jìngxuǎn 동 경선 활동을 하다.

他决定退出竞选。 그는 경선활동에서 물러나기로 했다.

1000 **敬礼** jìnglǐ 동 경례하다.

他冲老师的照片深深地鞠躬敬礼。
그는 선생님의 사진을 향해 깊게 고개 숙여 경례하였다.

1001 **敬业** jìngyè 동 자기의 일에 최선을 다하다. 직업의식이 투철하다. **N**

他一向很敬业，我们都要向他学习。
그는 항상 자기의 일에 최선을 다하므로, 우리 모두는 그를 본받아야 한다.

1002 **境界** jìngjiè 명 경계.

那是一种一般人达不到的境界。 저것은 일반인이 다다를 수 없는 경지이다.

1003 **镜头** jìngtóu 명 렌즈. 장면. 화면.

买了相机，但是没有买镜头。 사진기를 샀으나 렌즈는 사지 않았다.

1004 **纠纷** jiūfēn 명 분규. 다툼. 분쟁.

我是来帮你们解决纠纷的，不是来捣乱dǎoluàn的。
나는 너희를 도와 분쟁을 해결하러 온 것이지, 혼란스럽게 하려고 온 것이 아니다.

1005 **纠正** jiūzhèng 동 교정하다. 고치다.

小错误不及时纠正，就会变成大错误。
작은 잘못을 제때에 고치지 않으면 큰 잘못으로 변할 수 있다.

1006 **酒精** jiǔjīng　　　　　　　명 알코올.

这种化妆品不含酒精。 이런 화장품은 알코올을 함유하고 있지 않다.

1007 **救济** jiùjì　　　　　　　동 구제하다.

我们一起救济那些穷人吧。 우리 다같이 가난한 사람들을 구제합시다.

1008 **就近** jiùjìn　　　　　　　부 가까운 곳에. 부근에.

我想就近下车。 저는 가까운 곳에 내리고 싶습니다.

1009 **就业** jiùyè　　　　　　　동 취업하다.

现在的就业形势很不乐观。 현재의 취업상황이 매우 낙관적이지 않다.

1010 **就职** jiùzhí　　　　　　　동 부임하다. 취임하다.

新总统已经就职了。 새로운 총통이 이미 취임했다.

1011 **拘留** jūliú　　　　　　　동 구류하다. 구금하다.

公安局决定拘留他十五天。 공안국은 그를 15일간 구류하기로 결정했다.

1012 **拘束** jūshù　　　　　　　동 제한하다. 구속하다.
　　　　　　　　　　　　형 거북하다. 어색하다.

不要拘束大学生们的正当活动。 대학생들의 정당한 활동을 제한하지 마세요.
不要拘束，就像在自己家一样。 어색해하지 말고 집에 있는 것처럼 해.

1013 **居民** jūmín　　　　　　　명 주민. 거주민.　　　　　　N

迁移灾区的居民不是一件容易的事情。
재난지역의 주민을 이주시키는 것은 쉬운 일이 아니다.

1014 **居住** jūzhù　　　　　　　⑧ 거주하다.

老人一个人在山上居住。노인은 혼자 산에서 거주한다.

1015 **鞠躬** jūgōng　　　　　　　⑧ 허리를 굽혀 절하다.

大家一起给老人鞠躬敬礼。
모두 함께 노인에게 허리 굽혀 절을 하며 예의를 표했다.

1016 **局部** júbù　　　　　　　　⑲ 국부. 일부분.

这是事情的局部，不是全部。이것은 사건의 일부분이지 전부가 아니다.

1017 **局面** júmiàn　　　　　　　⑲ 국면.

刚来这里，还没有打开局面。막 여기에 와서, 아직 국면이 타개되지 않았다.

1018 **局势** júshì　　　　　　　　⑲ 형세. 정세.

新的局势不容乐观。새로운 형세가 좋지 않다.

1019 **局限** júxiàn　　　　　　　⑧ 국한하다.

不要局限在一个方面。한 부분에 국한하지 마세요.

1020 **咀嚼** jǔjué　　　　　　　　⑧ 씹다. 되새기다. 음미하다.

吃饭时要细细咀嚼。밥을 먹을 때는 꼭꼭 잘 씹어야 한다.

1021 **沮丧** jǔsàng　　　　　　　⑧ 낙담하게 하다. 실망하게 하다.

考试失败让他很沮丧。시험의 실패가 그를 낙담하게 했다.

1022 **举动** jǔdòng　　　　　　　⑲ 동작. 행위.

他的举动很异常。그의 동작이 이상하다.

1023 **举世瞩目** jǔshì zhǔmù 성 전세계 사람들이 주목하다.

最近几年，中国取得了举世瞩目的成就。
최근 몇 년간 중국은 세계가 주목할만한 성과를 거두었다.

1024 **举足轻重** jǔzú qīngzhòng 성 대단히 중요한 위치에 있어서 일거수일투족이 전체에 중대한 영향을 끼치다.

他在公司的作用举足轻重。그의 회사에서의 역할은 매우 중요하다.

1025 **剧本** jùběn 명 극본. 각본.

他写了很多优秀的剧本。그는 우수한 각본을 많이 썼다.

1026 **剧烈** jùliè 형 극렬하다. 격렬하다.

牙齿剧烈地疼痛。치아가 심하게 아프다.

1027 **据悉** jùxī 동 아는 바에 의하면 ~라고 한다.

据悉，总统将在三天后访问中国。
아는 바에 의하면, 대통령은 사흘 후에 중국을 방문한다고 한다.

1028 **聚精会神** jùjīng huìshén 성 정신을 집중하다.

同学们都在聚精会神地听课。학생들은 모두 집중해서 수업을 듣는다.

1029 **卷** juǎn 동 걷다. 말다. 감다.
    juàn 명 문서. 서류. 문건. L5

他把被子卷juǎn了起来。그는 이불을 걷었다.
大家快交上去试卷juàn。모두 빨리 시험지를 제출하세요.

1030 **决策** juécè 명 결정된 책략. 정책 결정.

我们感谢政府的英明决策。우리는 정부의 현명한 정책 결정에 감사한다.

1031 **觉悟** juéwù   동 깨닫다. 인식하다.

他逐渐开始觉悟了。 그는 점점 깨닫기 시작했다.

1032 **觉醒** juéxǐng   동 각성하다. 깨닫다.

中国人民还没觉醒。 중국 국민은 아직 깨닫지 못했다.

1033 **绝望** juéwàng   동 절망하다.

结果让他很绝望。 결과가 그를 절망하게 했다.

1034 **倔强** juéjiàng   형 (성격이) 강하고 고집이 세다. Ⓝ

老人的性格很倔强。 노인은 성격이 매우 강하고 고집이 세다.

1035 **军队** jūnduì   명 군대.

军队是国家的保障。 군대는 국가의 보장이다.

1036 **君子** jūnzǐ   명 군자. 학식과 덕망이 높은 사람. Ⓝ

先小人后君子。 우선 세세하게 따진 후에 대범하게 대응한다.

1037 **卡通** kǎtōng   명 만화. 카툰.

他知道很多卡通人物。 그는 만화 인물을 많이 안다.

1038 **开采** kāicǎi   동 채굴하다. 개발하다.

这个煤矿的煤快要开采完了。 이 탄광의 석탄이 거의 다 채굴되어 간다.

1039 **开除 kāichú** 　　　　　　　　동 제명하다. 자르다. 해고하다.

学校把他开除了。 학교는 그를 제명하였다.

1040 **开阔 kāikuò** 　　　　　　　　형 넓다. 광활하다.

每个伟人都有着开阔的胸怀。 모든 위인은 다 넓은 마음을 가지고 있다.

1041 **开朗 kāilǎng** 　　　　　　　　형 명랑하다. 활달하다.

这家人的性格都很开朗。 이 가족 구성원은 성격이 모두 명랑하다.

1042 **开明 kāimíng** 　　　　　　　　형 깨어있다. 진보적이다.

公司的领导很开明。 회사의 지도자는 아주 진보적이다.

1043 **开辟 kāipì** 　　　　　　　　동 개발하다. 통하게 하다. 트이게 하다.

他决心在新的城市开辟一片新天地。
그는 새로운 도시에 신도시를 개발하기로 결심했다.

1044 **开拓 kāituò** 　　　　　　　　동 개척하다. 개간하다.

这个公司的开发人员不断开拓新的领域。
이 회사의 개발인원은 끊임없이 새로운 영역을 개척한다.

1045 **开展 kāizhǎn** 　　　　　　　　동 전개되다. 열리다.

上级决定派一批人去那里开展革命工作。
상사는 그곳에 팀을 파견하여 혁명작업을 전개하기로 결정했다.

1046 **开支 kāizhī** 　　　　　　　　동 지불하다. 지출하다.
　　　　　　　　　　　　　　　　명 지출. 비용.

他开支出一笔钱。 그가 얼마간의 돈을 지불한다.
那将是一笔不小的开支。 그것은 장차 적지 않은 지출이 될 것이다.

1047 **刊登 kāndēng** 동 게재하다. 싣다. 등재하다.

消息已经在报纸上刊登了。소식이 이미 신문에 등재되었다.

1048 **刊物 kānwù** 명 간행물. 출판물.

公司每年都订阅很多刊物。회사는 매년 많은 간행물을 정기구독한다.

1049 **勘探 kāntàn** 동 탐사하다. 조사하다.

他从事勘探石油的工作。그는 석유를 탐사하는 일에 종사한다.

1050 **侃侃而谈 kǎnkǎn értán** 성 당당하고 차분하게 말하다.

他在和朋友们侃侃而谈。그는 친구들에게 차분히 당당하게 말하고 있다.

1051 **砍伐 kǎnfá** 동 나무를 베다. 벌목하다.

禁止没有规划的砍伐。무분별한 벌목을 금한다.

1052 **看待 kàndài** 동 대하다. 다루다.

他把小狗当自己的子女一样看待。그는 강아지를 자기 자식처럼 대한다.

1053 **慷慨 kāngkǎi** 형 후하게 대하다. 아끼지 않다.

谢谢您的慷慨帮助。당신의 아낌 없는 도움에 감사드립니다.

1054 **扛 káng** 동 어깨에 메다.

他扛起一袋米就走。그는 쌀 한 자루를 어깨에 메고 바로 갔다.

1055 **抗议 kàngyì** 동 항의하다.

大家一起抗议公司的决议吧。모두 다같이 회사의 결의에 항의하자.

1056 **考察** kǎochá 〔동〕고찰하다. 시찰하다.

总理考察了我们厂。총리가 우리 공장을 시찰했다.

1057 **考古** kǎogǔ 〔동〕고고학을 연구하다.
〔명〕고고학.

教授带领学生们下乡考古。
교수는 학생들을 인솔해 시골로 내려가 고고학을 연구한다.
他对考古很感兴趣。그는 고고학에 많은 관심이 있다.

1058 **考核** kǎohé 〔동〕심사하다.

学校对各个教授三年一次考核。
학교는 각 교수에 대해 삼 년에 한 번 심사한다.

1059 **考验** kǎoyàn 〔동〕시험하다. 검증하다.

这件事考验了他的能力。이 일이 그의 능력을 검증했다.

1060 **靠拢** kàolǒng 〔동〕가까이 다가가다. 접근하다. 근접하다.

孩子向妈妈靠拢过来。아이는 엄마를 향해 가까이 다가왔다.

1061 **科目** kēmù 〔명〕과목. 항목.

新的科目很难。새로운 과목이 어렵다.

1062 **磕** kē 〔동〕(단단한 곳에) 부딪치다.

腿上磕破了皮。다리를 부딪쳐서 피부에 상처를 입었다.

1063 **可观** kěguān 〔형〕대단하다. 굉장하다.

昨天的那笔收入很可观。 어제의 그 수입은 굉장했다.

1064 **可口** kěkǒu 　　　　형 맛있다.

饭菜很可口。 음식이 참 맛있다.

1065 **可恶** kěwù 　　　　형 싫다. 혐오스럽다.

这个人真可恶。 이 사람은 정말 혐오스럽다.

1066 **可行** kěxíng 　　　　동 실행할만하다. 가능하다.

经过检验证明这个计划是可行的。
실험 검증을 통해 이 계획이 가능하다는 것을 증명하다.

1067 **渴望** kěwàng 　　　　동 갈망하다. 바라다.

我渴望尽快回到祖国。 나는 가능한 한 빨리 조국에 돌아가기를 갈망한다.

1068 **克制** kèzhì 　　　　동 억제하다. 자제하다. 억누르다.

他克制不住自己的悲痛。 그는 자신의 슬픔을 억제하기 어렵다.

1069 **刻不容缓** kèbù rónghuǎn 　　　　성 일각도 지체할 수 없다.

治理空气已经刻不容缓。 공기 정화는 이제 이미 한시도 미룰 수 없다.

1070 **客户** kèhù 　　　　명 거래처. 바이어. 이주자.

他们是我们公司的老客户。 그들은 우리 회사의 단골 거래처이다.

1071 **课题** kètí 　　　　명 과제. 프로젝트.

公司开始新课题的研究。 회사는 새로운 프로젝트의 연구를 시작한다.

1072 **恳切** kěnqiè 　　　　형 간절하다. 진지하다.

他的讲话很恳切。그의 연설은 매우 적절하다.

1073 **啃 kěn** 동 물어뜯다. 갉아먹다.

孩子在我臂上啃了两口。아이는 나의 팔을 두 번 물었다.

1074 **坑 kēng** 명 구멍. 구덩이.
동 함정에 빠뜨리다.

小心，前面有一个坑。조심해, 앞에 구덩이가 있어.
小心，别让坏人给坑了。조심해, 나쁜 사람에게 당하지 않도록 말야.

1075 **空洞 kōngdòng** 형 내용이 없다. 공허하다.

这篇文章的内容很空洞。이 문장의 내용이 공허하다.

1076 **空前绝后 kōngqián juéhòu** 성 이전에도 없었고 앞으로도 없다.

他的成就空前绝后。그의 업적은 이전에도 없었고 앞으로도 없다.

1077 **空想 kōngxiǎng** 명 공상.
동 공상하다.

那是空想，根本实现不了。그것은 공상이야, 절대로 실현될 수 없어.
要实干不要空想。실제로 일해야지, 공상을 해서는 안 된다.

1078 **空虚 kōngxū** 형 공허하다. 텅비다.

他的生活很空虚。그의 생활은 참 공허하다.

1079 **孔 kǒng** 명 구멍.

墙上有一个孔。벽에 구멍이 하나 있다.

1080 **恐怖 kǒngbù** 형 공포를 느끼다. 두렵다.
  명 공포 분위기.

很多女孩儿都害怕看恐怖电影。
많은 여자아이들은 공포영화 보는 것을 무서워한다.
他们因为恐怖而哆嗦。 그들은 공포 분위기 때문에 부들부들 떨었다.

1081 **恐吓 kǒnghè** 동 으르다. 위협하다.

敌人一直恐吓他。 적은 줄곧 그를 위협해왔다.

1082 **恐惧 kǒngjù** 동 겁먹다. 두려워하다.

他觉得很恐惧。 그는 매우 겁을 먹었다.

1083 **空白 kòngbái** 명 공백. 여백.

脑子里一片空白。 머릿속에서 아무 생각이 나질 않는다.

1084 **空隙 kòngxì** 명 틈. 간격. 겨를. 짬.

风从墙上的空隙吹进来。 갈라진 벽 틈새로 바람이 불어 들어온다.

1085 **口气 kǒuqì** 명 어조. 말투.

听他的口气, 好像生气了。 그의 말투가 듣기에 아무래도 화난 것 같다.

1086 **口腔 kǒuqiāng** 명 구강.

注意口腔清洁。 구강 청결에 유의하세요.

1087 **口头 kǒutóu** 명 입. 구두.

承诺要兑现, 不能只停留在口头上。
약속을 지키려면, 말로만 그쳐서는 안 된다.

1088 **口音** kǒuyīn　　　　　　　명 사투리. 말씨. 어조.

他有南方口音。그는 남쪽 지역 사투리를 쓴다.

1089 **扣** kòu　　　　　　　동 (세금 따위를) 공제하다. 채우다. 걸다. 구류하다. **N**

这个月被扣了很多工资。이번달은 월급에서 많은 돈이 공제되었다.

1090 **枯萎** kūwěi　　　　　　　동 시들다. 마르다. 오그라들다. **C**

草木已经枯萎了。초목이 이미 시들었다.

1091 **枯燥** kūzào　　　　　　　형 무미건조하다. 지루하다.

他学的专业很枯燥。그가 배우는 전공은 매우 지루하다.

1092 **哭泣** kūqì　　　　　　　동 흐느껴 울다. 훌쩍훌쩍 울다. **N**

孩子一直在哭泣。아이가 줄곧 흐느껴 울고 있다.

1093 **苦尽甘来** kǔjìn gānlái　　　　성 고진감래. 고생 끝에 낙이 온다.

多年以后他终于苦尽甘来了。
여러 해가 지나, 마침내 그에게도 고생 끝에 낙이 왔다.

1094 **苦涩** kǔsè　　　　　　　형 씁쓸하고 떫다. 괴롭다. **N**

泪水是苦涩的。눈물은 씁쓸하고 떫은 것이다.

1095 **挎** kuà　　　　　　　동 (팔에) 걸다. 끼다.

奶奶挎着一个竹篮。할머니는 대나무 바구니를 팔에 끼고 있다.

1096 **跨 kuà** 동 뛰어넘다. 건너뛰다.

他一跨就跨过去了。그는 한 번에 뛰어넘어 갔다.

1097 **快活 kuàihuo** 형 즐겁다. 유쾌하다. 쾌활하다.

他每天都很快活。그는 하루하루가 다 유쾌하다.

1098 **宽敞 kuānchang** 형 넓다. 드넓다.

他那个人家里很宽敞。그 사람의 집은 드넓다.

1099 **宽容 kuānróng** 형 너그럽다. 너그럽게 받아들이다. N

要宽容不要太严格。너그럽게 대해야지 너무 엄격해서는 안 된다.

1100 **款待 kuǎndài** 동 환대하다. 정성껏 대접하다.

妈妈常常款待远方来的客人。엄마는 늘 멀리서 온 손님을 정성껏 대접한다.

1101 **款式 kuǎnshì** 명 스타일. 타입. 양식. 격식.

这是今年最近的款式。이것은 올해 가장 최근의 스타일이다.

1102 **筐 kuāng** 명 광주리. 바구니.

门口放着一筐橘子。입구에 귤 한 바구니가 놓여 있다.

1103 **旷课 kuàngkè** 동 무단결석하다.

这个学生已经连续旷课三次了。
이 학생은 이미 연속으로 세 번이나 무단결석했다.

1104 **况且 kuàngqiě** 접 게다가. 더구나.

这么晚了，况且下着雨，我不想去。
이렇게 시간이 늦은데다, 게다가 비까지 오니, 난 가고 싶지 않아.

1105 **矿产** kuàngchǎn 명 광산물. **C**

这个地区的矿产很丰富。이 지역의 광산물은 매우 풍부하다.

1106 **框架** kuàngjià 명 구성. 뼈대. 골격.

这篇论文的框架很好。이 논문은 구성이 매우 좋다.

1107 **亏待** kuīdài 동 푸대접하다. 박대하다.

不能亏待帮助过我们的人。우리를 도와줬던 사람을 푸대접해서는 안 된다.

1108 **亏损** kuīsǔn 동 결손이 나다. 적자가 나다.

公司去年亏损了三个亿。회사는 작년에 3억의 적자를 냈다.

1109 **捆绑** kǔnbǎng 동 줄로 묶다.

我把这个东西捆绑在一起。나는 이 물건을 한꺼번에 줄로 묶었다.

1110 **扩充** kuòchōng 동 확충하다. 늘리다.

部队已经扩充到了三万人。부대는 이미 삼만 명으로 확충되었다.

1111 **扩散** kuòsàn 동 확산하다. 퍼뜨리다.

坏消息扩散得很快。나쁜 소식은 매우 빨리 퍼진다.

1112 **扩张** kuòzhāng 동 확장하다. 넓히다.

那个国家有扩张领土的野心。그 국가는 영토 확장의 야심이 있다.

1113 **喇叭 lǎba** 명 나팔. 크랙슨.

汽车喇叭一直在响。 자동차 경적소리가 계속 울리고 있다.

1114 **蜡烛 làzhú** 명 초. 양초. **L5**

停电了，只好点起蜡烛。 정전이니 양초를 켤 수밖에 없다.

1115 **啦 la** 조 문장 끝에서 사건의 완성, 변화 등을 나타냄.('了(le)'와 '啊(a)'의 결합음으로 양자의 의미가 다 있음)

下雨啦。 비가 내린다.

1116 **来历 láilì** 명 내력. 경력. 배경.

谁知道这个地名的来历？ 누가 이 지명의 내력을 알고 있습니까?

1117 **来源 láiyuán** 명 출처. 근원.

他专门研究词的来源。 그는 전문적으로 단어의 출처를 연구한다.

1118 **栏目 lánmù** 명 항목. 프로그램.

那个栏目很受欢迎。 저 프로그램은 매우 인기가 있다.

1119 **懒惰 lǎnduò** 형 게으르다. 나태하다.

教育孩子不要懒惰。 자녀 교육을 게을리해서는 안 된다.

1120 **狼狈 lángbèi** 형 매우 난처하다. 곤궁하다.

他的样子很狼狈。 그의 모습이 매우 난하다.

1121 **狼吞虎咽** lángtūn hǔyān　　셍 게걸스럽게 먹다.

他吃东西总是狼吞虎咽。그는 항상 게걸스럽게 먹는다.

1122 **捞** lāo　　통 건지다. 끌어올리다. 얻다.

他跳进水里把东西捞了起来。그는 물속으로 뛰어들어 물건을 건져올렸다.

1123 **牢固** láogù　　형 견고하다. 단단하다.

两个人的关系很牢固。두 사람의 관계는 매우 견고하다.

1124 **牢骚** láosāo　　명 불평. 불만.

他每天发牢骚。그는 매일 불평을 한다.

1125 **唠叨** láodao　　통 잔소리하다. 되풀이하여 말하다.

奶奶一直唠叨。할머니는 줄곧 잔소리를 하신다.

1126 **乐趣** lèqù　　명 즐거움. 기쁨.

他的生活没有乐趣。그의 생활에는 즐거움이 없다.

1127 **乐意** lèyì　　통 ~하기를 원하다. 기꺼이 ~하고 싶다.

我乐意帮助他。나는 기꺼이 그를 돕겠다.

1128 **雷达** léidá　　명 레이더.

飞机上安装了新型雷达。비행기에 신형 레이더를 장착했다.

1129 **类似** lèisì　　형 유사하다. 비슷하다.

两个东西很类似。두 물건은 유사하다.

1130 **冷酷** lěngkù　　　　　　　형 냉혹하다. 잔인하다.

现实是很冷酷的。 현실은 매우 잔인하다.

1131 **冷落** lěngluò　　　　　　　형 쓸쓸하다. 적막하다. 한산하다.　　**N**

客人感到很冷落。 손님은 매우 적막함을 느꼈다.

1132 **冷却** lěngquè　　　　　　　동 냉각하다. 냉각시키다.

冷却一下才可以用手拿。 조금 냉각시켜야만 손으로 들 수 있다.

1133 **愣** lèng　　　　　　　　　동 멍해지다. 어리둥절하다.

他愣在那里一动也不动。 그는 멍해져서 그곳에서 조금도 움직이지 않았다.

1134 **黎明** límíng　　　　　　　명 여명. 동틀 무렵.

黎明的气温很低。 동틀 무렵의 기온은 매우 낮다.

1135 **礼节** lǐjié　　　　　　　　명 예절.

韩国是一个注重礼节的国家。 한국은 예절을 중시하는 나라이다.

1136 **礼尚往来** lǐshàng wǎnglái　　성 오는 정이 있으면 가는 정이 있다.　**N**

要讲究礼尚往来。 오가는 정을 중히 여겨야 한다.

1137 **里程碑** lǐchéngbēi　　　　　명 이정표.

大楼的建成是公司发展的里程碑。 빌딩의 조성은 회사 발전의 이정표이다.

1138 **理睬** lǐcǎi　　　　　　　　동 상대하다. 거들떠보다.

他不理睬我，我不知道是什么原因。
그는 나를 거들떠보지도 않는데, 어떤 이유에서인지 모르겠다.

1139 **理所当然** lǐsuǒ dāngrán　　성 도리로 보아 당연하다.

他这样想是理所当然的。 그가 이렇게 생각하는 것은 당연한 것이다.

1140 **理直气壮** lǐzhí qìzhuàng　　성 이유가 충분하여 하는 말이 당당하다.

他犯了错误还理直气壮。 그는 잘못하고도 여전히 당당하다.

1141 **理智** lǐzhì　　형 침착하다. 이지적이다.

做事情别不理智。 일을 할 때는 침착하게 해라.

1142 **力求** lìqiú　　동 온갖 노력을 다하다. 힘써 추구하다. **C**

她干什么都力求完美。
그녀는 무슨 일을 하든 온갖 노력을 다해 완벽하게 하려 한다.

1143 **力所能及** lìsuǒ néngjí　　성 자기 능력으로 해낼 수 있다.

奶奶还坚持干一些力所能及的活儿。
할머니는 아직도 자신의 능력으로 할 수 있는 일들을 하신다.

1144 **力争** lìzhēng　　동 매우 노력하다. 노력을 아끼지 않다.

每个学期他都努力学习力争考第一。
학기마다 그는 열심히 공부해서 일등을 쟁취해낸다.

1145 **历代** lìdài　　명 역대.

历代领导人都来这里访问。 역대 지도자들은 모두 이곳을 방문했다.

1146 **历来** lìlái　　부 줄곧. 항상. 언제나. 여태껏.

那个地方历来没有出过大学生。
여태껏 그 지역에서는 대학생이 나온 적이 없다.

1147 **立场** lìchǎng 명 입장. 태도. 관점.

你应该站在他的立场上想想。
너는 당연히 그의 입장에 서서 생각해보아야 한다.

1148 **立方** lìfāng 명 입방. 세제곱미터(m³). **L5**

一立方水能救活很多人。 1입방미터의 물로 많은 사람을 구할 수 있다.

1149 **立交桥** lìjiāoqiáo 명 입체 교차로.

前面有一座立交桥。 앞에 입체 교차로가 있다.

1150 **立体** lìtǐ 형 입체의. 다방면의.

每个人的性格都是立体的。 사람은 각자 다양한 성격을 가지고 있다.

1151 **立足** lìzú 동 근거하다. 발붙이다.

立足现实，构想未来。 현실에 근거하여 미래를 구상하자.

1152 **利害** lìhài 명 이익과 손해.

要分清楚利害再做。 이익과 손해를 반드시 구분하고 다시 해라.

1153 **例外** lìwài 명 예외.

任何事情都有例外。 무슨 일이든지 모두 예외가 있다.

1154 **粒** lì 양 알. 톨. **L5**

人活在世界上好像一粒沙子一样。 세상에서 인간은 마치 모래 한 톨과 같다.

1155 **连年** liánnián 동 여러 해 동안 계속되다.

连年的干旱让这里很贫穷。 계속되는 가뭄으로 이곳은 매우 궁핍해졌다.

1156 **连锁** liánsuǒ 형 연쇄적이다. 이어지다.

公司经营发生了深刻的连锁反应。회사경영에 심각한 연쇄반응이 일어났다.

1157 **连同** liántóng 접 ~과 함께.

把那件衣服连同垃圾一块儿扔了。그 옷을 쓰레기와 함께 버렸다.

1158 **联欢** liánhuān 동 함께 모여 즐기다. 친목을 맺다.

每年国庆节军民都一起联欢。매년 국경절마다 군과 민이 함께 모여 즐긴다.

1159 **联络** liánluò 동 연락하다. 접촉하다.

他负责和外部联络。그는 외부와의 연락을 책임진다.

1160 **联盟** liánméng 명 연맹. 동맹.

两国建立了牢固的联盟。두 나라는 견고한 동맹관계를 수립했다.

1161 **联想** liánxiǎng 동 연상하다.

这件事情让我联想到了过去。이 일로 나는 과거를 떠올렸다.

1162 **廉洁** liánjié 형 청렴 결백하다.

他是一位廉洁的官员。그는 청렴결백한 관원이다.

1163 **良心** liángxīn 명 양심.

做事情要凭良心。일을 할 때에는 반드시 양심에 따라야 한다.

1164 **谅解** liàngjiě 동 양해하다. 이해해주다.

我去请求他谅解。제가 가서 그에게 양해를 구하겠습니다.

1165 **晾 liàng** 동 쪼이다. 말리다.

妈妈出去晾衣服了，姐姐在睡觉。
엄마는 밖에서 빨래를 널고 계신데, 언니는 자고 있다.

1166 **辽阔 liáokuò** 형 끝없이 넓다. 광활하다.

中国有很多辽阔的草原。중국에는 드넓은 초원이 많다.

1167 **列举 lièjǔ** 동 실례를 들다. 열거하다.

老人列举了这里发生过的战争。
노인은 이곳에서 발생했던 전쟁을 실례로 들었다.

1168 **临床 línchuáng** 동 임상하다. 치료하다.

临床试验证明这个药很有效果。임상실험은 이 약의 효과가 큼을 증명한다.

1169 **淋 lín** 동 젖다. 적시다.

出门的时候忘记带雨伞了，所以挨雨淋了。
집에서 나올 때, 우산 챙기는 것을 깜박해서 비에 젖었다.

1170 **吝啬 lìnsè** 형 인색하다. 쩨쩨하다.

他对金钱很吝啬。그는 돈에 매우 인색하다.

1171 **伶俐 línglì** 형 영리하다. 총명하다.

孩子和年龄相比很伶俐。아이는 나이에 비해 매우 영리하다.

1172 **灵感 línggǎn** 명 영감.

创作需要灵感。창작에는 영감이 필요하다.

1173 **灵魂 línghún** 명 영혼.

他出卖了自己的灵魂。그는 자신의 영혼을 팔았다.

1174 **灵敏** língmǐn　　　　　　　　혱 영민하다. 재빠르다.

那个小伙子的动作很灵敏。저 아이의 동작은 매우 재빠르다.

1175 **凌晨** língchén　　　　　　　　몡 새벽녘. 동틀 무렵.

勤劳的两口子凌晨三点起床。부지런한 부부 두 사람은 새벽 3시에 기상한다.

1176 **零星** língxīng　　　　　　　　혱 산발적인. 소량의.

只有一些零星的记忆。아주 소량의 자잘한 기억만 남아있다.

1177 **领会** línghuì　　　　　　　　동 깨닫다. 이해하다.

他没有领会老师的意思。그는 선생님의 뜻을 이해하지 못했다.

1178 **领事馆** lǐngshìguǎn　　　　　　몡 영사관.

明天我要去领事馆办事。내일 나는 일을 처리하러 영사관에 가야 한다.

1179 **领土** lǐngtǔ　　　　　　　　몡 영토.

独岛是韩国的领土。독도는 한국의 영토이다.

1180 **领悟** lǐngwù　　　　　　　　동 납득하다. 터득하다.

我终于领悟到了老师的话里的道理。
나는 드디어 선생님 말속의 도리를 터득했다.

1181 **领先** lǐngxiān　　　　　　　　동 앞서다. 리드하다.

他的成绩在班里一直领先。그의 성적은 반에서 줄곧 앞서있다.

1182 **领袖** lǐngxiù　　　　　　　　 명 영수. 지도자.

他是让人敬爱的领袖。그는 사람들이 존경하는 지도자이다.

1183 **溜** liū　　　　　　　　 동 슬그머니 사라지다. (얼음을) 지치다. 타다.

趁妈妈不注意，她悄悄溜了出去。
엄마가 신경 쓰지 않는 틈을 타 그녀는 몰래 빠져나갔다.

1184 **留恋** liúliàn　　　　　　　　 동 차마 떠나지 못하다. 그리워하다.

不要留恋过去。과거에 미련을 두지 마세요.

1185 **留念** liúniàn　　　　　　　　 동 기념으로 남기다.

大家一起合影留念。다같이 기념으로 단체사진을 찍읍시다.

1186 **留神** liúshén　　　　　　　　 동 주의하다. 조심하다.

孩子不留神摔倒了。아이는 조심하지 않아 넘어졌다.

1187 **流浪** liúlàng　　　　　　　　 동 유랑하다. 방랑하다.

他的性格适合流浪。그의 성격은 유랑하기에 적합하다.

1188 **流露** liúlù　　　　　　　　 동 무심코 드러내다.

眼光里流露出不满。눈빛에 무심코 불만이 드러났다.

1189 **流氓** liúmáng　　　　　　　　 명 건달. 깡패.

我抓住了那个流氓。나는 그 건달을 잡았다.

1190 **流通** liútōng　　　　　　　　 동 유통하다. 잘 소통되다.

新商品已经开始在市场上流通。신상품은 이미 시장에서 유통되기 시작했다.

1191 **聋哑** lóngyǎ 형 귀가 먹고 말도 못하다.

灾难过后，他聋哑了。재난을 겪은 후, 그는 귀가 먹고 말도 못하게 되었다.

1192 **隆重** lóngzhòng 형 성대하다. 장중하다.

他们的婚礼办得很隆重。그들의 결혼식이 성대하게 치러졌다.

1193 **垄断** lǒngduàn 동 독점하다. 독차지하다.

国家垄断了那个行业。국가가 그 업종을 독점했다.

1194 **笼罩** lǒngzhào 동 덮어 씌우다. 뒤덮다.

雾笼罩了小山，好像一个美丽的姑娘。
안개가 작은 산을 뒤덮었는데 마치 아름다운 아가씨 같다.

1195 **搂** lǒu 동 껴안다. 품다.

姥姥搂着孙子。외할머니는 손자를 껴안았다.

1196 **炉灶** lúzào 명 부뚜막.

厨房里没有炉灶。부엌에는 부뚜막이 없다.

1197 **屡次** lǚcì 부 여러 번. 누차.

他屡次努力屡次失败。그는 여러 번 노력했지만, 누차 실패했다.

1198 **履行** lǚxíng 동 이행하다. 실행하다.

每个人都要履行自己的职责。모든 사람은 자신의 책임을 다해야 한다.

1199 **掠夺** lüèduó 동 빼앗다. 강탈하다.

那些恶霸èbà在掠夺穷人的财产。
저런 악질토호들이 가난한 사람들의 재산을 빼앗고 있다.

1200 **轮船** lúnchuán　　　　　　　　명 기선.

海上有很多轮船。바다에 기선이 많이 있다.

1201 **轮廓** lúnkuò　　　　　　　　명 윤곽. 테두리.

我只记得一个模糊的轮廓。나는 단지 흐릿한 윤곽만 기억날 뿐이다.

1202 **轮胎** lúntāi　　　　　　　　명 타이어.

车上还有一个备用轮胎。차량에는 비상용 타이어가 또 하나 있다.

1203 **论坛** lùntán　　　　　　　　명 논단. 칼럼.

他是这次青年论坛的主持人。그는 이번 청년 논단의 사회자이다.

1204 **论证** lùnzhèng　　　　　　　　명 논증.

学者们开始了新一轮的论证。학자들은 한 차례 새로운 논증을 시작했다.

1205 **啰唆** luōsuo　　　　　　　　형 말이 많다. 수다스럽다.

别啰唆了，赶快干活儿。수다 떨지 말고 빨리 일을 하세요.

1206 **络绎不绝** luòyì bùjué　　　　　　　　성 왕래가 빈번해 끊이지 않다.

这次展览会来参观的人络绎不绝。
이번 전시회는 참관하는 사람들이 끊이질 않는다.

1207 **落成** luòchéng　　　　　　　　동 준공되다. 낙성되다.

新的大桥落成了。새로운 대교가 준공되었다.

1208 **落实** luòshí　　　　　　　　동 실현되다. 구체화되다.

村干部带领大家落实党的政策。
마을 간부는 모두를 인솔하여 당의 정책을 실현한다.

1209 麻痹 mábì　　동 마비되다. 형 경각심을 늦추다.

腿麻痹了，站不起来了。 다리가 마비되어 일어날 수가 없다.

1210 麻木 mámù　　형 (반응이) 둔하다. 무감각하다.

我已经麻木了，不会再伤心了。
나는 이미 무감각해졌으니 다시는 상심하지 않을 것이다.

1211 麻醉 mázuì　　동 마취하다. 마비시키다.

做手术之前要先麻醉。 수술 전에는 먼저 마취를 해야 한다.

1212 码头 mǎtóu　　명 부두. 선창.

前面有一个码头。 앞에 부두가 하나 있다.

1213 蚂蚁 mǎyǐ　　명 개미.

地上有很多蚂蚁。 땅에 개미가 많다.

1214 嘛 ma　　조 서술문, 기원문 끝에 쓰여 당연함을 나타냄.

他这不是来了嘛? 그가 이렇게 왔잖아요?

1215 埋伏 máifú　　동 매복하다. 잠복하다.

战士们埋伏在路边，等待敌人经过。
전사들은 길가에 매복해서 적이 지나가기를 기다린다.

1216 埋没 máimò　　동 묻히다. 매몰되다.

有才华的人不能被埋没。 재능이 있는 사람이 묻혀서는 안 된다.

1217 **埋葬 máizàng** 동 매장하다. 묻다.

大家埋葬了战友的尸体。 모두가 전우의 시체를 매장했다.

1218 **迈 mài** 동 내디디다. 내딛다.

战士们不再悲伤，迈着大步向前。
전사들은 더 이상 슬퍼하지 않고 앞을 향해 힘차게 한 발을 내딛고 있다.

1219 **脉搏 màibó** 명 맥박.

老人病得很严重，脉搏很微弱。 노인의 병이 매우 심해서, 맥박이 미약하다.

1220 **埋怨 mányuàn** 동 탓하다. 불평하다.

出了问题，不能只埋怨别人。
문제가 생겼을 때, 다른 사람 탓만 해서는 안 된다.

1221 **蔓延 mànyán** 동 만연하다.

雾气开始蔓延，气温也开始降低。
안개가 만연하기 시작하더니, 기온도 떨어지기 시작한다.

1222 **漫长 màncháng** 형 멀다. 길다. 지루하다.

通往成功的路很漫长。 성공으로 가는 길은 정말 멀다.

1223 **漫画 mànhuà** 명 만화.

那幅漫画很有意思。 그 만화는 매우 재미있다.

1224 **慢性 mànxìng** 형 만성의.

慢性病很难治。 만성병은 치료가 어렵다.

1225 **忙碌 mánglù** 형 바쁘다. 눈코 뜰 새 없다.

妈妈每天都很忙碌。엄마는 매일매일 눈코 뜰 새 없이 바쁘시다.

1226 盲目 mángmù
형 맹목적으로. 무작정.

做事情不能盲目。일을 할 때는 맹목적으로 해서는 안 된다.

1227 茫茫 mángmáng
형 아득하다. 망망하다.

前面是茫茫的大海。앞에 망망대해가 펼쳐져 있다.

1228 茫然 mángrán
형 망연하다. 멍하다.

他的表情很茫然。그의 표정이 매우 멍하다.

1229 茂盛 màoshèng
형 우거지다. 무성하다. 번창하다.

大树长得很茂盛。큰 나무가 매우 무성하게 자랐다.

1230 冒充 màochōng
동 사칭하다. 가장하다.

别冒充好人,大家都知道你的本质。
모두 네 본성을 알고 있으니, 좋은 사람인 척 하지 말아라.

1231 冒犯 màofàn
동 (상대에게) 무례하다. 실례하다. Ⓝ

谁冒犯你了吗? 누가 네게 무례하게 굴었니?

1232 枚 méi
양 매. 장. 개.(작은 조각으로 된 사물을 셀 때)

宝剑上镶xiāng着一枚宝石。보검에 보석 한 개가 박혀있다.

1233 媒介 méijiè
명 매개자. 매개물.

网络成了重要的媒介。인터넷은 중요한 매개체가 되었다.

1234 **美观** měiguān   형 보기 좋다. 예쁘다.

那个书架不仅美观而且实用。 저 책장은 아름다울 뿐 아니라 실용적이다.

1235 **美满** měimǎn   형 아름답고 원만하다.

结婚以后的生活很美满。 결혼 후의 생활이 아름답고 원만하다.

1236 **美妙** měimiào   형 아름답다. 훌륭하다. 미묘하다.

那种感觉很美妙。 그런 감각은 미묘하다.

1237 **萌芽** méngyá   명 새싹. 맹아.

那个策划还在萌芽状态。 그 기획은 아직 초보단계에 머물러 있다.

1238 **猛烈** měngliè   형 맹렬하다. 세차다.

狂风猛烈地吹着。 광풍이 세차게 몰아치고 있다.

1239 **眯** mī   동 눈을 가늘게 뜨다.

奶奶眯着眼睛在院子里绣花。
할머니는 눈을 가늘게 뜨고 정원에서 수를 놓고 있다.

1240 **弥补** míbǔ   동 메우다. 보완하다.

请你给我一个机会让我弥补过失。
제 실수를 보완하도록 제게 기회를 한 번 주세요.

1241 **弥漫** mímàn   동 자욱하다. 가득하다.

整个房间弥漫着烟味。 모든 방이 연기로 가득 차 있다.

1242 **迷惑** míhuò   동 미혹되다. 현혹시키다.

他好像很迷惑。 그는 아무래도 미혹된 것 같다.

1243 **迷人** mírén　　　　　　　동 사람을 홀리다. 마음을 끌다.

济州岛的风光迷人。제주도의 풍광은 사람의 마음을 끈다.

1244 **迷信** míxìn　　　　　　　동 미신을 믿다.　　명 미신.

相信科学，不能迷信。과학을 믿고, 미신을 믿어서는 안 된다.

1245 **谜语** míyǔ　　　　　　　명 수수께끼.　　**L5**

他们俩在猜谜语。그들 둘은 수수께끼를 풀고 있다.

1246 **密度** mìdù　　　　　　　명 농도. 밀도.

这杯咖啡的密度很高。이 커피의 농도는 매우 진하다.

1247 **密封** mìfēng　　　　　　동 밀봉하다. 밀폐하다.　　형 밀봉한. 밀폐된.

写完了放进信封里密封起来。글을 다 쓰고 편지봉투에 넣고 밀봉하세요.

1248 **棉花** miánhua　　　　　　명 목화. 면화.　　**L5**

我的家乡是棉花产区。나의 고향은 면화생산지이다.

1249 **免得** miǎnde　　　　　　접 ~하지 않도록. ~않기 위해서.

早点出发，免得迟到。늦지 않도록 일찍 출발하세요.

1250 **免疫** miǎnyì　　　　　　동 면역이 되다.

常吃高丽红参可以提高免疫能力。
고려홍삼을 자주 먹으면 면역능력을 향상시킬 수 있다.

1251 **勉励** miǎnlì　　　　　　동 격려하다. 고무하다.

老师勉励大家努力学习。선생님은 모두들 열심히 공부하도록 격려하신다.

1252 **勉强** miǎnqiǎng 　　　형 간신히 ~하다. 가까스로 하다.
　　　　　　　　　　　　　　동 강요하다.

患者勉强站了起来。 환자는 간신히 일어섰다.
谁愿意去就去，我不勉强。 가고 싶은 사람은 가세요, 강요하지 않겠습니다.

1253 **面貌** miànmào 　　　명 용모. 생김새. 면모. 상황.

我要以新的面貌出现在大家面前。
나는 새로운 면모로 모두의 앞에 나타나려고 한다.

1254 **面子** miànzi 　　　명 체면. 면목.

老王很爱面子。 왕 씨는 체면을 매우 중시한다.

1255 **描绘** miáohuì 　　　동 그리다. 묘사하다.

在新政策的指引下，农民们开始描绘新未来。
새로운 정책의 지도 아래, 농민들은 새로운 미래를 그리고자 한다.

1256 **瞄准** miáozhǔn 　　　동 겨누다. 겨냥하다. 조준하다.　　Ⓝ

瞄准后再射击。 조준한 다음에 사격해라.

1257 **渺小** miǎoxiǎo 　　　형 미미하다. 매우 작다. 보잘것없다.

和他比起来，我们是多么渺小。 그와 비교하면 우리는 얼마나 미미한가.

1258 **蔑视** mièshì 　　　동 얕보다. 경멸하다. 업신여기다.　　Ⓝ

蔑视困难，但是要充分准备。 어려움은 얕보되, 충분한 준비를 해야 한다.

1259 **灭亡** mièwáng 　　　동 멸망하다. 소멸시키다.

那个国家已经开始走向灭亡。 그 나라는 이미 멸망의 길을 향해 나가고 있다.

1260 **蔑视** mièshì　　　　　동 멸시하다. 우습게 보다.

别蔑视敌人，要重视敌人。적을 얕보지 말고 적을 예의주시해야 한다.

1261 **民间** mínjiān　　　　　명 세상. 민간.

民间有很多有才华的人。세상에는 재능있는 사람이 많다.

1262 **民主** mínzhǔ　　　　　명 민주.
　　　　　　　　　　　　형 민주적이다.　　　　　L5

提倡民主，反对独裁。민주를 제창하고 독재를 반대한다.
我们公司一点都不民主。우리 회사는 조금도 민주적이지 않다.

1263 **敏捷** mǐnjié　　　　　형 민첩하다. 반응이 빠르다.

老人的动作仍然很敏捷。노인의 동작은 여전히 민첩하다.

1264 **敏锐** mǐnruì　　　　　형 예민하다. 예리하다. 날카롭다.

他的眼光很敏锐。그의 눈빛은 예리하다.

1265 **名次** míngcì　　　　　명 순위. 등수.

这次考试不排名次。이번 시험은 등수를 매기지 않는다.

1266 **名额** míng'é　　　　　명 정원. 인원 수.

这次晋升只有两个名额。이번 승진 인원은 단 두 명뿐이다.

1267 **名副其实** míngfù qíshí　　　성 명실상부하다. 명성과 실상이 서로 부합하다.

他是名副其实的美食家。그는 명실상부한 미식가이다.

1268 名誉 míngyù　　　명 명예. 명성.

一些嫉妒他的人，故意毁坏他的名誉。
그를 질투하는 사람들이 일부러 그의 명예를 훼손하고 있다.

1269 明明 míngmíng　　　부 분명히. 명백히.

今天明明是周三嘛。오늘은 분명히 수요일이잖아.

1270 明智 míngzhì　　　형 총명하다. 현명하다.　　**N**

这种做法很不明智。이런 방법은 정말로 현명하지 못한 것이다.

1271 命名 mìngmíng　　　동 명명하다. 이름 짓다.

公司的名字是以爷爷的名字命名的。
회사의 이름은 할아버지의 이름으로 지은 것이다.

1272 摸索 mōsuǒ　　　동 모색하다. 찾다.

我摸索着其他方法。나는 다른 방법을 모색 중이다.

1273 模范 mófàn　　　명 모범.

他当上劳动模范了。그는 모범 노동자에 당선되었다.

1274 模式 móshì　　　명 모식. 양식. 패턴.

他开始了一种新的生活模式。그는 새로운 생활 패턴을 시작하였다.

1275 模型 móxíng　　　명 모형.

儿子很喜欢摆弄汽车模型。아들은 자동차 모형을 갖고 노는 것을 좋아한다.

1276 膜 mó　　　명 막. 막과 같이 얇은 물질.

我想给我的手机贴张膜。 나는 내 휴대전화에 보호필름을 붙이고 싶다.

1277 **摩擦** mócā 동 마찰하다. 비비다.

两张铁片可以摩擦出火花。 철판 두 장을 마찰해 불꽃을 만들어낼 수 있다.

1278 **磨合** móhé 동 길들다. 적응하다. 조화하다.

所有夫妻都要经过磨合。 모든 부부는 적응을 거쳐야 한다.

1279 **魔鬼** móguǐ 명 귀신. 마귀. 악마.

世界上没有魔鬼。 세상엔 귀신이 없다.

1280 **魔术** móshù 명 마술.

我很喜欢看魔术表演。 나는 마술공연 보는 것을 좋아한다.

1281 **抹杀** mǒshā 동 말살하다. 삭제하다.

他的功劳被抹杀了。 그의 공로가 말살되었다.

1282 **莫名其妙** mòmíng qímiào 성 영문을 알 수 없다.

他说得莫名其妙。 그는 알아들을 수 없는 말을 한다.

1283 **墨水儿** mòshuǐr 명 먹물. 잉크.

你去买点墨水儿回来。 네가 가서 먹물을 좀 사와라.

1284 **默默** mòmò 부 묵묵히. 말없이.

他默默地祈祷qídǎo儿子和妻子平安回来。
그는 아들과 부인이 평안히 돌아오기를 묵묵히 기도한다.

1285 **谋求** móuqiú　　　　　⑧ 강구하다. 모색하다.

不要停留在小的收入上，要谋求更大的利益。
적은 수입에 머무르지 말고, 더욱 큰 이익을 모색해야 한다.

1286 **模样** múyàng　　　　　몡 모양. 모습.

那座大楼经过改造后，以新的模样出现在市民面前。
저 빌딩은 개조를 한 후, 새로운 모습으로 시민 앞에 나타날 것이다.

1287 **母语** mǔyǔ　　　　　몡 모국어.

汉语是我的母语。중국어는 나의 모국어이다.

1288 **目睹** mùdǔ　　　　　⑧ 직접 보다.

我亲眼目睹了事情的经过。나는 내 눈으로 직접 일의 경과를 목격했다.

1289 **目光** mùguāng　　　　　몡 시선. 눈길. 견해. 식견.

他的目光很迷茫。그의 시선이 흐리멍덩하다.

1290 **沐浴** mùyù　　　　　⑧ 흠뻑 젖다. 목욕하다.

树木们沐浴着阳光。수목들이 햇볕을 쬐고 있다.

1291 **拿手** náshǒu 형 어떤 기술에 뛰어나다. 능하다.

做中国菜我很拿手。나는 중국요리를 매우 잘 만든다.

1292 **纳闷儿** nàmènr 동 답답하다. 궁금하다.

她一个人在一边纳闷儿。그녀 혼자 한 쪽에서 답답해하고 있다.

1293 **耐用** nàiyòng 형 오래 쓸 수 있다. 질기다.

这个产品很耐用。이 상품은 오래 쓸 수 있다.

1294 **南辕北辙** nányuán běizhé 성 하는 행동과 목적이 상반되다.

这样做是南辕北辙的。이렇게 하는 것은 목적과 행동이 상반된 것이다.

1295 **难得** nándé 형 얻기 어렵다. ~하기 쉽지 않다.

难得大家聚在一起，今天来个一醉方休。
매우 힘들게 모두가 모였으니, 오늘은 코 삐뚤어지게 마시자.

1296 **难堪** nánkān 형 난감하다. 난처하다.

我不是故意让你难堪的。제가 일부러 당신을 난처하게 한 것이 아닙니다.

1297 **难能可贵** nánnéng kěguì 성 쉽지 않은 일을 해내어 대견스럽다.

这种精神难能可贵。이런 정신은 아주 기특하고 대견한 것이다.

1298 **恼火** nǎohuǒ 동 화내다. 노하다.

这个月的销售情况让老板很恼火。
이번 달 매출상황 때문에 사장님은 매우 화가 나셨다.

1299 **内涵** nèihán   몡 교양. 내포. 속뜻.

他是一个很有内涵的人。 그는 매우 교양 있는 사람이다.

1300 **内幕** nèimù   몡 내막. 속사정.

只有他知道事情的内幕。 그만이 일의 속사정을 안다.

1301 **内在** nèizài   혱 내재적인. 내재하는.

两个事情有内在的联系。 두 일에는 내재적인 관계가 있다.

1302 **能量** néngliàng   몡 에너지. 능력.

太阳的能量养活了地球上的万物。
태양에너지는 지구상의 만물을 자라게 한다.

1303 **拟定** nǐdìng   동 입안하다. 초안을 세우다.

拟定的草案在代表们投票同意后才能通过。
입안된 초안은 대표들의 투표 동의를 거친 후에 통과된다.

1304 **逆行** nìxíng   동 역행하다.

这条路上不能逆行。 이 길에서는 역주행을 할 수 없다.

1305 **年度** niándù   몡 연도.

本年度公司的情况很好。 올해 회사의 사정이 좋다.

1306 **捏** niē   동 (손으로) 집다. 빚다.

你捏疼我了。 네가 나를 꼬집어서 아파.

1307 **凝固** nínggù   동 응고하다. 굳어지다.

笑容突然凝固了。웃는 얼굴이 갑자기 굳어졌다.

1308 凝聚 níngjù
동 응집하다. 모으다. 맺히다.

这次大成功凝聚了大家的力量。이번 대성공이 모두의 역량을 모이게 했다.

1309 凝视 níngshì
동 주목하다.

他凝视着自己的心上人。그는 자신이 마음에 들어하는 사람을 주목하고 있다.

1310 拧 níng
동 꼬집다. 짜다. 비틀다.

老婆在他身上拧了一把。마누라가 그를 한 번 꼬집었다.

1311 宁肯 nìngkěn
부 차라리 ~할지언정.

我宁肯自己吃苦也不能让孩子受苦。
나는 차라리 내가 고생할지언정 아이를 고생시킬 수는 없다.

1312 宁愿 nìngyuàn
부 설령 ~할지라도.

我宁愿一个人去，也不愿意和他一起去。
내가 설령 혼자 갈지라도, 그와는 같이 가고 싶지 않다.

1313 扭转 niǔzhuǎn
동 교정하다. 바로잡다.

局面开始扭转。국면이 바로 잡히기 시작되었다.

1314 纽扣儿 niǔkòur
명 단추.

掉了一枚纽扣儿。단추가 한 개 떨어졌다.

1315 农历 nónglì
명 음력.

农民们使用农历。농민들은 음력을 사용한다.

1316 **浓厚** nónghòu 　　　　　　　　　　 혱 강하다. 짙다. 농후하다.

他学习汉语的兴趣很浓厚。그는 중국어 공부에 대한 흥미가 아주 강하다.

1317 **奴隶** núlì 　　　　　　　　　　 명 노예.

他创造了一个从一个奴隶到将军的奇迹般的人生。
그는 노예에서 장군이 되는 기적 같은 인생을 일궈냈다.

1318 **虐待** nüèdài 　　　　　　　　　　 통 학대하다.

我们不能虐待动物，要爱护动物。
우리는 동물을 학대해서는 안 되고 동물을 보호하고 사랑해야 한다.

1319 **挪** nuó 　　　　　　　　　　 통 옮기다. 움직이다.

麻烦你往前挪一下。죄송하지만 앞으로 옮겨주세요.

O

1320 **哦** ò 　　　　　　　　　　 감 아. 오.(어떤 사실이나 상황을 깨달았을 때 쓰임)

哦，我知道了。아. 알았어.

1321 **殴打** ōudǎ 　　　　　　　　　　 통 구타하다.

他被坏人殴打了。그는 나쁜 사람에게 구타를 당했다.

1322 **呕吐** ǒutù 　　　　　　　　　　 통 구토하다.

喝醉了的他不停地呕吐。그는 취해서 계속해서 구토했다.

1323 **偶像** ǒuxiàng 명 우상. N

他是我的偶像。그는 나의 우상이다.

1324 **趴** pā 동 엎드리다.

孩子趴在桌子上睡着了。아이는 책상에 엎드려 잠이 들었다.

1325 **排斥** páichì 동 배척하다.

两个东西互相排斥。두 개의 사물이 서로 배척한다.

1326 **排除** páichú 동 제거하다. 없애다.

他的死亡排除了他杀的可能。그의 죽음에서 타살의 가능성은 배제됐다.

1327 **排放** páifàng 동 배출하다. 방류하다.

河里不能随便排放废水。강에 함부로 폐수를 방류해서는 안 된다.

1328 **排练** páiliàn 동 리허설을 하다. 예행연습을 하다. N

演员们在排练节目。연기자들은 프로그램 리허설 중이다.

1329 **徘徊** páihuái 동 배회하다. 왔다갔다하다.

他一直在学校门口徘徊。그는 줄곧 학교 입구에서 배회하고 있다.

1330 **派别** pàibié 명 파별. 유파.

我和他不是一个派别。나와 그는 같은 파별이 아니다.

1331 **派遣** pàiqiǎn 동 파견하다.

公司要派遣几个技术骨干去攻克技术难题。
회사는 기술간부 몇 명을 파견해서 기술 난제를 극복하려고 한다.

1332 **攀登** pāndēng 동 등반하다.

队员们开始攀登新的高峰。 대원들은 새로운 고봉을 등반하기 시작한다.

1333 **盘旋** pánxuán 동 선회하다. 배회하다.

飞机在上空盘旋。 비행기가 상공에서 선회하고 있다.

1334 **判决** pànjué 동 판결하다. 선고하다.

离婚判决在下个星期。 이혼은 다음 주에 판결이 난다.

1335 **畔** pàn 명 가장자리. 부근.

几位老人在河畔散步。 몇몇 어르신들께서 강 부근에서 산책을 하신다.

1336 **庞大** pángdà 형 방대하다. 매우 크다.

整个工程很庞大。 모든 공정이 매우 방대하다.

1337 **抛弃** pāoqì 동 버리다. 포기하다.

她狠心地抛弃了自己的孩子。 그녀는 모질게 자신의 아이를 버렸다.

1338 **泡沫** pàomò 명 거품. 포말.

手上有很多泡沫。 손에 거품이 많다.

1339 **培育** péiyù 동 재배하다. 키우다.

农业学家们在**培育**新的品种。농업학자들이 새로운 품종을 재배하고 있다.

1340 **配备** pèibèi　　　　　图 배치하다. 두다.

学校给每个教授**配备**一台电脑。
학교는 각 교수들에게 컴퓨터를 한 대씩 배정했다.

1341 **配偶** pèi'ǒu　　　　　명 배필. 배우자.

这个签证可以邀请**配偶**来韩国居住。
이 비자는 배우자가 한국에 와서 거주하도록 초청할 수 있다.

1342 **配套** pèitào　　　　　图 하나의 세트로 만들다. 조립하다. 맞추다.

学校的**配套**设施不太好。학교의 부대시설은 그다지 좋지 않다.

1343 **盆地** péndì　　　　　명 분지.

大邱地处**盆地**。대구는 분지에 위치한다.

1344 **烹饪** pēngrèn　　　　　图 요리하다.

烹饪一些中国菜给我们尝尝。중국요리를 해서 우리에게 맛 좀 보여주세요.

1345 **捧** pěng　　　　　图 (두 손으로) 받쳐 들다. 받들다.

他**捧**着杯子喝茶。그는 두 손으로 잔을 받쳐 들고 차를 마신다.

1346 **批发** pīfā　　　　　图 도매하다.

他依靠**批发**水果为生。그는 과일 도매업을 해서 생업을 꾸려나간다.

1347 **批判** pīpàn　　　　　图 비판하다. 지적하다.

批判浪费，提倡节俭。낭비를 비판하고 근검절약을 제창하자.

1348 **劈** pī   图 쪼개다. 패다.

大山被那个神仙一刀劈成了两半。
큰 산이 저 신선의 칼 휘두름 한 번에 반으로 쪼개졌다.

1349 **皮革** pígé   图 피혁. 가죽.

这件衣服是皮革的。 이 옷은 가죽 제품이다.

1350 **疲惫** píbèi   图 대단히 피곤하다.

我忙了一天，现在很疲惫。 나는 온종일 바빠서 지금 너무 피곤하다.

1351 **疲倦** píjuàn   图 피곤하다. 지치다.

他看上去很疲倦。 그는 매우 지쳐 보인다.

1352 **屁股** pìgu   图 엉덩이. 둔부.

他一屁股坐在椅子上。 그는 (엉덩이로) 의자에 주저앉았다.

1353 **譬如** pìrú   图 예를 들다.

中国有很多大城市，譬如，北京、上海、广州。
중국에는 큰 도시가 많이 있는데, 예를 들면 베이징, 상하이, 광저우가 그렇다.

1354 **偏差** piānchā   图 편차. 오차.

要小心，不能有任何偏差。 어떠한 오차도 있어서는 안 되니까, 조심해야 해.

1355 **偏见** piānjiàn   图 편견. 선입견.

他对我有偏见。 그는 내게 편견을 가지고 있다.

1356 **偏僻** piānpì   图 외지다. 궁벽하다.

我的故乡是一个偏僻的山村。 나의 고향은 외떨어진 산촌이다.

1357 偏偏 piānpiān
튀 기어코. 일부러. 하필이면. 공교롭게.

我没有带伞，偏偏下起雨来。
나는 우산을 안 가져왔는데, 하필 비가 내리기 시작했다.

1358 片断 piànduàn
명 토막. 도막.

我只记住了几个片断，没有记住全部。
나는 단지 몇 토막만 기억하지 전부 기억나지는 않는다.

1359 片刻 piànkè
명 잠깐. 잠시.

稍等片刻，我马上就来。 잠시 기다리세요, 제가 곧 갈게요.

1360 漂浮 piāofú
동 (물이나 액체 위에) 뜨다. 표류하다.

落叶漂浮在水面上。 낙엽이 물 위에 떠있다.

1361 飘扬 piāoyáng
동 펄럭이다. 휘날리다.

国旗迎风飘扬。 국기가 바람에 휘날린다.

1362 撇 piě
동 입을 삐죽거리다. 내던지다.

孩子撇了撇嘴，像要哭。 아이는 입을 삐죽거리며 울려고 한다.

1363 拼搏 pīnbó
동 전력을 다해 분투하다.

生活是需要拼搏的。 생활은 전력을 다해야 한다.

1364 拼命 pīnmìng
동 죽기 살기로 하다. 필사적으로 하다.

她拼命往前跑。 그녀는 죽기 살기로 앞을 향해 뛴다.

1365 **贫乏** pínfá　　　　　　　　형 빈약하다. 빈궁하다. 가난하다.

我的历史知识很贫乏。나는 역사 지식이 빈약하다.

1366 **贫困** pínkùn　　　　　　　　형 빈곤하다. 곤궁하다.

中国还有很多贫困地区。중국에는 아직 빈곤지역이 많다.

1367 **频繁** pínfán　　　　　　　　형 잦다. 빈번하다.

他频繁地跟我借钱。그는 번번이 내게 돈을 빌린다.

1368 **频率** pínlǜ　　　　　　　　형 빈도수. 주파수.

他去酒吧的频率很高。그는 술집에 가는 빈도수가 높다.

1369 **品尝** pǐncháng　　　　　　　　동 맛보다.

这是我做的菜，请品尝。이것은 제가 만든 요리이니, 맛보세요.

1370 **品德** pǐndé　　　　　　　　명 품성.

品德高尚的人永远会被人爱戴。
품성이 고상한 사람은 영원히 사람들에게 추앙받을 것이다.

1371 **品质** pǐnzhì　　　　　　　　명 품성. 인품. 품질. 질.

热爱和平是人类的优秀品质。평화를 사랑하는 것은 인류의 우수한 품성이다.

1372 **品种** pǐnzhǒng　　　　　　　　명 제품의 종류. 품종.

我们引进了一些优良品种，今年肯定会有好收成。
우리가 우량품종을 들여왔으니, 올해는 분명히 좋은 성과가 있을 것이다.

1373 **平凡** píngfán　　　　　　　　형 평범하다. 보통이다.

老人的经历很不平凡。노인의 경력이 평범하지 않다.

1374 **平面** píngmiàn 몡 평면.

照片是平面的，不是立体的。사진은 평면이지 입체가 아니다.

1375 **平坦** píngtǎn 匓 평평하다.

那条路很平坦。저 길은 매우 평평하다.

1376 **平行** píngxíng 匓 평행의. 대등한. 동등한.

两条直线是平行的。두 개의 직선은 평행이다.

1377 **平庸** píngyōng 匓 평범하다. 그저 그렇다. Ⓝ

他觉得自己很平庸。그는 스스로 평범하다고 생각한다.

1378 **平原** píngyuán 몡 평원.

东北平原是中国的粮仓liángcāng。동북 평원은 중국의 식량 창고이다.

1379 **评估** pínggū 통 평가하다.

他们在评估他的房子。그들은 그의 집을 평가하고 있다.

1380 **评论** pínglùn 몡 평론. 논의. 통 평론하다. 논의하다.

他经常在报纸上发表评论。그는 자주 신문에 평론을 발표한다.

1381 **屏幕** píngmù 몡 영사막. 스크린(screen). Ⓒ

电脑屏幕坏了。컴퓨터 스크린이 고장 났다.

1382 **屏障** píngzhàng　　　　　명 장벽. 보호벽.

森林是城市的屏障。 삼림은 도시의 보호벽이다.

1383 **坡** pō　　　　　명 비탈. 언덕.

前面有个坡。 앞에 비탈이 있다.

1384 **泼** pō　　　　　동 뿌리다. 붓다.

你把脏水泼在路上吧。 더러운 물을 길가에 쏟아버려라.

1385 **颇** pō　　　　　부 꽤. 상당히.

雨下得颇大。 비가 꽤 많이 내린다.

1386 **迫不及待** pòbù jídài　　　　　성 일각도 지체할 수 없다.

孩子们迫不及待地打开了礼物。 아이들은 재빨리 선물을 열었다.

1387 **迫害** pòhài　　　　　동 박해하다.

地主迫害穷人。 지주가 가난한 사람을 박해한다.

1388 **破例** pòlì　　　　　동 상례를 깨다. 관례를 깨뜨리다.

他今天破例没有穿西装。 그는 오늘 상례를 깨고 양복을 입지 않았다.

1389 **魄力** pòlì　　　　　명 박력.

这样做需要很大的魄力。 이렇게 하려면 대단한 박력이 필요하다.

1390 **扑** pū　　　　　동 돌진하여 덮치다. 달려들다.

老虎向小鹿扑了过去。 호랑이는 어린 사슴을 향해 돌진했다.

1391 **铺** pū　　　　　　　　　　통 (평평하게) 펴다. 깔다.

我帮妈妈铺好床了。 나는 엄마를 도와 이부자리를 폈다.

1392 **朴实** pǔshí　　　　　　　형 소박하다. 꾸밈이 없다.

村庄的农民都很朴实。 농촌의 농민들은 모두 소박하다.

1393 **朴素** pǔsù　　　　　　　형 소박하다. 화려하지 않다.　　**L5**

她穿得很朴素。 그녀는 옷차림이 수수하다.

1394 **普及** pǔjí　　　　　　　통 보급되다. 확산되다.

科学家们在给农民普及农业科技。
과학자들은 농민에게 농업과학기술을 보급하고 있다.

1395 **瀑布** pùbù　　　　　　　명 폭포.

黄果树瀑布很有名。 황귀슈 폭포는 아주 유명하다.

1396 **凄凉** qīliáng　　　　　　형 처량하다. 처참하다.

他现在的处境很凄凉。 현재 그의 처지는 매우 처량하다.

1397 **期望** qīwàng　　　　　　명 희망. 기대.
　　　　　　　　　　　　　통 기대하다. 바라다.

不能辜负父母的期望。 부모의 기대를 저버려서는 안 된다.
他期望看到自己的女儿大学毕业。
그는 자기 딸이 대학을 졸업하는 것을 보고 싶어한다.

1398 **期限** qīxiàn　　　　　　　　명 기한. 시한.

明天是最后期限了。 내일이 최후의 기한이다.

1399 **欺负** qīfu　　　　　　　　동 능욕하다. 업신여기다.

大人不能欺负小孩儿。 어른이라고 어린아이를 업신여겨서는 안 된다.

1400 **欺骗** qīpiàn　　　　　　　동 속이다. 사기 치다.

我被他欺骗了。 나는 그에게 속았다.

1401 **齐全** qíquán　　　　　　　형 완전히 갖추다. 완비하다.

学校的设施很齐全。 학교의 시설은 모두 갖추어졌다.

1402 **齐心协力** qíxīn xiélì　　　　성 한마음 한뜻으로 함께 노력하다.

大家齐心协力攻克难关。 모두 한마음으로 난관을 극복한다.

1403 **奇妙** qímiào　　　　　　　형 기묘하다. 신기하다.

宇宙很奇妙。 우주는 매우 신기하다.

1404 **歧视** qíshì　　　　　　　　동 경시하다. 차별 대우하다.

你不能这样歧视穷人。 너는 이렇게 가난한 사람을 경시해서는 안 된다.

1405 **旗袍** qípáo　　　　　　　　명 치파오.

旗袍是中国传统服装。 치파오는 중국의 전통복장이다.

1406 **旗帜** qízhì　　　　　　　　명 기. 깃발. 모범. 귀감.

船上挂着韩国的旗帜。 배에 한국 깃발이 걸려있다.

1407 乞丐 qǐgài　　　　명 거지.

路上有几个乞丐。 길가에 거지가 몇 명 있다.

1408 岂有此理 qǐyǒu cǐlǐ　　　　성 어찌 이럴 수가 있단 말인가?

他竟然不认识我，岂有此理。
그가 뜻밖에도 나를 못 알아보다니, 어떻게 이럴 수가 있지?

1409 企图 qǐtú
동 의도하다. 기도하다. 도모하다.
명 의도. **L5**

他企图把别人的功劳抹杀掉。 그는 다른 사람의 공로를 몰살하려고 한다.
精明的司令员识破了敌人的企图。 훌륭한 사령관은 적의 의도를 알아차렸다.

1410 启程 qǐchéng　　　　동 출발하다. 길을 나서다.

快拿上行李，现在启程。 빨리 짐을 들어라, 지금 출발한다.

1411 启蒙 qǐméng　　　　동 계몽하다. **N**

你来启蒙一下这个电脑盲。 네가 나서서 이 컴맹을 좀 구제해주세요.

1412 启示 qǐshì
동 계시하다. 깨닫게 하다.
명 계시. 계몽.

这本书启示我们应该怎样度过自己的一生。
이 책은 우리가 어떻게 스스로의 일생을 살아야 하는지 알려준다.

这件事给了我们很多启示。 이 일은 우리에게 많은 계시를 주었다.

1413 启事 qǐshì　　　　명 광고. 공고.

孩子走丢了，着急的父母只好在各大媒体发布寻人启事。
아이를 잃어버려서, 다급해진 부모는 하는 수 없이 각 매체에 실종신고를 냈다.

1414 **起草** qǐcǎo 동 기초하다. 글의 초안을 작성하다.

基本细节已经协商完毕，你来负责起草合同吧。
기본적인 세부사항은 이미 협상을 마쳤으니, 네가 계약서 초안 작성을 책임져라.

1415 **起初** qǐchū 명 처음. 최초.

我起初不想去，现在又想去了。
나는 처음에는 가고 싶지 않았는데 지금은 또 가고 싶어졌다.

1416 **起伏** qǐfú 동 기복하다. 변화하다. 변동되다.

事情的发展有很多起伏。일의 발전에는 기복이 많다.

1417 **起哄** qǐhòng 동 소란을 피우다.

快走，别在这里起哄。여기서 소란 피우지 말고, 빨리 가자.

1418 **起码** qǐmǎ 형 기본적인. 최소한의.

他连最起码的道理也不知道。그는 가장 기본적인 도리조차 모른다.

1419 **起源** qǐyuán 명 기원.
동 기원하다.

你给我讲一下事情的起源。당신이 나에게 일의 기원에 대해 이야기해주세요.
这个故事起源于明代。이 이야기는 명대에서 기원한다.

1420 **气概** qìgài 명 기개.

他身上充满着英雄气概。그에게는 영웅의 기개가 넘친다.

1421 **气功** qìgōng 명 기공.

他教授弟子气功。그는 제자에게 기공을 전수한다.

1422 **气魄** qìpò 　　　　　　　명 기백. 패기.

有气魄才能成大事。패기가 있어야 큰일을 해낼 수 있다.

1423 **气色** qìsè 　　　　　　　명 안색. 혈색.

老人的气色很不错。노인의 안색이 아주 좋다.

1424 **气势** qìshì 　　　　　　　명 기세. 형세.

民族解放运动的气势席卷了全国。민족 해방운동의 기세가 전국을 휩쓸었다.

1425 **气味** qìwèi 　　　　　　　명 냄새.

房间里有气味，把窗户打开一下吧。방안에 냄새가 나니, 창문을 좀 열어라.

1426 **气象** qìxiàng 　　　　　　　명 기상.

明天要注意看气象预报。내일은 기상예보를 주의 깊게 봐야한다.

1427 **气压** qìyā 　　　　　　　명 기압.

高山地区气压很低。고산지역은 기압이 낮다.

1428 **气质** qìzhì 　　　　　　　명 기질. 자질. 기개.　　　　　**N**

一位气质高贵的夫人走了进来。기질이 고상한 부인 한 분이 들어왔다.

1429 **迄今为止** qìjīn wéizhǐ 　　　성 이전 어느 시점부터 지금에 이르기까지.

迄今为止，还没有人来过。지금까지는 아직 아무도 온 사람이 없다.

1430 **器材** qìcái 　　　　　　　명 기자재. 기재.

医院买进一些医疗器材。병원은 몇몇 의료기자재를 사들였다.

1431 器官 qìguān
명 기관.

眼睛是人体的重要器官。눈은 인체의 중요 기관이다.

1432 掐 qiā
동 (손가락으로) 꺾다. 꼬집다. 끊다.

他在来的路上掐了几朵花。그는 오는 길에 꽃 몇 송이를 꺾었다.

1433 洽谈 qiàtán
동 협의하다. 상담하다.

老总在和外商洽谈。사장님은 외국 바이어와 협의 중이시다.

1434 恰当 qiàdàng
형 알맞다. 타당하다.

我一时找不到恰当的词语。나는 잠시 적당한 단어를 찾지 못했다.

1435 恰到好处 qiàdào hǎochù
성 (말·행동 등이) 꼭 들어맞다. 적절하다.

他把女孩的长相描写得恰到好处。그는 여자아이의 외모를 잘 묘사했다.

1436 恰巧 qiàqiǎo
부 마침. 때마침.

我去的时候，恰巧他在家。내가 갔을 때, 마침 그는 집에 있었다.

1437 千方百计 qiānfāng bǎijì
성 갖은 방법을 다 써보다.

大家千方百计帮她解决生活困难。
모두 갖은 방법으로 그녀가 생활고를 해결하도록 도왔다.

1438 迁就 qiānjiù
동 타협하다. 끌려가다.

要严格要求，不能迁就。엄격하게 요구해야지 끌려가서는 안 된다.

1439 迁徙 qiānxǐ
동 옮겨가다.

候鸟hòuniǎo每年迁徙一次。철새는 매년 한 번씩 옮겨간다.

1440 **牵** qiān 　　　　　　　　　통 잡아끌다. 　　　**L5**

夫妻俩牵着狗散步。 부부 두 사람이 개를 끌고 산책한다.

1441 **牵扯** qiānchě 　　　　　　통 연루되다. 관련되다.

我不想牵扯太多人进来。 나는 많은 사람이 들어와 관련되는 것을 원치 않는다.

1442 **牵制** qiānzhì 　　　　　　통 견제하다. 방해하다.

资源不足牵制了当地的发展。 자원 부족이 이 지역의 발전을 방해했다.

1443 **谦逊** qiānxùn 　　　　　　형 겸손하다.

他虽然是一位很有成就的科学家，但是态度很谦逊。
그는 비록 저명한 과학자이지만 태도는 매우 겸손하다.

1444 **签署** qiānshǔ 　　　　　　통 정식 서명하다. 조인하다.

两家公司明天要签署重要协定。
두 회사는 내일 중요 협정에 정식 서명할 것이다.

1445 **前景** qiánjǐng 　　　　　　명 장래. 전망. 전경.

前景很乐观，但是需要大家的不懈努力。
장래가 낙관적이지만 여러분의 끊임없는 노력이 필요합니다.

1446 **前提** qiántí 　　　　　　명 전제. 전제조건. 선결조건.

妈妈让我看电视，前提是我要先做完作业。
엄마는 내가 TV 보는 것을 허락하는 조건은 내가 먼저 숙제를 다 끝내는 것이다.

1447 **潜力** qiánlì 　　　　　　명 잠재력.

人的潜力无穷无尽。 사람의 잠재력은 무궁무진하다.

1448 **潜水** qiánshuǐ 통 잠수하다.

他潜水下去捞lāo起了戒指。 그는 잠수해서 반지를 건져 올렸다.

1449 **潜移默化** qiányí mòhuà 성 은연중에 감화되다.

电影对观众起到了潜移默化的作用。
영화는 관중을 은연중에 감화시키는 작용을 했다.

1450 **谴责** qiǎnzé 통 비난하다. 질책하다.

我谴责这种不人道的行为。 나는 이런 비인도적인 행위를 비난한다.

1451 **强制** qiángzhì 통 강제하다. 강요하다.

他强制了人家选他当代表。
그는 다른 사람에게 그가 대표에 당선되어야 한다고 강요했다.

1452 **抢劫** qiǎngjié 통 강탈하다.

歹徒抢劫了银行。 악당이 은행을 강탈했다.

1453 **抢救** qiǎngjiù 통 서둘러 구호하다. 응급처치하다.

医疗队在全力抢救伤员。 의료팀이 전력을 다해 부상자를 구호하고 있다.

1454 **强迫** qiǎngpò 통 강요하다. 핍박하다.

是他自愿去的，没有人强迫他。
그가 스스로 원해서 간 것이지 누구도 그에게 강요하지 않았다.

1455 **桥梁** qiáoliáng 명 교량. 다리.

他是桥梁建造方面的专家。 그는 교량 건설 방면의 전문가이다.

1456 窍门 qiàomén
명 (문제를 해결할) 방법. 비결. 요령. **N**

本网站为您提供各种生活窍门。
본 사이트는 당신께 각종 생활의 요령을 제공합니다.

1457 翘 qiào
동 들리다. 휘다. 치켜들다.

兔子的尾巴翘着。 토끼의 꼬리가 치켜들려 있다.

1458 切实 qièshí
형 확실하다. 실제적이다.

那是一个切实可行的计划。 그것은 확실하고 실행 가능한 계획이다.

1459 锲而不舍 qiè'ér bùshě
성 나태함 없이 끈기 있게 끝까지 해내다.

凭着锲而不舍的精神，他取得了成功。
끈기 있는 정신으로 그는 성공을 얻어냈다.

1460 钦佩 qīnpèi
동 탄복하다. 경복하다.

他的魄力让人钦佩。 그의 패기에 사람들은 탄복했다.

1461 侵犯 qīnfàn
동 침범하다.

国家主权不容别国侵犯。 국가 주권은 다른 나라가 침범해서는 안 된다.

1462 侵略 qīnlüè
동 침략하다. **L5**

日本侵略过韩国。 일본은 한국을 침략한 적이 있다.

1463 亲密 qīnmì
형 관계가 좋다. 친밀하다. **N**

他很孤立，连一个亲密的朋友都没有。
그는 매우 고립적인 성격이라 친한 친구가 한 명도 없다.

1464 **亲热** qīnrè 형 친밀하고 다정스럽다.

俩人很亲热。두 사람은 친밀하고 다정스럽다.

1465 **勤俭** qínjiǎn 형 근검하다.

勤俭节约是中华民族的优秀品质。근검절약은 중화민족의 우수한 품성이다.

1466 **勤劳** qínláo 형 부지런히 일하다. **L5**

新媳妇很勤劳。신혼부부가 매우 부지런히 일한다.

1467 **倾听** qīngtīng 동 경청하다.

干部要倾听群众的意见。간부는 군중의 의견을 경청해야 한다.

1468 **倾向** qīngxiàng 명 경향. 추세.
동 기울다. 쏠리다. 편향되다.

台风有在台湾登陆的倾向。태풍이 대만에 상륙할 추세에 있다.
我们比较倾向于他的意见。우리는 비교적 거의 그의 의견에 따르는 편이다.

1469 **倾斜** qīngxié 형 기울다. 경사지다.

竹竿zhúgān向右倾斜。대나무 장대가 오른쪽으로 기울었다.

1470 **清澈** qīngchè 형 맑고 투명하다.

湖水很清澈。호수가 맑고 투명하다.

1471 **清晨** qīngchén 명 일출 전후의 시간. 새벽녘.

清晨的空气很清新。새벽녘의 공기는 매우 맑고 깨끗하다.

1472 **清除** qīngchú 동 깨끗이 없애다. 청소하다.

新的领导班子一上台就开始清除遗留问题。
새로운 지도부는 부임하자마자 남겨진 문제를 깨끗이 처리하기 시작하였다.

1473 **清洁** qīngjié   형 깨끗하다. 청결하다.

进行了扫除，厨房很清洁。청소를 했더니 주방이 깨끗하다.

1474 **清理** qīnglǐ   동 깨끗이 정리하다.

我清理电脑里的垃圾文件。나는 컴퓨터의 쓰레기 문건을 깨끗이 정리했다.

1475 **清晰** qīngxī   형 분명하다. 뚜렷하다.

新来的老师讲课很清晰。새로 오신 선생님은 매우 분명하게 강의하신다.

1476 **清醒** qīngxǐng   동 정신이 들다. 의식을 회복하다.

他昏迷了三天，终于清醒过来了。
그는 사흘 동안 정신을 잃었다가 마침내 깨어났다.

1477 **清真** qīngzhēn   형 이슬람교의.

韩国没有清真餐厅。한국에는 이슬람 음식점이 없다.

1478 **情报** qíngbào   명 정보.

这个小分队负责收集敌人的情报。
이 정예팀은 적의 정보를 수집하는 책임을 맡는다.

1479 **情节** qíngjié   명 줄거리. 경과.

故事的情节很曲折。이야기의 줄거리에 우여곡절이 아주 많다.

1480 **情理** qínglǐ   명 이치. 사리.

他不来是在情理之中的。그가 오지 않는 것은 일리가 있다.

1481 **情形** qíngxíng　　　　　圐 정황. 상황.

这种情形之下，我只好答应了。 이런 상황에서 나는 할 수 없이 허락했다.

1482 **晴朗** qínglǎng　　　　　圀 쾌청하다.

天气晴朗，适合外出。 날씨가 쾌청해서 외출하기에 적합하다.

1483 **请柬** qǐngjiǎn　　　　　圐 청첩장. 초대장.

只有他一个人没有收到请柬。 그 사람 혼자만 청첩장을 받지 못했다.

1484 **请教** qǐngjiào　　　　　통 가르침을 청하다.

请教你一个问题。 네게 한 가지 물어보고 싶은 것이 있어.

1485 **请示** qǐngshì　　　　　통 지시를 바라다. 물어보다.

这个问题需要请示领导。 이 문제는 지도자에게 지시를 청해야 한다.

1486 **请帖** qǐngtiě　　　　　圐 청첩장. 초대장.

我只给几个亲近的朋友发了请帖。
나는 단지 가까운 친구 몇 명에게만 청첩장을 보냈다.

1487 **丘陵** qiūlíng　　　　　圐 구릉. 언덕.

我的家乡地处丘陵地带。 내 고향은 구릉지대에 위치해 있다.

1488 **区分** qūfēn　　　　　통 구분하다.

我来了韩国半年了，还不能区分东南西北。
내가 한국에 온 지 반년이 되었지만, 아직도 동서남북을 잘 구분하지 못한다.

1489 **区域** qūyù　　　　　圐 구역. 지역.

手机信号达不到的区域，无法使用手机。
휴대전화 신호가 미치지 못하는 지역에서는 휴대전화를 사용할 수 없다.

1490 **曲折** qūzhé　　　　　　　　혱 곡절이 많다. 굽다.

他的生活经历很曲折。그의 생활 경험에 매우 곡절이 많다.

1491 **驱逐** qūzhú　　　　　　　　통 쫓아내다. 몰아내다.

坏人被驱逐出境。악인은 국경 밖으로 쫓겨났다.

1492 **屈服** qūfú　　　　　　　　통 굴복하다.

他从来不向困难屈服。그는 한 번도 어려움에 굴복한 적이 없다.

1493 **渠道** qúdào　　　　　　　　명 경로. 방법. 관개수로.

他在公司负责严格控制进货渠道。
그는 회사에서 수입물품의 경로를 엄격히 통제하는 일을 한다.

1494 **曲子** qǔzi　　　　　　　　명 가곡. 노래. 악보.

那支曲子很优美。그 가곡은 매우 아름답다.

1495 **取缔** qǔdì　　　　　　　　통 금지를 명하다. 단속하다.

取缔旧的体制，开始新的管理模式。
낡은 체제를 단속하고, 새로운 관리 형태를 시작하자.

1496 **趣味** qùwèi　　　　　　　　명 흥미. 흥취.

孩子们对任何新鲜的东西都趣味十足。
아이들은 무엇이든 새로운 것에 대해 흥미가 넘친다.

1497 **圈套** quāntào　　　　　　　　명 올가미. 계략. 꾀.

我中了坏人的圈套。나는 나쁜 놈의 계략에 걸려들었다.

1498 **权衡** quánhéng 동 비교하다. 따지다. 재다.

做决定之前要权衡一下得失。 결정하기 전에 득실을 한번 따져보아야 한다.

1499 **权威** quánwēi 명 권위. 권위자.

尊重权威，但是不迷信权威。 권위는 존중하되, 권위를 맹신하지는 않는다.

1500 **全局** quánjú 명 전체 국면. 형세.

考虑全局，同时不能忽略局部。
전체를 고려함과 동시에 부분적인 것도 소홀히 해서는 안 된다.

1501 **全力以赴** quánlì yǐfù 성 전력투구하다.

同学们都全力以赴准备高考。
학생들은 모두 전력투구해서 대입시험을 준비한다.

1502 **拳头** quántou 명 주먹.

爸爸的拳头比我大。 아빠의 주먹은 나보다 크다.

1503 **犬** quǎn 명 개.

狗也被称作"犬"。 개는 '犬'이라고 불리기도 한다.

1504 **缺口** quēkǒu 명 부족한 부분. 결함. 흠집.

公司的资金出现缺口。 회사의 자금이 부족하다.

1505 **缺席** quēxí 동 결석하다.

明天任何人都不得缺席。 내일은 어느 누구도 결석을 해서는 안 된다.

1506 **缺陷** quēxiàn 명 결함. 결점.

这款车设计上有缺陷。 이런 양식의 차는 설계 상의 결함이 있다.

1507 瘸 qué
형 절뚝거리다. 절름거리다.

小狗的腿瘸了。 강아지가 다리를 절뚝거린다.

1508 确保 quèbǎo
동 확보하다. 확실히 보장하다.

我们会确保按时完成任务的。
우리는 제때에 임무를 완성할 것을 확실히 보장합니다.

1509 确立 quèlì
동 확립하다. 수립하다.

他开始确立自己在组织里的地位。
그는 자신의 조직 내 지위를 확립하기 시작했다.

1510 确切 quèqiè
형 확실하다.

我们已经得到确切信息，新的总经理下星期上任。
우리는 이미 새로운 사장이 다음 주에 부임한다는 확실한 정보를 얻었다.

1511 确信 quèxìn
동 확신하다.

我确信他没有说谎。 나는 그가 거짓말을 하지 않았다고 확신한다.

1512 群众 qúnzhòng
명 대중. 군중.

不但要相信群众，而且要依靠群众。
군중을 신뢰할 뿐 아니라 군중에 의지해야 한다.

1513 染 rǎn
⑧ 염색하다.

他上周染头发了。그는 저번 주에 머리카락을 염색했다.

1514 嚷 rǎng
⑧ 큰 소리로 부르다. 외치다. **L5**

突然听到有人嚷了一声。갑자기 누군가 크게 소리 지르는 것을 들었다.

1515 让步 ràngbù
⑧ 양보하다.

双方都做出了让步。쌍방이 모두 양보를 이뤄냈다.

1516 饶恕 ráoshù
⑧ 용서하다.

饶恕我的罪过。저의 죄를 용서해주세요.

1517 扰乱 rǎoluàn
⑧ 혼란시키다. 어지럽히다.

带孩子出去，别扰乱我工作。
내 업무를 방해하지 말고, 아이를 데리고 나가세요.

1518 惹祸 rěhuò
⑧ 화를 초래하다. 일을 저지르다.

唉，孩子又惹祸了。아이고, 아이가 또 일을 저질렀네.

1519 热泪盈眶 rèlèi yíngkuàng
⑧ 뜨거운 눈물이 눈에 그렁그렁하다.

老人感动得热泪盈眶。노인은 감동해서 눈에 눈물이 그렁그렁하다.

1520 热门 rèmén
⑨ 인기 있는 것. 유행하는 것.

中文逐渐成了热门。중국어의 인기가 점점 높아지고 있다.

1521 **人道** réndào　　　　　　　　명 인도. 인간성. 인간애.

韩国给了北韩很多人道主义援助。
한국은 북한에게 많은 인도주의적 원조를 했다.

1522 **人格** réngé　　　　　　　　명 인격.

只有有健全人格的人才能当领导。
올바른 인격을 갖춘 사람이라야 리더가 될 수 있다.

1523 **人工** réngōng　　　　　　　형 인위적인. 인공의.　명 수공. 인력.

这个牌子的鞋都是人工制作。 이 상표의 신발은 모두 수제품이다.

1524 **人家** rénjia　　　　　　　　대 남. 타인. 어떤 사람.

人家不想去，就别逼人家了。
그 사람이 가고 싶어하지 않으면 그 사람에게 강요하지 마라.

1525 **人间** rénjiān　　　　　　　명 인간 사회. 세상.

老人尝尽了人间的冷暖。 노인은 세상의 박하고 후한 모든 것을 모두 맛보았다.

1526 **人士** rénshì　　　　　　　　명 인사.

一些有名人士一起出面要解决那件事情。
유명인사들이 같이 나서서 이 문제를 해결하려고 한다.

1527 **人为** rénwéi　　　　　　　　형 인위적인.
　　　　　　　　　　　　　　동 사람이 하다.

这些装饰品有些是人为的。 이런 장식품들은 좀 인위적이다.
别放弃，事在人为嘛。 포기하지 마, 일의 성공 여부는 사람하기에 달린 거야.

1528 **人性** rénxìng　　　　　　　　명 인성.

人性因物质而会有变化。 인성은 물질로 인해 변화하기도 한다.

1529 **人质** rénzhì 　　　　　　　　명 인질.

人质已经被解救出来。 인질은 이미 풀려났다.

1530 **仁慈** rénc픈 　　　　　　　　형 인자하다.

上帝总是仁慈的。 하느님은 늘 인자하시다.

1531 **忍耐** rěnnài 　　　　　　　　동 인내하다. 참다.

不太疼，你忍耐一下就可以。 그다지 아프지 않으니 조금만 참으면 된다.

1532 **忍受** rěnshòu 　　　　　　　　동 이겨내다. 참다. 견디다.

我再也忍受不了了。 나는 더 이상은 참을 수 없다.

1533 **认定** rèndìng 　　　　　　　　동 인정하다. 확신하다.

我认定那件事是他做的。 나는 그 일이 그가 한 것이라는 것을 확신한다.

1534 **认可** rènkě 　　　　　　　　동 승낙하다. 인가하다.

他的工作得到了上级的认可。 그가 하는 일은 상사의 승인을 받았다.

1535 **任命** rènmìng 　　　　　　　　동 임명하다.

他被任命为新的科研组长。 그는 새로운 과학연구 조장으로 임명되었다.

1536 **任性** rènxìng 　　　　　　　　형 제멋대로 하다.

孩子越来越任性。 아이가 점점 제멋대로 한다.

1537 **任意** rènyì 　　　　　　　　형 조건 없는. 임의의.

决定了的事情，不能任意更改。 결정된 일을 임의로 바꾸어서는 안 된다.

1538. **任重道远** rènzhòng dàoyuǎn 〚성〛 맡은 바 책임은 무겁고, 갈 길은 멀기만 하다. 책임이 무겁다.

革命工作，任重道远。혁명의 길은 멀고도 험하다.

1539. **仍旧** réngjiù 〚부〛 여전히. 변함없이.

他仍旧住在乡下。그는 여전히 시골에 산다.

1540. **日新月异** rìxīn yuèyì 〚성〛 나날이 새로워지다.

人民的生活日新月异。국민의 생활이 나날이 발전하고 있다.

1541. **日益** rìyì 〚부〛 날로. 나날이 더욱.

我国军队日益壮大。우리나라 군대는 나날이 강대해진다.

1542. **荣幸** róngxìng 〚형〛 매우 영광스럽다. **L5**

我很荣幸为您服务。저는 당신을 위해 일하게 되어 매우 영광입니다.

1543. **荣誉** róngyù 〚명〛 명예. 영예. **L5**

他为祖国赢得了荣誉。그는 조국을 위해 명예를 획득했다.

1544. **容貌** róngmào 〚명〛 용모. 생김새.

儿时的容貌已经发生了很大改变。
어렸을 때의 용모에는 이미 많은 변화가 생겼다.

1545. **容纳** róngnà 〚동〛 수용하다. 넣다.

这个箱子容纳不了那么多东西。이 상자는 그렇게 많은 것을 넣을 수 없다.

1546. **容器** róngqì 〚명〛 용기.

杯子是一种容器。컵은 일종의 용기이다.

1547 **容忍** róngrěn 동 용인하다. 참고 견디다.

我不会再容忍你这种行为。
나는 더 이상 너의 이런 행위를 용인하지 않을 것이다.

1548 **溶解** róngjiě 동 용해하다.

糖能溶解在水里。설탕은 물에서 녹는다.

1549 **融化** rónghuà 동 녹다. 융해되다. **L5**

雪已经开始融化了。눈이 벌써 녹기 시작했다.

1550 **融洽** róngqià 형 사이가 좋다. 조화롭다.

两个人的关系很融洽。두 사람의 관계가 매우 좋다.

1551 **柔和** róuhé 형 연하고 부드럽다. 온화하다.

房间里的灯光很柔和。방안의 조명이 매우 부드럽다.

1552 **揉** róu 동 비비다. 주무르다.

他揉着眼睛坐了起来。그는 눈을 비비며 앉았다.

1553 **儒家** rújiā 명 유가. 유학자. **N**

儒家思想影响了很多人。유가사상은 많은 사람에게 영향을 미쳤다.

1554 **若干** ruògān 대 약간. 조금.

公司进口了若干台机器。회사는 약간의 기계를 수입했다.

1555 **弱点** ruòdiǎn 명 약점. 단점.

没有耐心是他最大的弱点。인내심이 없는 것이 그의 가장 큰 약점이다.

1556 **撒谎** sāhuǎng　　　동 거짓말을 하다.

孩子已经学会撒谎了。 아이는 벌써 거짓말을 할 줄 안다.

1557 **散文** sǎnwén　　　명 산문.

朱自清的《荷塘月色》是一篇有名的散文。
주자청의《하당월색》은 유명한 산문이다.

1558 **散布** sànbù　　　동 퍼뜨리다. 유포하다.

是谁在散布谣言? 누가 유언비어를 유포한 거야?

1559 **散发** sànfā　　　동 퍼지다. 내뿜다.

很多人在街上散发传单。 많은 사람이 거리에서 전단지를 나눠주고 있다.

1560 **丧失** sàngshī　　　동 잃어버리다. 상실하다.

他已经丧失了理智。 그는 이미 이성을 상실했다.

1561 **骚扰** sāorǎo　　　동 소란을 피우다. 폐를 끼치다.

目前短信骚扰很多。 현재 문자메세지는 많은 문제를 일으키고 있다.

1562 **嫂子** sǎozi　　　명 형수.

我嫂子来了。 나의 형수가 왔다.

1563 **刹车** shāchē　　　동 브레이크를 밟다. 차를 세우다.

他来了个急刹车, 车就停在了路边。
그가 급브레이크를 밟자 차는 길가에 멈춰 섰다.

1564 **啥** shá　　　　　　　　　　㈜ 무엇. 무슨.(방언)

你想吃点儿啥？ 너는 무엇을 먹고 싶니?

1565 **筛选** shāixuǎn　　　　　　통 선별하다. (체로) 치다.

经过几轮筛选他终于进入了决赛。
몇 차례의 선발을 거쳐 그는 마침내 결선에 올라갔다.

1566 **山脉** shānmài　　　　　　명 산맥.

长白山山脉位于中国的东北地区。
창바이산 산맥은 중국의 동북지역에 위치한다.

1567 **闪烁** shǎnshuò　　　　　　통 번쩍번쩍하다.

前面有灯光闪烁。 앞에 있는 전등이 번쩍번쩍한다.

1568 **擅长** shàncháng　　　　　　통 뛰어나다. 잘하다.

孩子很擅长舞蹈。 아이는 춤을 매우 잘 춘다.

1569 **擅自** shànzì　　　　　　부 자기 멋대로. 독단적으로.

任何人不得擅自行动。 누구든지 자기 멋대로 행동해서는 안 된다.

1570 **伤脑筋** shāng nǎojīn　　　　골치를 앓다.

孩子的成绩真让父母伤脑筋。 아이의 성적은 정말 부모를 골치 아프게 한다.

1571 **商标** shāngbiāo　　　　　　명 상표.

那个商标已经被注册了，未经许可不得使用。
그 상표는 이미 등록되어서, 허락 없이는 사용할 수 없다.

1572 **上级** shàngjí　　　　　　명 상급. 상급자. 상사.

我是他的上级。 나는 그의 상급자이다.

1573 **上进** shàngjìn 통 향상하다. 진보하다. **C**

学生们都很上进。학생들이 모두 매우 진취적이다.

1574 **上任** shàngrèn 통 부임하다. 취임하다.

新的部长已经上任了。새로운 부장이 이미 부임했다.

1575 **上瘾** shàngyǐn 통 중독되다. 인이 박이다.

这个电视剧越看越上瘾。이 드라마는 볼수록 빠져든다.

1576 **上游** shàngyóu 명 (강의) 상류.

重庆地处长江上游。충칭은 창장의 상류에 있다.

1577 **尚且** shàngqiě 접 ~조차 ~한데. 그럼에도 불구하고. **N**

孩子尚且知道这个道理，何况大人呢?
아이조차 이 도리를 아는데, 하물며 어른은요?

1578 **捎** shāo 통 인편에 보내다.

妈妈给我捎来了衣服。엄마는 인편으로 나에게 옷을 보내셨다.

1579 **梢** shāo 명 (나무 등 가늘고 긴 물건의) 끝. 끝부분.

树梢随风摇摆。나무의 끝부분이 바람에 따라 흔들렸다.

1580 **哨** shào 명 호루라기. 보초.

他很喜欢吹哨。그는 호루라기 부는 것을 매우 좋아한다.

1581 **奢侈** shēchǐ 형 사치하다. 낭비하다.

他的生活很奢侈。그의 생활은 매우 사치스럽다.

1582 **舌头** shétou 　　　　　　명 혀.

舌头上有一根鱼刺。혀에 생선가시가 하나 박혔다.

1583 **设立** shèlì 　　　　　　동 설립하다.

学校设立了新的学科。학교는 새로운 학과를 설립했다.

1584 **设想** shèxiǎng 　　　　　　동 가상하다. 상상하다.

你设想一下接下来会有什么事情发生。
다음에 어떤 일이 발생할지 상상해보세요.

1585 **设置** shèzhì 　　　　　　동 설립하다. 세우다.

文件格式发生了改变，要重新设置。
문서형식에 변화가 생겨 다시 설치해야 한다.

1586 **社区** shèqū 　　　　　　명 지역사회. 공동체.

新的社区，新的风气。새로운 지역사회의 새로운 분위기.

1587 **涉及** shèjí 　　　　　　동 관련되다. 연루되다.

这个问题涉及到三个部门。이 문제는 세 부문과 관련되어 있다.

1588 **摄氏度** shèshìdù 　　　　　　양 섭씨(온도).

今天17摄氏度。오늘은 섭씨 17도이다.

1589 **申报** shēnbào 　　　　　　동 서면으로 보고하다.

现在开始申报国家科研基金。
이제 국가과학연구기금에 대한 보고를 시작하겠습니다.

1590 **呻吟** shēnyín 　　　　　　동 신음하다.

疼得他一直在呻吟。그는 아파서 줄곧 신음한다.

1591 **绅士** shēnshì 　　　　　　　명 신사.

他一直把自己装扮成一个绅士，背地里去做着肮脏āngzhāng的勾当。
그는 줄곧 자신이 신사인 척하면서, 뒤에 가서는 더러운 수작을 부린다.

1592 **深奥** shēn'ào 　　　　　　　형 심오하다. 깊다.

道理很深奥，孩子们还不懂。
이치가 매우 심오해서 아이들은 아직도 이해를 못 한다.

1593 **深沉** shēnchén 　　　　　　형 내색하지 않다. 침착하고 신중하다.

老人的目光很深沉。 노인의 시선이 매우 침착하고 신중하다.

1594 **深情厚谊** shēnqíng hòuyì 　　성 깊고 돈독한 정.

我们忘不了你们的深情厚谊。 우리는 너희의 따뜻한 인정을 잊을 수 없다.

1595 **神经** shénjīng 　　　　　　　명 신경.

神经被切除了。 신경을 잘라내었다.

1596 **神奇** shénqí 　　　　　　　　형 신기하다. 기묘하다.

这个家族里有这么多双胞胎，真神奇。
이 가족에 이렇게 많은 쌍둥이가 있다니 정말 신기하다.

1597 **神气** shénqì 　　　　　　　　형 으스대다. 뽐내다.
　　　　　　　　　　　　　　　　형 활기차다.

现在你还神气吗? 지금까지도 너 으스대는 거니?
他走起路来很神气。 그는 길을 매우 활기차게 걷는다.

1598 **神圣** shénshèng 　　　　　　형 신성하다. 성스럽다.

这里是很神圣的场所。 이곳은 매우 신성한 장소이다.

1599 **神态** shéntài　　　　　명 표정과 태도.

老人的神态很安详。 노인의 표정과 태도가 점잖다.

1600 **神仙** shénxiān　　　　명 신선. 성인.

他们过着神仙一样的日子。 그들은 신선과 같은 나날을 보내고 있다.

1601 **审查** shěnchá　　　　　동 심사하다.

他愿意接受组织审查。 그는 조직 심사를 받기를 원한다.

1602 **审理** shěnlǐ　　　　　동 심리하다. 심사하여 처리하다.

这些案件交给有经验的警察审理。
이 안건들은 경험있는 경찰에게 넘겨 심사한다.

1603 **审美** shěnměi　　　　명 심미. 안목.
　　　　　　　　　　　형 심미적.
　　　　　　　　　　　동 아름다움을 감상하고 평가하다.

他还算有点儿审美力! 그 사람 안목이 좀 있네!
他真有审美的眼光。 그는 정말 심미적인 안목을 갖고 있다.
他不会审美，你就别问他的意见了。
그는 아름다움을 감상할 줄 모르니, 그의 의견을 물어보지도 마라.

1604 **审判** shěnpàn　　　　　동 재판하다. 심판하다.

犯人们下周开始接受审判。 범인들은 다음 주에 심판을 받기 시작한다.

1605 **渗透** shèntòu　　　　　동 스며들다. 투과하다.

脏水渗透了进来。 더러운 물이 스며들어 왔다.

1606 **慎重** shènzhòng　　　　형 신중하다.

他是一个做事儿慎重的人。 그는 일을 신중히 하는 사람이다.

1607 **生存** shēngcún 　　　　　명 생존.
　　　　　　　　　　　　　　 동 생존하다.

我们找到他们的时候，他们只靠一点粮食维持生存。
우리가 그들을 발견했을 때, 그들은 약간의 양식으로 생존을 유지하고 있었다.
地球上生存着很多物种。지구에 많은 생물 종이 생존하고 있다.

1608 **生机** shēngjī 　　　　　명 생기. 생명력.

春天来了，一切都充满生机。봄이 와서, 모든 것에 생기가 넘친다.

1609 **生理** shēnglǐ 　　　　　명 생리.

打喷嚏是一种生理反应。재채기를 하는 것은 일종의 생리반응이다.

1610 **生疏** shēngshū 　　　　형 생소하다. 낯설다.

我刚来不久，对这里的一切都很生疏。
내가 온 지 얼마 되지 않아, 이곳의 모든 것이 다 낯설다.

1611 **生态** shēngtài 　　　　　명 생태.

生态环境已经被破坏。생태 환경은 이미 파괴되었다.

1612 **生物** shēngwù 　　　　　명 생물. 생물학.

地球上生存着无数生物。지구에는 무수한 생물이 살고 있다.

1613 **生肖** shēngxiāo 　　　　명 사람의 띠.　　　　　　Ⓝ

中国有十二生肖。중국에는 12가지 띠가 있다.

1614 **生效** shēngxiào 　　　　동 효력이 발생하다. 효과가 나타나다.

新的法律明年一月生效。새로운 법률은 내년 1월에 효력이 발생한다.

1615 **生锈** shēngxiù 통 녹이 슬다.

菜刀长时间不用,已经生锈了。
식칼을 장시간 사용하지 않아서 녹이 슬어버렸다.

1616 **生育** shēngyù 통 출산하다. 아이를 낳다.

妈妈生育了我们五个孩子。엄마는 우리 다섯 아이를 출산하셨다.

1617 **声明** shēngmíng 통 성명하다.

反政府组织发表声明对那个事件负责。
반정부 조직은 그 사건에 대한 책임을 성명한다고 발표하였다.

1618 **声势** shēngshì 명 명성과 위세.

反对独裁统治的声势很浩大。독재 통치에 반대하는 위세가 대단하다.

1619 **声誉** shēngyù 명 명성. 명예.

他的声誉因为那个事件而毁坏了。그의 명성이 그 일로 인해 훼손되었다.

1620 **牲畜** shēngchù 명 가축.

农家原来饲养的很多牲畜现在都被机器代替了。
농가에서 원래 기르던 많은 가축들은 지금 모두 기계로 대체되었다.

1621 **省会** shěnghuì 명 성도. 성(省) 소재지.

石家庄是河北省省会。스지아좡은 허베이 성의 성도이다.

1622 **胜负** shèngfù 명 승부. 승패.

两个队没有分出胜负。두 팀은 승패가 갈리지 않았다.

1623 **盛产** shèngchǎn 통 (대량으로) 생산하다.

南海盛产石油。 남해는 석유를 대량으로 생산한다.

1624 **盛开** shèngkāi 동 활짝 피다. 만개하다.

海南岛鲜花盛开的时候，哈尔滨还是冰天雪地。
하이난다오에 꽃이 만개했을 때, 하얼빈은 여전히 한겨울이다.

1625 **盛情** shèngqíng 명 두터운 정. 후의.

感谢你的盛情款待。 당신의 두터운 정이 담긴 접대에 감사드립니다.

1626 **盛行** shèngxíng 동 성행하다.

最近感冒病毒盛行。 최근 감기 바이러스가 성행한다.

1627 **尸体** shītǐ 명 시체.

大家含着泪水埋葬了战友的尸体。
모두 눈물을 머금고 전우의 시체를 매장했다.

1628 **失事** shīshì 동 (의외의 사고가) 발생하다. Ⓝ

一架飞机失事了。 한 비행기에 의외의 사고가 발생했다.

1629 **失误** shīwù 명 실수.
동 실수를 하다.

认真准备，减少失误。 열심히 준비하여 실수를 줄이자.
我不小心又失误了一次。 나는 부주의하여 또 한 번 실수를 했다.

1630 **失踪** shīzōng 동 실종되다.

孩子失踪两天了。 아이가 실종된 지 이틀 되었다.

1631 **师范** shīfàn 명 사범대학. 모범. 본보기.

她在师范大学上学。 그녀는 사범대학에 다닌다.

1632 **施加** shījiā　　　　　　　　⑧ (압력이나 영향 등을) 주다.

别再对他施加压力了。다시는 그에게 스트레스를 주지 마.

1633 **施展** shīzhǎn　　　　　　　⑧ 발휘하다. 보이다.

大家各自施展自己的技能，解决技术难题。
모두 각자 자신의 기술과 능력을 발휘해 기술 난제를 해결하자.

1634 **十足** shízú　　　　　　　　⑱ 충분하다. 충족하다.

他穿的衣服韩国味儿十足。그가 입은 옷은 한국 분위기가 넘친다.

1635 **石油** shíyóu　　　　　　　　⑲ 석유.

有很多国家在南海开采石油。많은 국가가 지금 남해에서 석유를 채굴 중이다.

1636 **时常** shícháng　　　　　　　⑭ 늘. 자주. 항상.

他时常不在家。그는 자주 집에 없다.

1637 **时而** shí'ér　　　　　　　　⑭ 때때로. 이따금.

时而刮风时而下雨。때때로 바람이 불다가 때때로 비가 온다.

1638 **时光** shíguāng　　　　　　　⑲ 시기. 시간. 세월.

童年时光让人怀念。사람들은 어린 시절을 그리워한다.

1639 **时机** shíjī　　　　　　　　　⑲ 시기. 기회. 때.

我们借助好时机，加快发展。우리 좋은 기회를 틈타 발전을 가속화하자.

1640 **时事** shíshì　　　　　　　　⑲ 시사.

他很关心时事。그는 시사에 매우 관심있다.

1641 **识别** shíbié　　　　　　　　동 식별하다. 변별하다.

电脑无法**识别**新的硬件。컴퓨터가 새로운 하드웨어를 식별하지 못한다.

1642 **实惠** shíhuì　　　　　　　　명 실리. 실익.
　　　　　　　　　　　　　　　형 실질적이다. 실용적이다.

新的政策给了他很多**实惠**。새로운 정책은 그에게 많은 이익을 주었다.
这个价格很**实惠**。이 가격은 실질적이다.

1643 **实力** shílì　　　　　　　　　명 실력.

他的成功凭的是**实力**。그의 성공이 기댄 것은 실력이다.

1644 **实施** shíshī　　　　　　　　동 실시하다. 실행하다.

新的措施**实施**不久就被废弃了。
새로운 조치는 시행된 지 얼마 되지 않아 폐기되었다.

1645 **实事求是** shíshì qiúshì　　　성 실사구시. 사실을 토대로 하여 진리를 탐구하다.

做事情要**实事求是**。일을 할 때는 실사구시해야 한다.

1646 **实行** shíxíng　　　　　　　　동 실행하다.　　　　　　　　L5

大会通过决议决定**实行**新的规章制度。
대회의에서 결의를 통해 새로운 규정을 실행하기로 결정했다.

1647 **实质** shízhì　　　　　　　　명 실질. 본질.

这不是问题的**实质**。이것은 문제의 본질이 아니다.

1648 **拾** shí　　　　　　　　　　동 줍다. 집다.

孩子在马路边**拾**了一个钱包。아이는 길가에서 지갑 하나를 주웠다.

1649 **使命** shǐmìng　　　몡 사명. 명령.

保卫祖国是士兵的神圣使命。조국을 보위하는 것은 사병의 신성한 사명이다.

1650 **示范** shìfàn　　　몡 시범.
　　　　　　　　　　　동 시범하다.

他先给做了示范。그는 먼저 시범을 보였다.
我给你示范一下，你跟着做。내가 시범을 보일 테니, 너는 따라서 해.

1651 **示威** shìwēi　　　동 시위하다.
　　　　　　　　　　　몡 시위. 데모.

很多人在门口示威。많은 사람이 입구에서 시위를 한다.
反政府示威被镇压了。반정부 시위가 진압되었다.

1652 **示意** shìyì　　　동 뜻을 표시하다.

我一直示意他该结束演讲了。
나는 계속 그에게 강연을 끝내야 한다고 알려주었다.

1653 **世代** shìdài　　　몡 세대. 연대.

我们家世代务农。우리 집은 대대에 걸쳐 농업에 종사했다.

1654 **势必** shìbì　　　 부 반드시. 꼭. 필연코.

这样发展下去，公司势必倒闭。이대로 나간다면 회사는 분명 도산할 것이다.

1655 **势力** shìlì　　　몡 세력.

一股新的敌对势力开始蔓延。새로운 적대 세력이 만연하기 시작했다.

1656 **事故** shìgù　　　몡 사고.

前面发生了一起交通事故。앞에 교통사고가 한 건 발생했다.

1657 **事迹** shìjì　　　　　　　명 사적.

他的先进事迹值得大家学习。그의 선진 사적은 모두가 본받을 만하다.

1658 **事件** shìjiàn　　　　　　명 사건.

自从那次撞车事件以后，他再没有开过车。
지난 번 차 사고 이후로 그는 다시는 운전을 하지 않는다.

1659 **事态** shìtài　　　　　　　명 사태. 정황.

我们时刻关注事态的发展。
우리는 시시각각 사태의 추이를 관심있게 지켜보고 있다.

1660 **事务** shìwù　　　　　　　명 사무. 업무.

他负责一些事务性工作。그는 사무적인 일을 책임진다.

1661 **事项** shìxiàng　　　　　　명 사항.

这个问题不是今天会议要讨论的事项。
이 문제는 오늘 회의에서 토론해야 할 사항이 아니다.

1662 **事业** shìyè　　　　　　　명 사업.

他事业成功，生活幸福。그는 사업이 성공하여 생활이 행복하다.

1663 **试图** shìtú　　　　　　　동 시도하다. 계획하다.

他试图跨过那条水沟。그는 그 물웅덩이를 건너려고 시도했다.

1664 **试验** shìyàn　　　　　　　동 시험하다. 실험하다.

试验一下就知道可行不可行了。실험을 해보면 바로 가능 여부를 알 수 있다.

1665 **视力 shìlì** 명 시력.

视力下降不少。시력이 많이 떨어졌다.

1666 **视频 shìpín** 명 동영상. **N**

视频授课很受欢迎。동영상 수업은 인기가 많다.

1667 **视线 shìxiàn** 명 시선. 눈길.

前面的大树挡住了我的视线。앞의 큰 나무가 나의 시선을 가로막았다.

1668 **视野 shìyě** 명 시야. 시계.

草原上的视野很宽阔。초원 위의 시야가 광활하다.

1669 **是非 shìfēi** 명 말다툼. 시비. 잘잘못.

她喜欢搬弄是非。그녀는 말다툼을 조장하는 것을 좋아한다.

1670 **适宜 shìyí** 형 알맞다.
동 적합하다. 적절하다.

昆明一年四季气候适宜。쿤밍은 일 년 사계절의 기후가 알맞다.
这里的气候适宜茶叶生长。이곳의 기후는 찻잎 생장에 적합하다.

1671 **逝世 shìshì** 동 서거하다.

今天是爷爷逝世五周年。오늘은 할아버지가 돌아가신 지 5주년이 되는 날이다.

1672 **释放 shìfàng** 동 방출하다. 내보내다. 석방하다.

太阳每天都释放很多能量出来。태양은 매일 많은 양의 에너지를 방출해낸다.

1673 **收藏 shōucáng** 동 수장하다. 소장하다.

爸爸收藏了很多古代书籍。아버지는 고대 서적을 많이 소장하고 계시다.

1674 **收缩** shōusuō　　　　　　圄 수축하다. 축소하다.

乌龟的头收缩进了壳里。거북이의 머리가 껍데기 안으로 수축하여 들어갔다.

1675 **收益** shōuyì　　　　　　圄 수익. 이득.

实行新的工作制度后，公司收益增加了。
새로운 작업제도를 실시한 후 회사는 수익이 증가했다.

1676 **收音机** shōuyīnjī　　　　圄 라디오.

爷爷很爱听收音机。할아버지는 라디오 청취를 아주 좋아하신다.

1677 **手法** shǒufǎ　　　　　　圄 기교. 수법.

这种毛衣的编织手法很简单。이런 스웨터를 짜는 기술은 매우 간단하다.

1678 **手势** shǒushì　　　　　　圄 손짓. 손동작.

这个手势表示结束。이 손짓은 끝난 것을 나타낸다.

1679 **手艺** shǒuyì　　　　　　圄 손재간. 수공 기술.

老婆做饭的手艺很不错。마누라의 음식솜씨는 매우 훌륭하다.

1680 **守护** shǒuhù　　　　　　圄 지키다. 수호하다.

他守护了病人三天了。그가 환자를 돌본 지도 사흘이 되어간다.

1681 **首饰** shǒushì　　　　　　圄 머리 장식품. 장신구.　　**N**

妈妈从来不佩戴首饰。엄마는 지금까지 악세서리를 차보신 적이 없다.

1682 首要 shǒuyào
형 가장 중요하다.

努力学习是学生的首要任务。
열심히 공부하는 것은 학생의 가장 중요한 임무이다.

1683 受罪 shòuzuì
동 고생하다. 벌을 받다.

在这里待着简直是在受罪。이곳에서 머무르는 것은 정말로 고생이다.

1684 授予 shòuyǔ
동 수여하다. 주다.

他完成了全部学业，学校决定授予他博士学位。
그는 모든 학업을 마쳤고, 학교는 그에게 박사학위를 수여할 것을 결정했다.

1685 书法 shūfǎ
명 서예. 서법. 서도.

我想利用这个暑假学习书法。
나는 이번 여름방학을 이용해 서예를 배우고 싶다.

1686 书籍 shūjí
명 서적. 책.

每个学生都应该爱护图书馆里的书籍。
모든 학생은 모두 도서관의 서적을 소중히 여겨야 한다.

1687 书记 shūjì
명 서기.

他是党组书记，有什么事情可以找他。
그는 당의 서기이니 무슨 일이 있으면 그를 찾으면 된다.

1688 书面 shūmiàn
명 서면.

明天每人要提交一份书面报告。
내일 모두가 서면 보고서를 한 부씩 제출해야 한다.

1689 舒畅 shūchàng
형 상쾌하다. 유쾌하다.

济州岛的新鲜空气让大家心情很舒畅。
제주도의 신선한 공기는 모두의 기분을 상쾌하게 한다.

1690 **疏忽** shūhū
통 소홀히 하다.
형 부주의하다.

他只顾做生意，疏忽了孩子的学习。
그는 단지 사업에만 신경 쓰고 아이의 공부를 소홀히 했다.

我有点儿疏忽大意了，对不起。내가 좀 부주의했어, 미안해.

1691 **疏远** shūyuǎn
형 소원하다.
통 멀리하다.

两个人的关系很疏远。두 사람의 관계가 소원하다.

他故意在疏远我。그는 일부러 나를 멀리하고 있다.

1692 **束** shù
통 묶다. 매다.
양 묶음.(한데 묶인 물건을 셀 때 쓰임)

她用发带把头发束了起来。그녀는 머리끈으로 머리카락을 묶었다.

他手捧着一束鲜花，在路边等待女朋友的到来。
그는 손에 생화 한 묶음을 들고 길에서 여자친구가 오기를 기다린다.

1693 **束缚** shùfù
통 구속하다. 속박하다.

我们要摆脱旧束缚。우리는 오래된 속박에서 벗어나야 한다.

1694 **树立** shùlì
통 수립하다. 세우다.

他为我们树立了榜样，我们要向他学习。
그는 우리를 위해서 모범을 세웠으니, 우리는 그를 본받아야 한다.

1695 **竖** shù
통 똑바로 세우다. 형 수직의. 세로의.

门口竖着一杆旗。입구에 깃발 하나가 세워져 있다.

1696 **数额** shù'é　　　　　　　　명 일정한 수. 액수.

公司给我们拨发了一定数额的活动经费。
회사는 우리에게 일정한 액수의 활동 경비를 배부했다.

1697 **耍** shuǎ　　　　　　　　동 수단을 부리다. 놀리다.

别在这里耍流氓liúmáng。여기에서 나쁜 짓을 하지 마세요.

1698 **衰老** shuāilǎo　　　　　　형 노쇠하다.

他看上去很衰老。그는 매우 노쇠해 보인다.

1699 **衰退** shuāituì　　　　　　동 쇠퇴하다. 쇠약해지다.

记忆力开始衰退。기억력이 쇠퇴하기 시작한다.

1700 **率领** shuàilǐng　　　　　　동 인솔하다. 이끌다.

几位老教授率领大家搞科研。
몇 분의 나이드신 교수님께서 모두를 이끌고 과학연구를 한다.

1701 **涮火锅** shuàn huǒguō　　　샤부샤부를 하다. 샤부샤부를 먹다.

今晚我们涮火锅。오늘 저녁 우리 샤부샤부를 해먹자.

1702 **双胞胎** shuāngbāotāi　　　명 쌍둥이.

他和哥哥是双胞胎。그와 형은 쌍둥이이다.

1703 **爽快** shuǎngkuài　　　　　형 시원시원하다. 호쾌하다.

他爽快地答应了。그는 호쾌하게 대답했다.

1704 **水利** shuǐlì　　　　　　　　명 수리. 수리사업.

三峡水利工程是本世纪世界最大的工程之一。
싼샤 수리공정은 이번 세기에 세계에서 가장 큰 공정 중 하나이다.

1705 **水龙头** shuǐlóngtóu 명 수도꼭지.

用完水要关紧水龙头。물을 다 쓰면 수도꼭지를 꽉 잠궈야 한다.

1706 **水泥** shuǐní 명 시멘트.

那座建筑几乎没有使用水泥。저 건축물은 시멘트를 거의 사용하지 않았다.

1707 **瞬间** shùnjiān 명 순간. 눈 깜짝하는 사이. **N**

雾气瞬间消失了。안개가 순식간에 사라졌다.

1708 **司法** sīfǎ 명 사법.

法院是国家的司法机关。법원은 국가의 사법기관이다.

1709 **司令** sīlìng 명 사령. 사령관.

去把这件事儿报告给司令！가서 이 일을 사령관에게 보고해라!

1710 **私自** sīzì 부 사적으로. 비밀리에.

他私自动用国家财物。그는 국가 재산을 사적으로 가져다 쓴다.

1711 **思念** sīniàn 동 그리워하다.

我思念远在家乡的亲人。나는 멀리 고향에 있는 친척이 그립다.

1712 **思索** sīsuǒ 동 사색하다.

他不加思索就做了决定。그는 깊이 생각하지 않고 바로 결정했다.

1713 **思维** sīwéi 　　　　　　명 사유.

他现在思维很混乱。 그는 지금 생각이 매우 혼란스럽다.

1714 **斯文** sīwen 　　　　　　형 우아하다. 고상하다. 점잖다.

他说话做事都很斯文。 그는 말과 행동이 모두 고상하다.

1715 **死亡** sǐwáng 　　　　　　명 사망. 멸망.
　　　　　　　　　　　　동 죽다. 사망하다.

不惧怕死亡, 但是要珍惜生命。
죽는 것을 두려워하지 않되, 생명을 소중히 여겨야 한다.

犯人已经死亡。 범인은 이미 사망하였다.

1716 **四肢** sìzhī 　　　　　　명 사지. 수족.

起来活动一下四肢, 别一直坐着。
계속 앉아만 있지 말고, 일어나서 몸을 움직이세요.

1717 **寺庙** sìmiào 　　　　　　명 사원. 절. 　　　**L5**

山上有一座寺庙。 산에 사원이 한 채 있다.

1718 **饲养** sìyǎng 　　　　　　동 사육하다. 먹이다.

他喜欢饲养小动物。 그는 작은 동물을 사육하는 것을 좋아한다.

1719 **肆无忌惮** sìwú jìdàn 　　　　　　성 제멋대로 굴고 전혀 거리낌이 없다.

敌人在肆无忌惮地搞破坏。 적이 제멋대로 파괴하고 있다.

1720 **耸** sǒng 　　　　　　동 치솟다. 어깨를 추키다.

他耸了一下肩膀走开了。 그는 어깨를 한번 으쓱하고는 떠났다.

1721 **艘** sōu　　　　　　　　　양 척.(선박을 셀 때 쓰임)

一艘大船驶进了港口。 큰 배 한 척이 항구로 들어오고 있다.

1722 **苏醒** sūxǐng　　　　　　동 소생하다. 되살아나다.

春天到了，大地苏醒了过来。 봄이 와서 대지가 소생하였다.

1723 **俗话** súhuà　　　　　　　명 속담. 옛말.

很多俗话都有深刻的道理。 많은 속담에는 깊은 뜻이 있다.

1724 **诉讼** sùsòng　　　　　　동 소송하다. 고소하다.

原告撤销了诉讼。 원고는 소송을 취하했다.

1725 **素食** sùshí　　　　　　　명 채식.

他是素食主义者。 그는 채식주의자이다.

1726 **素质** sùzhì　　　　　　　명 소양. 자질.

他的心理素质很好。 그의 심리적 소인이 양호하다.

1727 **塑造** sùzào　　　　　　　동 빚어서 만들다. 조소하다.

那个演员成功塑造了新一代大学生的形象。
그 연기자는 신세대 대학생의 형상을 완벽하게 구현해냈다.

1728 **算数** suànshù　　　　　　동 말한 대로 하다. 인정하다.

你这次可要说话算数啊。 너는 이번에 말한 대로 지켜야 한다.

1729 **随即** suíjí　　　　　　　부 바로. 즉각.

刮了一阵风后，雨随即下了起来。
바람이 한 차례 분 후에, 비가 바로 내리기 시작했다.

1730 随意 suíyì   児 마음대로. 뜻대로.

孩子在地上随意画着画儿。 아이는 땅바닥에 마음대로 그림을 그리고 있다.

1731 岁月 suìyuè   명 세월.

那是一段难忘的岁月。 그것은 잊지 못할 세월이다.

1732 隧道 suìdào   명 굴. 터널.

我们要走南山一号隧道。 우리는 남산 1호 터널로 가야 한다.

1733 损坏 sǔnhuài   동 손상시키다. 훼손시키다.

损坏公物要赔偿。 공공기물을 훼손하면 배상해야 한다.

1734 索取 suǒqǔ   동 요구하다. 달라고 하다. 구하다.   C

因为商标的事情，那家公司向我们公司索取高额赔偿。
상표와 관련된 일 때문에, 그 회사는 우리 회사를 상대로 고액의 배상을 요구하고 있다.

1735 索性 suǒxìng   児 차라리. 아예.

他索性一睡睡到了中午。 그는 아예 정오까지 자버렸다.

1736 **塌** tā 통 꺼지다. 무너지다. 내려앉다.

房顶塌了下来。지붕이 꺼져 내려앉았다.

1737 **踏实** tāshi 형 마음이 놓이다. 편안하다. 착실하다.

说谎后他心里一直很不踏实。
거짓말을 한 후 그는 마음이 줄곧 편안하지 못했다.

1738 **塔** tǎ 명 탑. **L5**

山上的那座塔，就是首尔塔。산 위의 저 탑이 바로 서울타워이다.

1739 **台风** táifēng 명 태풍.

明天会有台风。내일은 태풍이 올 것이다.

1740 **太空** tàikōng 명 우주.

太空有很多奥秘。우주에는 심오한 비밀이 많다.

1741 **泰斗** tàidǒu 명 권위자. 일인자. 대가.

我的导师是语法学界的泰斗。나의 지도교수는 어법학계의 권위자이다.

1742 **贪婪** tānlán 형 탐욕스럽다. 만족할 줄 모르다.

他的目光很贪婪。그의 시선이 매우 탐욕스럽다.

1743 **贪污** tānwū 통 탐오하다. 횡령하다. 독직하다.

他因为贪污公款进了监狱。그는 공금을 횡령해서 감옥에 들어갔다.

1744 **摊** tān　　　　　　　　　　　명 노점.

路边有很多衣服摊。길가에 옷 노점상들이 많다.

1745 **瘫痪** tānhuàn　　　　　　　동 (신체가) 마비되다.
　　　　　　　　　　　　　　　동 (교통 등이) 마비되다. 정지되다.

下肢瘫痪的他，已经在轮椅上生活了好多年了。
사지가 마비된 그는 이미 휠체어에서 생활한 지 여러 해가 되었다.

长时间停电，全市几乎瘫痪了。
장시간의 정전으로 시 전체가 거의 마비되었다.

1746 **弹性** tánxìng　　　　　　　명 탄성. 탄력성.

这条裤子有弹性。이 바지는 탄성이 있다.

1747 **坦白** tǎnbái　　　　　　　　형 담백하다. 솔직하다.
　　　　　　　　　　　　　　　동 숨김없이 고백하다.

他做人很坦白。그는 사람이 매우 담백하다.
犯人坦白了所有的事情。범인은 모든 일을 숨김없이 고백했다.

1748 **叹气** tànqì　　　　　　　　동 탄식하다. 한숨쉬다.

别叹气了，快想想办法吧。탄식하지 말고, 빨리 방법을 생각해라.

1749 **探测** tàncè　　　　　　　　동 탐지하다. 관측하다.

雷达探测到了敌人的飞机。레이더가 적의 비행기를 탐지해냈다.

1750 **探索** tànsuǒ　　　　　　　동 탐색하다. 찾다.

公司要探索新的科学领域。회사는 새로운 과학영역을 탐색하고자 한다.

1751 **探讨** tàntǎo　　　　　　　동 연구 토론하다.

大家在热烈探讨学术问题。모두 열렬히 학술문제를 연구 토론 중이다.

1752 **探望** tànwàng 동 방문하다. 문안하다. 살피다.

我明天去医院探望病人。나는 내일 병원에 환자를 문병하러 간다.

1753 **倘若** tǎngruò 접 만일 ~한다면.

倘若他不在，我就不会去。만일 그가 없다면, 나는 가지 않을 것이다.

1754 **掏** tāo 동 꺼내다. 끄집어내다.

他从兜里掏出了钱包。그는 주머니에서 지갑을 꺼냈다.

1755 **滔滔不绝** tāotāo bùjué 성 끊임없이 계속되다.

领导在上面滔滔不绝地讲话。사장은 위에서 끊임없이 말을 했다.

1756 **陶瓷** táocí 명 도자기.

中国陶瓷世界有名。중국 도자기는 세계적으로 유명하다.

1757 **陶醉** táozuì 동 도취하다.

美丽的风光让人陶醉。아름다운 풍광이 사람을 취하게 한다.

1758 **淘汰** táotài 동 도태하다. 탈락되다. 추려내다.

质量不好的产品，最终会被市场淘汰的。
품질이 안 좋은 물건은 결국에는 시장에서 도태된다.

1759 **讨好** tǎohǎo 동 비위를 맞추다. 환심을 사다.

他擅长讨好领导。그는 사장의 비위를 잘 맞춘다.

1760 **特长** tècháng 圀 특기. 장기.

我没有什么特长。 나는 특별한 장기가 없다.

1761 **特定** tèdìng 圀 특정한. 일정한.

人在特定环境下会有一些不常有的举动。
사람은 특별한 환경에서 평소와는 다른 행동을 하곤 한다.

1762 **特意** tèyì 圀 특별히. 일부러. **L5**

这是我特意给你买的。 이것은 내가 일부러 너에게 주려고 산 것이다.

1763 **提拔** tíbá 圀 발탁하다. 등용하다.

公司决定提拔一批新人。 회사는 새로운 사람들을 발탁할 것을 결정했다.

1764 **提炼** tíliàn 圀 추출하다. 정련하다.

他提炼了课文里的中心思想。 그는 본문의 중심사상을 추출해냈다.

1765 **提示** tíshì 圀 일러주다. 힌트를 주다.

他提示我不要多说话。 그는 나한테 너무 많이 말하지 말라고 알려줬다.

1766 **提议** tíyì 圀 제의하다. 圀 제의.

我提议明天去公园玩儿。 나는 내일 공원에 가서 놀자고 제의했다.

1767 **题材** tícái 圀 제재. 소재.

作家们决定一起去乡下寻找创作题材。
작가들은 함께 시골에 가서 창작소재를 찾기로 결정했다.

1768 **体裁** tǐcái 圀 체재. 장르. **N**

散文是一种体裁。산문은 일종의 장르이다.

1769 **体积** tǐjī   명 체적.

那个东西的体积很大，但是不重。저 물건의 부피는 크지만, 무겁지 않다.

1770 **体谅** tǐliàng   동 이해하다. 양해하다.

我体谅他每天工作很累，可是他从来不知道体谅我。
나는 그가 힘들게 일한다는 것을 알아주지만, 그는 도무지 나를 이해해주려고 하지 않는다.

1771 **体面** tǐmiàn   명 체면. 체통.
　　　　　　　　　　형 예쁘다. 아름답다.

他不顾体面地胡乱行动。그는 체면도 생각 않고, 제멋대로 행동한다.
她穿得很体面。그녀는 매우 예쁘게 옷을 입는다.

1772 **体系** tǐxì   명 시스템. 체계.

散热体系发生了故障。발열 시스템에 고장이 발생했다.

1773 **天才** tiāncái   명 천재. 타고난 재능.

他是绘画天才。그는 회화 천재이다.

1774 **天赋** tiānfù   동 천부적이다. 타고나다.
　　　　　　　　　명 타고난 자질.

人权是天赋的。인권은 태어나면서부터 지니는 것이다.
他有音乐天赋。그는 음악적으로 타고난 자질이 있다.

1775 **天伦之乐** tiānlún zhīlè   성 가족이 누리는 단란함.

退休后，他和家人一起享受天伦之乐。
퇴직 후 그는 가족과 함께 가족의 단란함을 누리고 산다.

1776 **天然气** tiānránqì   명 천연가스.

南海出产天然气。남해에는 천연가스가 생산된다.

1777 **天生** tiānshēng   형 타고난. 선천적인.

他的聪明是天生的。그의 총명함은 타고난 것이다.

1778 **天堂** tiāntáng   명 천당. 천국.

他相信善良的人死后都会升入天堂。
그는 착한 사람은 죽은 후에 모두 천당에 갈 것이라고 믿는다.

1779 **天文** tiānwén   명 천문. 천문학.

他有渊博的天文知识。그는 해박한 천문학 지식을 가지고 있다.

1780 **田径** tiánjìng   명 육상경기.

赛跑是田径运动。달리기는 육상경기이다.

1781 **田野** tiányě   명 논밭과 들판. 들.   **L5**

田野上盛开着鲜花。들에는 꽃이 만발했다.

1782 **舔** tiǎn   동 핥다.

小狗用舌头舔着伤口。강아지가 혀로 상처 부위를 핥고 있다.

1783 **挑剔** tiāoti   동 지나치게 트집 잡다. 따지다.

挑剔这个挑剔那个，真麻烦。이것저것 다 트집을 잡아서, 정말 짜증난다.

1784 **条款** tiáokuǎn   명 조항.

第十条条款规定了罚款的数目。제10조 조항에 벌금의 액수를 규정했다.

1785 **条理** tiáolǐ 명 조리. 순서.

这篇文章写得很有条理。 이 글은 매우 조리 있게 쓰여졌다.

1786 **条约** tiáoyuē 명 조약.

双方签订了和平友好条约。 양측은 평화우호 조약에 서명을 했다.

1787 **调和** tiáohé 통 골고루 섞다. 중재하다. 조정하다. 타협하다.

他们的矛盾不可以调和。 그들의 갈등은 타협될 수 없다.

1788 **调剂** tiáojì 통 조절하다. 조정하다.

偶尔出去旅行一下，调剂一下生活。
가끔 여행을 가서 즐기면서 생활의 균형을 맞추세요.

1789 **调节** tiáojié 통 조절하다.

温度可以自动调节。 온도는 자동으로 조절된다.

1790 **调解** tiáojiě 통 조정하다. 중재하다.

法院出面调解两家的矛盾。 법원은 두 회사의 갈등 중재에 나섰다.

1791 **调料** tiáoliào 명 조미료. 양념.

我做饭不喜欢放调料。 나는 요리할 때 조미료 넣는 것을 좋아하지 않는다.

1792 **挑拨** tiǎobō 통 이간시키다. 부추기다. 충동질하다.

不要挑拨两家的关系。 두 회사의 관계를 이간시키지 마라.

1793 **挑衅** tiǎoxìn 동 도발하다. 분쟁을 일으키다.

敌人在肆无忌惮地挑衅。적은 도발을 자행하고 있다.

1794 **跳跃** tiàoyuè 동 뛰어오르다. 도약하다.

皮球在地上跳跃。고무공이 바닥에서 뛰어오른다.

1795 **亭子** tíngzi 명 정자.

去那个亭子里休息一下。저 정자에 가서 좀 쉽시다.

1796 **停泊** tíngbó 동 (배가) 정박하다. 머물다.

港口停泊着很多轮船。항구에 많은 배가 정박해있다.

1797 **停顿** tíngdùn 명 쉼. 멈춤. 동 중지되다. 멈추다.

读课文要注意停顿。본문을 읽을 때 멈춤에 신경 써야 한다.

1798 **停滞** tíngzhì 동 정체되다. 침체하다.

我的英文水平停滞不前了。내 영어 수준은 정체되어 나아가지 못하고 있다.

1799 **挺拔** tǐngbá 형 우뚝하다. 곧추 솟다.

他当过兵，因此身材很挺拔。
그는 군대를 다녀온 적이 있어서, 몸매가 매우 똑바르다.

1800 **通货膨胀** tōnghuò péngzhàng 명 통화팽창. 인플레이션.

新政府的首要任务是扼制èzhì通货膨胀。
신정부의 주요 임무는 인플레이션을 억제하는 것이다.

1801 **通缉** tōngjī 동 지명수배하다.

公安部发布命令在全国通缉罪犯。
공안부는 전국에 범인을 지명수배할 것을 명령했다.

1802 通俗 tōngsú 형 통속적이다.

通俗歌曲比其他歌曲更容易流行。
통속적인 노래는 다른 노래보다 더 쉽게 유행한다.

1803 通讯 tōngxùn 명 통신

山里的通讯很落后。산속의 통신은 매우 낙후되어 있다.

1804 通用 tōngyòng 동 통용되다. 보편적으로 사용하다.

所有的USB接口都是通用的。 모든 USB의 연결 부분은 통용된다.

1805 同胞 tóngbāo 명 교포. 동포. 친형제자매.

向台湾同胞拜年。대만 교포에게 새해인사를 드립니다.

1806 同志 tóngzhì 명 동지.

同志们，新年好! 동지 여러분, 새해 복 많이 받으세요!

1807 铜 tóng 명 구리. 동.

这个杯子是铜做的。이 잔은 구리로 만든 것이다.

1808 童话 tónghuà 명 동화.

孩子们都喜欢童话。아이들은 모두 동화를 좋아한다.

1809 统筹兼顾 tǒngchóu jiāngù 성 여러 방면의 일을 총괄적으로 계획하고 두루 살피다.

做决定要统筹兼顾，不能只注意一个方面。
결정을 할 때는 반드시 여러 방면을 두루 살펴야 하며, 단지 한 방면에만 신경 써서는 안 된다.

1810 **统计 tǒngjì**　　통계하다. 합산하다. 합계하다.
　　　　　　　　　　　통계.

统计一下一共来了几个人。모두 합쳐 몇 명이 왔는지 한번 합산해보세요.
这次的统计有误差。이번 통계에 오차가 있다.

1811 **统统 tǒngtǒng**　　전부. 모두. 다.

统统给我回家! 모두 우리 집으로 와!

1812 **统治 tǒngzhì**　　통치하다.
　　　　　　　　　　통치.　**L5**

舆论统治整个世界。여론이 모든 세계를 통치한다.
很多人都参加了反对独裁统治的示威游行。
많은 사람들이 독재 통치를 반대하는 시위 행진에 참가했다.

1813 **投机 tóujī**　　견해가 일치하다.

两个人谈得很投机。두 사람은 담화에서 견해가 일치했다.

1814 **投票 tóupiào**　　투표하다.

韩国下个月开始投票选举总统。한국은 다음 달 투표로 대통령을 선출한다.

1815 **投诉 tóusù**　　호소하다. 고발하다. 신고하다.　**N**

我要投诉他们的服务态度。나는 그들의 서비스 태도를 고발하고자 한다.

1816 **投降 tóuxiáng**　　투항하다. 항복하다.

敌人第二天就投降了。적은 다음 날 바로 항복했다.

1817 **投掷 tóuzhì**　　던지다. 투척하다.

有人往他家里投掷石头。어떤 사람이 그의 집을 향해 돌을 던졌다.

1818 **透露** tòulù 　　　　　　　동 드러나다. 내비치다. 암시하다. **N**

给我透露一点儿消息吧。 내게 약간의 정보라도 암시해줘.

1819 **秃** tū 　　　　　　　형 머리카락이 없다. 앙상하다.

最近几年他的头秃了不少。 최근 몇 년간 그의 머리카락이 많이 빠졌다.

1820 **突破** tūpò 　　　　　　　동 돌파하다. 극복하다.

战士们勇敢地突破了敌人的围攻。
전사들은 용감하게 적의 포위 공격을 돌파했다.

1821 **图案** tú'àn 　　　　　　　명 도안.

衬衫上的图案很好看。 셔츠의 도안이 참 예쁘다.

1822 **徒弟** túdì 　　　　　　　명 제자.

老师傅带了三个徒弟。 나이드신 사부님은 3명의 제자를 거느렸다.

1823 **途径** tújìng 　　　　　　　명 경로. 길. 방법.

这个消息通过秘密途径传递了过去。
이 소식은 비밀 경로를 통해 전달되었다.

1824 **涂抹** túmǒ 　　　　　　　동 칠하다. 바르다.

她每天都往脸上涂抹化妆品。 그녀는 매일 얼굴에 화장품을 바른다.

1825 **土壤** tǔrǎng 　　　　　　　명 토양. 흙.

土壤里有很多有机成分。 토양에는 많은 유기성분이 있다.

1826 团结 tuánjié
- 图 단결하다. 뭉치다.
- 圈 우호적이다. 화목하다.

团结起来，打击敌人。단결해서 적을 물리치자.

我们单位最近有点儿团结。우리 부서는 최근 좀 우호적인 편이다.

1827 团体 tuántǐ
- 图 단체. 집단.

团体售票窗口在售票大厅的右边。
단체티켓 구매창구는 티켓창구 오른쪽에 있다.

1828 团圆 tuányuán
- 图 흩어졌다가 다시 모이다.

中国人春节都尽量回家和家人团圆。
중국인은 모두 춘절에 가능한 한 고향에서 가족과 함께 지내려고 한다.

1829 推测 tuīcè
- 图 추측하다. 헤아리다.

我推测火车三点进站。내가 추측하건대 기차는 3시에 역에 들어올 것이다.

1830 推翻 tuīfān
- 图 뒤집어엎다. 전복시키다.

全国人民齐心协力，推翻了独裁政府。
전국의 인민이 협심하여 독재 정부를 뒤집어엎었다.

1831 推理 tuīlǐ
- 图 추리.
- 图 추리하다.

他的推理很合理。그의 추리는 매우 논리적이다.

根据这些数据推理不出什么结果。
이 데이터에 근거해서는 어떤 결과도 추리해낼 수 없다.

1832 推论 tuīlùn
- 图 추론하다.

根据这些条件推论一下。이 조건들에 근거해서 추리해보자.

1833 **推销** tuīxiāo 동 판로를 확장하다. 판매하다.

要学会推销自己。자신을 알리는 것을 배워야 한다.

1834 **吞吞吐吐** tūntūn tǔtǔ 형 (말을) 얼버무리다. 우물쭈물하다. **N**

他说得吞吞吐吐的，肯定有什么事情瞒着我们。
그가 말을 얼버무리는 것은, 분명히 우리에게 숨기는 무슨 일이 있는 것이다.

1835 **托运** tuōyùn 동 탁송하다. 운송을 위탁하다.

我只有一件行李需要托运。저는 운송해야 할 짐이 한 개 밖에 없습니다.

1836 **拖延** tuōyán 동 끌다. 지연하다. 연기하다.

他在故意拖延时间。그는 지금 고의로 시간을 끌고 있다.

1837 **脱离** tuōlí 동 떠나다. 이탈하다.

很多孩子脱离父母就无法生存。아이들은 부모를 떠나서는 생존할 수 없다.

1838 **妥当** tuǒdang 형 타당하다. 알맞다. 적절하다.

已经准备妥当了，随时可以出发。
이미 준비가 알맞게 됐으니 언제든 출발할 수 있다.

1839 **妥善** tuǒshàn 형 나무랄 데 없다. 알맞다.

政府要妥善解决灾民的安置问题。
정부는 난민의 수용 문제를 알맞게 해결해야 한다.

1840 **妥协** tuǒxié 동 타협하다. 타결되다.

他们的矛盾很难调和，双方都不愿意妥协。
쌍방이 모두 타협하기를 원하지 않아서 그들의 갈등은 조정이 매우 어렵다.

1841 **椭圆** tuǒyuán 명 타원. 타원형.

鸡蛋是椭圆的。계란은 타원형이다.

1842 **唾弃** tuòqì 동 혐오하다. 경멸하다. 깔보다. **C**

众人都唾弃这种做法。군중은 모두 이런 방법을 혐오한다.

1843 **挖掘** wājué 동 캐다. 파다.

兔子很快挖掘出一个洞。토끼는 매우 빨리 동굴 하나를 파낸다.

1844 **哇** wā 의성 엉엉. 앙앙.(우는 소리를 나타냄)
   wa 조 '啊'가 'u' 또는 'ao'로 끝나는 앞 음절의 영향을 받아 음이 변한 것.

孩子哇wā的一声哭了起来。아이는 앙앙 거리며 울기 시작했다.
这么晚了，你怎么还在公司哇wa?
이렇게 늦었는데, 넌 어떻게 아직도 회사에 있는 거야?

1845 **娃娃** wáwa 명 어린애. 인형.

给我女儿买了一个娃娃做生日礼物。내 딸에게 생일선물로 인형을 사주었다.

1846 **瓦解** wǎjiě 동 분열하다. 무너지다. 붕괴하다.

反动政府的统治被瓦解了。반동 정부의 통치가 붕괴되었다.

1847 **歪曲** wāiqū 동 왜곡하다. 곡해하다.

他在歪曲事实，别相信他。그는 지금 사실을 왜곡하고 있으니, 그를 믿지 마.

1848 **外表** wàibiǎo 몡 겉모습. 외모.

不能只看外表，还要看内心。단지 외모만 보지 말고 마음을 봐야 한다.

1849 **外行** wàiháng 몡 문외한. 비전문가.
형 문외한이다. 비전문가이다.

他对足球是外行。그는 축구에 문외한이다.
我对这项工作很外行。나는 이 업무에 문외한이다.

1850 **外界** wàijiè 몡 외계. 외부.

任何人都很难不受外界的影响。
어떤 사람이든지 외부의 영향을 받지 않기는 쉽지 않다.

1851 **外向** wàixiàng 형 외향적이다.

我喜欢外向性格。나는 외향적 성격을 좋아한다.

1852 **丸** wán 몡 알. 환(丸).

妈妈吃了几个药丸，就睡下了。엄마는 알약을 몇 개 먹고 바로 잠이 드셨다.

1853 **完备** wánbèi 형 모두 갖추다. 완비되어 있다.

试验器材已经完备。실험 기자재가 이미 완비되었다.

1854 **完毕** wánbì 동 끝내다. 마치다.

军训完毕，解散！군사 훈련이 끝났다, 해산!

1855 **玩弄** wánnòng 동 우롱하다. 희롱하다. 가지고 놀다.

她的感情被玩弄了。그녀는 감정적으로 우롱당했다.

1856 玩意儿 wányìr ⑲ 물건. 사물. 완구. 장난감.

智能手机已经不是什么新鲜玩意儿。
스마트폰은 이미 그리 새로운 것이 아니다.

1857 顽固 wángù ⑱ 완고하다. 고집스럽다.

敌人还在顽固抵抗。 적은 아직도 완고하게 저항 중이다.

1858 顽强 wánqiáng ⑱ 완강하다. 억세다.

他顽强地和疾病做斗争。 그는 완강하게 질병과 투쟁하고 있다.

1859 挽回 wǎnhuí ⑧ 만회하다. 돌이키다.

损失已经无法挽回。 손실은 이미 만회할 수 없다.

1860 挽救 wǎnjiù ⑧ 구해내다. 구제하다.

挽救生命是医生的使命。 생명을 구하는 것은 의사의 사명이다.

1861 惋惜 wǎnxī ⑧ 애석해하다. 안타까워하다.

我们对他的遭遇感到很惋惜。
우리는 그의 불행한 처지에 안타까움을 느낀다.

1862 万分 wànfēn ⑨ 대단히. 극히.

万分感谢你给我的帮助。 당신이 나에게 준 도움에 대단히 감사를 드립니다.

1863 往常 wǎngcháng ⑲ 평소. 평상시.

妈妈像往常一样六点起床。 엄마는 평소와 같이 여섯 시에 기상하신다.

1864 往事 wǎngshì ⑲ 지난 일. 옛일.

人一老，就喜欢回忆往事。사람이 나이들면 옛일 회상하기를 좋아한다.

1865 **妄想 wàngxiǎng** 　　통 망상하다. 공상하다.
　　　　　　　　　　　　　명 망상. (실현될 수 없는) 계획.

他常常妄想一夜暴富。그는 늘 하룻밤 새에 벼락부자가 되길 꿈꾼다.
你想娶她？真是妄想。네가 그녀와 결혼하겠다고? 망상도 심하네.

1866 **危机 wēijī** 　　　명 위기. 고비.

大家要团结在一起，度过危机。모두 다같이 단결해서 위기를 넘어가야 한다.

1867 **威风 wēifēng** 　　형 당당한. 위엄이 있는. 　명 위엄. 위풍.

将军的样子很威风。장군의 모습이 매우 위엄이 있다.

1868 **威力 wēilì** 　　　명 위력.

台风的威力很大。태풍의 위력이 매우 크다.

1869 **威望 wēiwàng** 　　명 위세와 명망.

爷爷在家里很有威望。할아버지는 집에서 위세와 명망이 있으시다.

1870 **威信 wēixìn** 　　　명 위신. 신망.

他说话很有威信。그는 말을 할 때 매우 위신이 선다.

1871 **微不足道 wēibù zúdào** 　형 하찮아서 말할(언급할) 가치도 없다.

这些帮助微不足道，不值得感谢。
이러한 도움은 말할 가치도 없고 감사할만한 가치도 못 된다.

1872 **微观 wēiguān** 　　　형 미시의. 미시적이다.

我微观经济学考试没有及格。나는 미시경제학 시험에서 떨어졌다.

1873 **为难** wéinán
형 난처하다. 난감하다.
동 난처하게 하다.

他的请求让我很为难。 그의 부탁은 나를 난처하게 했다.
别再为难我了。 다시는 나를 난처하게 하지 마.

1874 **为期** wéiqī
동 기한으로 하다.

运动会为期三天。 운동회는 사흘을 기한으로 한다.

1875 **违背** wéibèi
동 위반하다. 위배하다.

违背自然规律的行为, 迟早会受自然的惩罚。
자연 규율을 위반하는 행위는 머지않아 자연의 벌을 받게 될 것이다.

1876 **唯独** wéidú
부 오직. 홀로.

大家都买了唯独他没有。 모두 샀는데 오직 그 사람만 안 샀다.

1877 **维持** wéichí
동 유지하다. 지키다.

警察在维持秩序。 경찰은 질서를 유지하고 있다.

1878 **维护** wéihù
동 유지하고 보호하다.

维护世界和平, 是每个国家的义务。
세계평화를 유지하는 것은 모든 국가의 의무이다.

1879 **维生素** wéishēngsù
명 비타민.

那个孩子因为缺少维生素, 出现了发育不良。
그 아이는 비타민이 부족해서 발육불량이 나타났다.

1880 **伪造** wěizào
동 위조하다. 날조하다.

那份文件是伪造的。 그 문건은 날조된 것이다.

1881 **委托** wěituō　　　图 위탁하다. 의뢰하다.

我不在国内，所以公证书只能委托朋友办理。
내가 국내에 없어서 공증서는 친구에게 처리를 부탁할 수밖에 없다.

1882 **委员** wěiyuán　　　图 위원.

委员们都已经进来了。위원들은 이미 모두 들어왔다.

1883 **卫星** wèixīng　　　图 위성.

能发射卫星的国家还不太多。
위성을 발사할 수 있는 국가는 아직 그다지 많지 않다.

1884 **未免** wèimiǎn　　　图 ~을(를) 면할 수 없다.

这样做未免太过分了。이렇게 하면 너무 지나친 것을 피할 수 없다.

1885 **畏惧** wèijù　　　图 두려워하다. 무서워하다.

畏惧困难的话，永远不会成功。어려움을 두려워하면 영원히 성공할 수 없다.

1886 **喂** wèi　　　图 기르다. (동물에게) 먹이를 주다.

母亲在给孩子喂奶。어머니가 아이에게 젖을 주고 있다.

1887 **蔚蓝** wèilán　　　图 (맑은 하늘처럼) 짙푸른. 짙은 남색의.

蔚蓝的天空下，是一片辽阔的草原。짙푸른 하늘 아래는 드넓은 초원이다.

1888 **慰问** wèiwèn　　　图 위문하다.

军队领导每年春节都发一封慰问信，慰问老战士。
군대책임자는 매년 설날에 위문편지 한 통을 보내 나이드신 전사들을 위로한다.

1889 温带 wēndài　　名 온대. 온대지방.

那是一种温带植物。그것은 온대식물이다.

1890 温和 wēnhé　　形 온화하다. 부드럽다.

爸爸的性格很温和。아빠의 성격은 온화하시다.

1891 文凭 wénpíng　　名 졸업증서.

他通过不懈的努力，获得了大学文凭。
그는 끊임없는 노력을 통해 대학 졸업증서를 따냈다.

1892 文物 wénwù　　名 문물.

国家禁止贩卖fànmài文物。국가는 문물을 사들여 파는 것을 금지하고 있다.

1893 文献 wénxiàn　　名 문헌.

一场大火，烧毁了很多重要历史文献。
큰 화재로 많은 중요한 역사적 문헌이 불탔다.

1894 文雅 wényǎ　　形 품위가 있다.

那个女孩儿在妈妈的影响下，举止文雅。
저 여자아이는 엄마의 영향으로 행동에 품위가 있다.

1895 文艺 wényì　　名 문예. 문학과 예술.

抗战时期的很多文艺作品直到现在还有一定影响。
항전시기의 많은 문예작품들은 지금까지도 어느 정도 영향을 미친다.

1896 问世 wènshì　　动 세상에 나오다. 출시되다.

新产品问世给人们的生活带来了很多便利。
신상품이 출시되어 사람들의 생활에 편리함을 많이 가져다 주었다.

1897 **窝** wō　　　　　　　　　명 둥지. 둥우리. 은신처. 소굴.

兔子跑进窝里去了。토끼는 둥지 안으로 들어가 버렸다.

1898 **乌黑** wūhēi　　　　　　형 새까맣다. 아주 검다.

乌黑的乌鸦在树梢乱叫。새까만 까마귀가 나무 끝에서 마구 울고 있다.

1899 **污蔑** wūmiè　　　　　　동 모독하다. 중상하다.

别污蔑好人。좋은 사람을 중상모략하지 마라.

1900 **诬陷** wūxiàn　　　　　　동 무함하다. 사실을 날조하여 모함하다.

他是被人诬陷的。그는 다른 사람에게 모함을 당한 것이다.

1901 **无比** wúbǐ　　　　　　　형 비할 바가 없다. 매우 뛰어나다.

他现在无比激动。그는 지금 매우 흥분한 상태이다.

1902 **无偿** wúcháng　　　　　　형 무상의.

政府给那些灾民提供无偿服务。
정부는 그 난민들에게 무상으로 서비스를 제공한다.

1903 **无耻** wúchǐ　　　　　　　형 염치없다. 뻔뻔스럽다.

这种行为很无耻。이런 행위는 정말 염치없다.

1904 **无动于衷** wúdòng yúzhōng　성 당연히 관심이 있어야 할 일에 전혀 무관심하다.

我怎么劝说他都无动于衷。내가 어떻게 말하든 그는 전혀 관심이 없다.

1905 **无非** wúfēi 및 단지 ~할 뿐이다.

孩子这么哭无非是饿了。 아이가 이렇게 우는 건 배가 고파서이다.

1906 **无辜** wúgū 형 무고하다. 죄가 없다. Ⓝ

孩子是无辜的，你打孩子干什么？ 죄 없는 아이를 때려서 뭐하게?

1907 **无精打采** wújīng dǎcǎi 성 맥이 풀리다. 기운이 없다.

昨晚没有睡好，一整天无精打采的。
어제저녁에 잠을 못 자서 온종일 기운이 없다.

1908 **无赖** wúlài 명 무뢰한.
형 무뢰하다. 막돼먹다.

这个十足的无赖，真让人讨厌。 이 대단한 무뢰한 때문에 정말 짜증난다.
这是一种无赖行为，虽然伪装得很绅士。
비록 신사인 척 할지라도, 이것은 무뢰한 행위이다.

1909 **无理取闹** wúlǐ qǔnào 성 아무런 까닭 없이 남과 다투다.

出去，别在这里无理取闹。 여기에서 아무 이유 없이 싸우지 말고, 나가.

1910 **无能为力** wúnéng wéilì 성 힘을 제대로 쓰지 못하다. 능력이 없다.

医生们面对那种疾病无能为力。
의사들이 그런 질병 앞에서 힘을 제대로 쓰지 못하고 있다.

1911 **无穷无尽** wúqióng wújìn 성 무궁무진하다.

群众的力量无穷无尽。 군중의 역량은 무궁무진하다.

1912 **无微不至** wúwēi búzhì 성 배려하고 보살핌이 세심하고 주도면밀하다.

谢谢你无微不至的照顾。 당신의 세심한 보살핌에 감사드립니다.

1913 **无忧无虑** wúyōu wúlǜ 성 아무런 근심이 없다.

孩子们无忧无虑地在公园里玩儿。
아이들은 아무런 근심 없이 공원에서 놀고 있다.

1914 **无知** wúzhī 형 무지하다. 사리에 어둡다.

不学习就会很无知。 공부하지 않으면 무지해진다.

1915 **武器** wǔqì 명 무기. L5

这次演习，投放了很多新型武器。 이번 훈련에 많은 신형무기를 투입했다.

1916 **武侠** wǔxiá 명 무협.

很多武侠小说被拍成了电视连续剧。
많은 무협소설들이 텔레비전 연속극으로 만들어졌다.

1917 **武装** wǔzhuāng 동 무장하다. 명 군사력.

用知识武装自己的头脑。 지식으로 자신의 두뇌를 무장해라.

1918 **侮辱** wūrǔ 명 모욕.
  동 모욕하다.

这对我是一种侮辱。 이것은 나에게 일종의 모욕이다.
你侮辱了我的人格。 너는 내 인격을 모욕했어.

1919 **舞蹈** wǔdǎo 명 무도. 무용.

我喜欢看舞蹈。 나는 무용 보는 것을 좋아한다.

1920 **务必** wùbì 부 반드시. 꼭.

务必在天亮以前到达。 반드시 날이 밝기 전에 도착해야 한다.

1921 **物美价廉** wùměi jiàlián 형 상품의 질이 좋고 값도 저렴하다.

那个商店的东西**物美价廉**。 저 상점의 물건은 질도 좋고 값도 저렴하다.

1922 **物业** wùyè 명 (가옥 등의) 부동산. N

他负责公司的**物业**管理。 그는 회사의 부동산 관리를 책임진다.

1923 **物资** wùzī 명 물자.

物资充足，即使发生自然灾害也不用担心。
물자는 충분해서, 자연재해가 발생해도 걱정할 필요 없다

1924 **误差** wùchā 명 오차.

精确测量，尽量减少**误差**。 세밀하게 측정해서 가능한 한 오차를 줄여라.

1925 **误解** wùjiě 명 오해.
 동 오해하다.

两个人因为**误解**而不再来往。 두 사람은 오해로 인해 다시는 왕래하지 않는다.
他不是有意的，你别**误解**。 그는 일부러 그런 것이 아니니 오해하지 마라.

1926 **夕阳** xīyáng 명 석양.

夕阳无限好，只是近黄昏很可惜。
석양은 한없이 아름답지만, 황혼에 이르른 것이 아쉽다.

1927 **昔日** xīrì 명 옛날. 이전.

老人怀念**昔日**的一切。 노인은 옛날의 모든 것을 그리워한다.

1928 **牺牲** xīshēng 동 희생하다. 대가를 치르다.

战士们为了祖国牺牲了生命。전사들은 조국을 위해 생명을 희생했다.

1929 **溪** xī 명 개울. 개천.

山里有一条小溪。산속에 작은 개울이 하나 있다.

1930 **熄灭** xīmiè 동 꺼지다. 소멸하다.

灯火渐渐熄灭了。등불이 점점 꺼지고 있다.

1931 **膝盖** xīgài 명 무릎.

爬了一天山，膝盖很疼。온종일 등산을 하니 무릎이 아프다.

1932 **习俗** xísú 명 풍속. 습속.

我们要互相尊重对方的习俗。우리는 상대방의 풍습을 서로 존중해야 한다.

1933 **袭击** xíjī 동 습격하다. 기습하다.

台风袭击了那个地区。태풍이 그 지역을 습격했다.

1934 **媳妇** xífù 명 며느리.

儿子们都娶了媳妇。아들들은 모두 며느리에게 장가를 갔다.

1935 **喜闻乐见** xǐwén lèjiàn 성 기쁜 마음으로 듣고 보다.

群众喜闻乐见的作品才能经久不衰。
군중들이 좋아하는 작품이야말로 오랫동안 시들지 않는다.

1936 **喜悦** xǐyuè 형 기쁘다. 즐겁다.

他掩饰不住喜悦的心情。그는 기쁜 마음을 숨길 수 없다.

1937 **系列** xìliè　　　　　　　　　명 시리즈. 계열.

这个系列的产品,很适合东方人的皮肤。
이 시리즈의 상품은 동양인의 피부에 적합하다.

1938 **细胞** xìbāo　　　　　　　　　명 세포.

癌细胞已经扩散了。 암세포가 이미 퍼졌다.

1939 **细菌** xìjūn　　　　　　　　　명 세균.

香皂只能消灭一部分细菌。 비누는 단지 세균을 일부 없앨 뿐이다.

1940 **细致** xìzhì　　　　　　　　　형 세밀하다. 정교하다.

考虑事情要尽量细致周到。
일을 고려할 때는 가능한 한 세밀하고 주도면밀하게 해야 한다.

1941 **峡谷** xiágǔ　　　　　　　　　명 협곡.

峡谷两边的风光很迷人。 협곡 양쪽의 풍광이 사람을 매혹한다.

1942 **狭隘** xiá'ài　　　　　　　　　형 좁다.

他的思想很狭隘,沟通起来很难。 그의 생각이 좁아서 소통하기 어렵다.

1943 **狭窄** xiázhǎi　　　　　　　　　형 비좁다. 협소하다.

通路太狭窄,只能通过一个人。
통로가 너무 좁아서 한 사람만 통과할 수 있다.

1944 **霞** xiá　　　　　　　　　명 노을.

晚霞染红了半个天空。 저녁노을이 하늘 반쯤을 빨갛게 물들였다.

1945 **下属** xiàshǔ 명 부하. 하급관리.

领导应该尊重下属的意见。 지도자는 반드시 부하의 의견을 존중해야 한다.

1946 **先进** xiānjìn 형 선진의. 진보적인.

校长表扬先进，鞭策后进。
교장선생님은 남보다 앞선 것을 칭찬하고, 뒤떨어진 것을 채찍질하신다.

1947 **先前** xiānqián 명 이전. 예전.

衣服都是先前买的。 옷은 모두 이전에 산 것이다.

1948 **纤维** xiānwéi 명 섬유.

大邱是韩国重要的纤维工业区。 대구는 한국의 중요한 섬유 공업지역이다.

1949 **掀起** xiānqǐ 동 불러 일으키다. 들어올리다. 솟구치다.

学校里掀起了学习先进的热潮。
학교에 선진적인 것을 배우려는 열풍이 불고 있다.

1950 **鲜明** xiānmíng 형 명확하다. 뚜렷하다. 선명하다.

父母的态度很鲜明，永远支持我自己的决定。
부모님의 태도는 매우 분명하시어, 영원히 내가 한 결정을 지지해주신다.

1951 **闲话** xiánhuà 명 잡담. 한담.

快工作，别说闲话! 빨리 일해. 잡담하지 말고!

1952 **贤惠** xiánhuì 형 (여자가) 품성이 곱다.

儿媳妇很贤惠。 며느리가 품성이 곱다.

1953 **弦** xián　　　　　　　　　　명 현. 줄. 선. 활시위.

吉他有六根弦。 기타는 여섯 개의 줄이 있다.

1954 **衔接** xiánjiē　　　　　　　동 맞물리다. 이어지다.

把两个部分衔接起来。 두 부분을 맞물리게 하세요.

1955 **嫌** xián　　　　　　　　　동 싫어하다. 불만스럽게 생각하다.

他每天去看望老人，从不嫌烦。
그는 매일 노인의 병문안을 가면서도 짜증 한 번 내지 않았다.

1956 **嫌疑** xiányí　　　　　　　명 혐의. 의심.

这个人有作案嫌疑。 이 사람은 범죄를 저지른 혐의가 있다.

1957 **显著** xiǎnzhù　　　　　　　형 현저하다. 뚜렷하다.

这种方式的效果很显著。 이런 방식의 효과는 뚜렷하다.

1958 **现场** xiànchǎng　　　　　　명 현장.

现场已经被破坏了。 현장은 이미 파괴되었다.

1959 **现成** xiànchéng　　　　　　형 원래부터 있는. 이미 갖추어져 있는.

饭都是现成的，随到随吃。 밥은 모두 만들어져 있으니, 오는대로 먹어라.

1960 **现状** xiànzhuàng　　　　　　명 현상. 현황.

他对现状很不满，决定依靠自己的努力加以改善。
그는 현 상황에 불만족하여, 자신의 노력으로 개선하려고 결정했다.

1961 **线索** xiànsuǒ　　　　　　　명 실마리. 단서.

案件没有一点线索。 사건에 조금의 단서도 없다.

1962 **宪法** xiànfǎ　　　　　　　　　몡 헌법.

宪法是国家的根本大法。헌법은 국가의 근본적인 법령이다.

1963 **陷害** xiànhài　　　　　　　　통 모함하다. 남을 해치다.

好人被陷害只能是一时的，最后一切都会水落石出的。
호인이 모함을 당하는 것은 한순간일 뿐, 최후에는 모든 것이 밝혀질 것이다.

1964 **陷阱** xiànjǐng　　　　　　　　몡 함정.　　　　　　　　Ⓝ

老虎掉进了陷阱里。호랑이는 함정에 빠졌다.

1965 **陷入** xiànrù　　　　　　　　　통 빠지다. 떨어지다.

同学们都陷入了对往事的回忆。친구들은 모두 옛추억에 빠져들었다.

1966 **馅儿** xiànr　　　　　　　　　몡 소. (만두 등에 넣는 각종 재료)

牛肉馅儿饺子很好吃。소고기 소가 든 교자가 아주 맛있다.

1967 **乡镇** xiāngzhèn　　　　　　　몡 소도시. 지방도시.

新政府决定发展乡镇经济。신정부는 소도시 경제를 발전시키기로 결정했다.

1968 **相差** xiāngchà　　　　　　　　통 서로 차이가 나다.

夫妻俩相差八岁。부부 두 사람은 서로 여덟 살 차이가 난다.

1969 **相等** xiāngděng　　　　　　　통 같다. 대등하다.

两队的人数相等。두 팀의 인원수는 같다.

1970 **相辅相成** xiāngfǔ xiāngchéng　　젱 서로 보완하고 도와서 일을 완성하다.

我们两件事情相辅相成。우리는 두 일을 서로 보완해 완성했다.

1971 相应 xiāngyìng 图 상응하다. 호응하다.

学生们还没有算出相应的数字。
학생들은 아직 상응하는 숫자를 산출해내지 못했다.

1972 镶嵌 xiāngqiàn 图 끼워 넣다. 박아 넣다.

戒指上镶嵌着宝石。 반지에 보석이 끼워져 있다.

1973 响亮 xiǎngliàng 图 (소리가) 크고 맑다. 우렁차다.

歌颂祖国的歌声很响亮。 조국을 찬양하는 노래소리가 우렁차다.

1974 响应 xiǎngyìng 图 호응하다. 응답하다.

响应党的号召，要努力推动改革。
당의 호소에 응해서 열심히 개혁을 추진해야 한다.

1975 想方设法 xiǎngfāng shèfǎ 图 온갖 방법을 다 생각하다.

我们大家要想法设法帮助有困难的同事。
우리는 온갖 방법으로 어려움에 빠진 동료를 도와야 한다.

1976 向导 xiàngdǎo 명 가이드. 안내자.
图 길을 안내하다.

找个当地人做向导。 현지인을 찾아 가이드를 맡기자.
游览故宫，请老王向导。 고궁을 관람할 때, 왕 씨를 청해 길 안내를 받자.

1977 向来 xiànglái 閉 줄곧. 종래.

他向来不喜欢早起。 그는 줄곧 일찍 일어나는 것을 좋아하지 않는다.

1978 向往 xiàngwǎng 图 갈망하다. 열망하다.

农村的孩子都向往城市生活。 농촌의 아이라면 모두 도시 생활을 갈망한다.

1979 **巷** xiàng   명 골목.

公司后面有一条小巷。회사 뒤에 작은 골목이 있다.

1980 **相声** xiàngsheng   명 만담. 재담.   Ⓝ

我很喜欢听相声。나는 만담 듣는 것을 매우 좋아한다.

1981 **削** xiāo   동 깎다. 벗기다.   Ⓝ

妈妈在削苹果皮。엄마는 사과의 껍질을 벗기고 계시다.

1982 **消除** xiāochú   동 해소하다. 풀다. 없애다.

消除顾虑，大胆前进。근심을 해소하고 대담하게 전진한다.

1983 **消毒** xiāodú   동 소독하다.

他车辆每天都消毒。그는 날마다 차를 소독한다.

1984 **消防** xiāofáng   명 소방.

注意消防安全。소방 안전에 유의합시다.

1985 **消耗** xiāohào   동 소모하다. 소비하다.

体力消耗太多，他摔倒了。체력 소모가 너무 많아 그는 쓰러졌다.

1986 **消灭** xiāomiè   동 없애다. 소멸시키다.   Ⓛ5

这农药消灭了很多害虫。이 농약은 많은 해충을 없앴다.

1987 **销毁** xiāohuǐ   동 소각하다.

犯人把证据都销毁。범인은 증거를 모두 소각했다.

1988 **潇洒** xiāosǎ 　　　　　형 멋스럽다. 대범하다. 시원스럽다. **N**

他们活得很潇洒。 그들은 매우 멋스럽게 생활한다.

1989 **小心翼翼** xiǎoxīn yìyì 　　　형 엄숙하고 경건하다. 매우 조심스럽다.

孩子小心翼翼地把鱼缸放到桌子上。
아이는 매우 조심스럽게 어항을 책상에 놓았다.

1990 **肖像** xiàoxiàng 　　　　　명 초상. 사진.

墙上挂着爷爷的肖像。 벽에 할아버지의 초상이 걸려있다.

1991 **效益** xiàoyì 　　　　　　명 효과와 이익. 성과.

这个月的效益不错。 이번 달은 성과가 괜찮다.

1992 **协会** xiéhuì 　　　　　　명 협회.

他是汉语语言学协会的创办人之一。
그는 중국어 언어학 협회의 창립인원 중 한 명이다.

1993 **协商** xiéshāng 　　　　　동 협상하다. 협의하다.

双方经过协商，签订了合同。 쌍방은 협상을 통해 계약서에 사인했다.

1994 **协调** xiétiáo 　　　　　　형 조화롭다.
　　　　　　　　　　　　　　동 조화롭게 하다. **L5**

花盆和周围的家具很协调。 화분이 주위의 가구와 매우 조화롭다.
夫妻俩因为不可协调的矛盾离婚了。
부부 두 사람은 갈등으로 인해 이혼했다.

1995 **协议** xiéyì 　　　　　　　명 협의.
　　　　　　　　　　　　　　동 협의하다.

经过长达三年的谈判，两国终于签署了协议。
무려 3년에 이르는 담판을 통해, 두 나라는 마침내 협의서에 정식서명했다.

双方协议，降低产品的差价。
양측이 협의하여 상품의 가격 차이를 낮추기로 했다.

1996 协助 xiézhù
동 협조하다. 보조하다.

护士们在协助医生做手术。 간호사들은 의사가 수술하는 데 보조를 하고 있다.

1997 携带 xiédài
동 휴대하다. 지니다.

不能携带危险品上飞机。 위험물을 휴대하고 비행기에 탑승할 수 없다.

1998 泄露 xièlòu
동 새다. 누설하다. 폭로하다.

煤气泄漏引起火灾。 석탄가스 누출로 화재가 일어났다.

1999 泄气 xièqì
동 자신감을 잃다. 기가 죽다.

别泄气，继续努力! 자신감을 잃지 말고 계속 노력해!

2000 屑 xiè
명 부스러기. 찌꺼기.
형 자질구레하다.
동 ~할 만한 가치가 있다고 여기다.

孩子们在广场上用面包屑喂鸟儿。
아이들은 광장에서 빵 부스러기를 새에게 주었다.

工作中满是琐屑的事儿。 업무가 자질구레한 일들로 가득 차 있다.

他很骄傲，对很多人的成绩都不屑一顾。
그는 거만해서 여러 사람의 성적 따위에 신경 쓰지 않는다.

2001 谢绝 xièjué
동 사절하다.

对不起，这里谢绝参观。 죄송합니다만, 이곳은 참관 사절입니다.

2002 **心得** xīndé 　　　　　　　　　명 소감. 느낌. 체득.

说一下你的实习心得。 당신의 실습체험 소감을 말해보세요.

2003 **心甘情愿** xīngān qíngyuàn 　　　형 기꺼이 원하다. **C**

别客气，我是心甘情愿帮你的。 제가 원해서 돕는 것이니, 사양하지 마세요.

2004 **心灵** xīnlíng 　　　　　　　　　명 심령. 마음.

他是一个心灵美的人。 그는 마음이 아름다운 사람이다.

2005 **心态** xīntài 　　　　　　　　　명 심리 상태.

老人的心态很好。 노인의 심리 상태는 매우 좋다.

2006 **心疼** xīnténg 　　　　　　　　동 몹시 아끼다. 아까워하다. 애석해하다.

爷爷很心疼孙子。 할아버지는 손자를 몹시 아끼신다.

2007 **心血** xīnxuè 　　　　　　　　　명 심혈.

不要辜负父母的心血。 부모의 심혈을 저버려서는 안 된다.

2008 **心眼儿** xīnyǎnr 　　　　　　　명 내심. 마음속. 마음씨.

他心眼儿很多，对任何人都不会100%信任。
그는 의심이 많아서, 어떠한 일이든지 100% 신임하지 않는다.

2009 **辛勤** xīnqín 　　　　　　　　　형 부지런하다. 근면하다.

农民们在辛勤地工作。 농민들은 부지런히 작업 중이다.

2010 **欣慰** xīnwèi 　　　　　　　　　형 기쁘고 안심이 되다.

他取得的成绩让父母很欣慰。 그가 획득한 성적은 부모를 매우 기쁘게 했다.

2011 **欣欣向荣** xīnxīn xiàngróng　　형 활기차게 발전하다. 번영하다.

全国一片欣欣向荣的局面。 전국이 활기차고 발전할 국면이다.

2012 **新陈代谢** xīnchén dàixiè　　명 신진대사.

人体每天都在新陈代谢。 인체는 매일 신진대사를 하고 있다.

2013 **新郎** xīnláng　　명 신랑.

新郎很帅，听说家里有很多钱。
신랑이 잘생기고, 듣자하니 집에 돈도 많다고 하네.

2014 **新娘** xīnniáng　　명 신부.

新娘很漂亮，而且毕业于名牌儿大学。
신부는 얼굴도 예쁜 데다가 명문대학을 졸업했다.

2015 **新颖** xīnyǐng　　형 새롭다. 신선하다.

这个节目形式很新颖。 이 프로그램은 형식이 참신하다.

2016 **薪水** xīnshui　　명 봉급. 임금.

他的薪水很低。 그의 봉급은 너무 낮다.

2017 **信赖** xìnlài　　동 신뢰하다. 신임하다.

这是一家值得消费者信赖的企业。
이 기업은 소비자가 신뢰할만한 가치가 있다.

2018 **信念** xìnniàn　　명 신념. 믿음.

在那么恶劣的环境下，我还是活下来了，我始终没有失去信念。
그렇게 열악한 환경에서 나는 살아남았고, 줄곧 믿음을 저버리지 않았다.

2019 **信仰 xìnyǎng** 몡 신앙.

他的信仰很坚定。 그의 신앙심은 굳건하다.

2020 **信誉 xìnyù** 몡 신망. 신용.

人要讲信誉，否则就不会有朋友。
사람은 신용을 지켜야 하는데, 그렇지 않으면 친구가 없을 것이다.

2021 **兴隆 xīnglóng** 혱 창성하다. 흥성하다.

商店的生意很兴隆。 상점의 장사가 매우 잘 된다.

2022 **兴旺 xīngwàng** 혱 창성하다. 번창하다.

他们家的日子很兴旺。 그들은 살림 형편이 매우 좋다.

2023 **腥 xīng** 혱 비린내가 나다.

这块肉很腥。 이 고기는 비린내가 난다.

2024 **刑事 xíngshì** 몡 형사.

你要负刑事责任。 너는 형사책임을 져야 한다.

2025 **行政 xíngzhèng** 몡 행정.

他是搞行政的。 그는 행정을 하는 사람이다.

2026 **形态 xíngtài** 몡 형태.

水和冰是不同的形态。 물과 얼음은 다른 형태이다.

2027 **兴高采烈 xìnggāo cǎiliè** 성 매우 기쁘다.

孩子们兴高采烈地在公园玩儿。 아이들은 매우 기쁘게 공원에서 논다.

2028 **兴致勃勃** xìngzhì bóbó 〚성〛 흥미진진하다.

同学们兴致勃勃地参观了博物馆。
친구들은 흥미진진하게 박물관을 참관했다.

2029 **性感** xìnggǎn 〚형〛 섹시하다.

她长得很性感。그녀는 매우 섹시하게 생겼다.

2030 **性命** xìngmìng 〚명〛 목숨. 생명.

他不顾自己的性命，救出了孩子。
그는 자신의 목숨도 개의치 않고 아이를 구출해냈다.

2031 **性能** xìngnéng 〚명〛 성능.

这台电脑的性能很好。이 컴퓨터는 성능이 매우 좋다.

2032 **凶恶** xiōng'è 〚형〛 흉악하다.

那条狗很凶恶。저 개는 매우 흉악하다.

2033 **凶手** xiōngshǒu 〚명〛 살인범. 살인자.

凶手被抓起来了。살인자가 잡혔다.

2034 **汹涌** xiōngyǒng 〚형〛 물이 용솟음치다. Ⓝ

大海上波涛汹涌。바다에서 파도가 용솟음친다.

2035 **胸怀** xiōnghuái 〚명〛 마음. 심정. 도량. 포부. 가슴. 흉부.

他胸怀宽广，不会在乎这样的小事。
그는 마음이 넓어서 이런 작은 일에 개의치 않는다.

2036 **胸膛** xiōngtáng 몡 가슴. 흉부.

他的心在胸膛里激烈地跳动。 그의 심장이 가슴속에서 격렬히 뛰고 있다.

2037 **雄厚** xiónghòu 톙 풍부하다. 충분하다.

我们资金很雄厚，你就放心搞你的科研吧。
우리의 자금은 충분하니, 너는 마음놓고 과학연구를 해라.

2038 **雄伟** xióngwěi 톙 웅장하다. **L5**

一栋雄伟的建筑物，矗立chùlì在我的眼前。
웅장한 건축물 한 채가 내 눈 앞에 우뚝 솟아있다.

2039 **修复** xiūfù 동 수리하여 복원하다.

系统已经无法修复了。 시스템은 이미 복원할 수 없게 되었다.

2040 **修建** xiūjiàn 동 건축하다. 건설하다.

这座建筑是最近修建的。 이 건축물은 최근에 건축한 것이다.

2041 **修养** xiūyǎng 동 수양하다. 교양이나 학식을 쌓다. **N**

多阅读小说诗歌可以提高文学修养。
소설과 시가를 다독하면 문학적 수양을 쌓을 수 있다.

2042 **羞耻** xiūchǐ 톙 수줍다. 부끄럽다.

不知道羞耻的东西，滚开! 부끄러운 것도 모르다니, 꺼져!

2043 **绣** xiù 동 수놓다. 자수하다.

女孩儿们都在绣花儿。 여자아이들은 모두 꽃을 수놓고 있다.

2044 **嗅觉** xiùjué 몡 후각. 분별력. 감각.

狗的嗅觉很灵敏。 개의 후각은 매우 예민하다.

2045 **须知** xūzhī　　　　　　　　명 주의사항. 규정.

每个工地的入口都贴着安全须知。
공사장의 입구마다 모두 안전 주의사항이 붙어 있다.

2046 **虚假** xūjiǎ　　　　　　　　형 거짓의. 허위의.

不要提供虚假情报。 거짓 정보를 제공하지 마세요.

2047 **虚荣** xūróng　　　　　　　　명 허영. 헛된 영화.

每个人或多或少都是爱慕虚荣的。 사람들은 많든 적든 모두 허영을 좇는다.

2048 **虚伪** xūwěi　　　　　　　　형 허위의. 거짓의.

虚伪的微笑让人恶心。 거짓 미소는 사람에게 혐오감을 일으킨다.

2049 **需求** xūqiú　　　　　　　　명 수요. 필요.

儿女们在尽力满足老人的需求。
자식들은 최선을 다해 노인의 요구를 만족시키고 있다.

2050 **许可** xǔkě　　　　　　　　동 허가하다. 승낙하다.

经过努力终于获得了代理许可。 노력으로 끝내 대리 승인을 얻어냈다.

2051 **序言** xùyán　　　　　　　　명 서문.

请指导教授给写序言。 지도교수에게 서문을 써달라고 부탁했다.

2052 **畜牧** xùmù　　　　　　　　동 축산하다. 목축하다.

山上禁止畜牧。 산에서는 목축하는 것을 금한다.

2053 **酗酒** xùjiǔ 동 주정하다. 취해서 함부로 행동하다.

因为他酗酒，老婆和他离婚了。그가 주정을 부려서 마누라는 그와 이혼했다.

2054 **宣誓** xuānshì 동 선서하다.

大家都在国旗下宣誓。모두 국기 아래에서 선서한다.

2055 **宣扬** xuānyáng 동 선양하다. 널리 알리다.

他四处宣扬自己的理论。그는 사방으로 자신의 이론을 선양한다.

2056 **喧哗** xuānhuá 형 떠들썩하다. 요란하다. 시끄럽다. **N**

这是医院，禁止喧哗。여기는 병원이어서, 시끄럽게 하는 것을 금지한다.

2057 **悬挂** xuánguà 동 걸다. 매달다.

门口悬挂着两个灯笼。입구에 두 개의 등불이 걸려있다.

2058 **悬念** xuánniàn 명 서스펜스. 동 염려하다.

这部电影没有悬念，不会有什么票房。
이 영화는 서스펜스가 없어서 흥행이 될 리 없다.

2059 **悬殊** xuánshū 형 차이가 크다. 동떨어져 있다. **N**

俩人的水平很悬殊。두 사람의 수준은 차이가 크다.

2060 **悬崖峭壁** xuányá qiàobì 성 깎아지른 듯한 절벽.

前面就是悬崖峭壁。앞은 바로 깎아지른 듯한 절벽이다.

2061 **旋律** xuánlǜ 명 선율. 멜로디.

大家伴着优美的旋律翩翩起舞。
모두가 아름다운 선율에 맞추어 나풀나풀 춤을 추고 있다.

2062 **旋转** xuánzhuǎn 　　　　　　동 돌다. 회전하다.

他觉得天地都在旋转。 그는 천지가 모두 돌고 있다고 여긴다.

2063 **选拔** xuǎnbá 　　　　　　동 선발하다.

公司要选拔一批优秀的人才做骨干。
회사는 훌륭한 인재들을 선발해 간부를 맡기려고 한다.

2064 **选举** xuǎnjǔ 　　　　　　동 선거하다. **L5**

选举她做总统。 그녀는 선거로 총통이 됐다.

2065 **选手** xuǎnshǒu 　　　　　　명 선수.

他是一名运动选手。 그는 운동선수다.

2066 **炫耀** xuànyào 　　　　　　동 밝게 비추다. 자랑하다. 과시하다. **N**

不要炫耀自己的成绩。 자신의 성적을 과시하지 마라.

2067 **削弱** xuēruò 　　　　　　동 약화시키다. 약해지다.

我们的武器消弱敌人的力量了。 우리의 무기가 적의 역량을 약화시켰다.

2068 **学说** xuéshuō 　　　　　　명 학설.

科学家们提出了新的学说。 과학자들은 새로운 학설을 제기했다.

2069 **学位** xuéwèi 　　　　　　명 학위.

他被哈佛大学授予名誉博士学位。
그는 하버드 대학에서 명예 박사학위를 받았다.

2070 **雪上加霜** xuěshàng jiāshuāng 〔성〕 설상가상. 엎친 데 덮치다.

失业让他的生活雪上加霜。 실업이 그의 생활을 더 힘들게 했다.

2071 **血压** xuèyā 〔명〕 혈압.

这种药物可以有效控制血压。 이런 약물은 혈압 조절에 효과가 있다.

2072 **熏陶** xūntáo 〔명〕 영향. 훈도. 〔동〕 훈도하다.

他从小受到父亲的熏陶。 그는 어려서부터 아버지의 영향을 받았다.

2073 **寻觅** xúnmì 〔동〕 찾다.

知己难寻觅。 지기는 찾기가 어렵다.

2074 **巡逻** xúnluó 〔동〕 순찰하다. 순시하다.

警察们在四处巡逻。 경찰들이 사방에서 순찰한다.

2075 **循环** xúnhuán 〔동〕 순환하다.

水是循环流动的。 물은 순환하고 유동적이다.

2076 **循序渐进** xúnxù jiànjìn 〔성〕 순차적으로 진행하다.

学习要循序渐进。 학습은 순차적으로 진행하는 것이다.

2077 **压迫** yāpò 통 억압하다.

血管压迫了神经。 혈관이 신경을 억압했다.

2078 **压岁钱** yāsuìqián 명 세뱃돈.

爷爷奶奶每年过年都给孩子们压岁钱。
할아버지 할머니는 매년 새해에 아이들에게 세뱃돈을 주신다.

2079 **压缩** yāsuō 통 압축하다. 축소하다.

因为经济不景气，不管是公司还是个人都开始压缩开支。
경제가 불경기라, 회사든 개인이든 모두 지출을 줄이기 시작한다.

2080 **压抑** yāyì 형 답답하다. 억압하다.

公司的空气很压抑。 회사의 공기가 답답하다.

2081 **压榨** yāzhà 통 압착하다. 착취하다.

资本家压榨工人的血汗。 자본가는 노동자의 피와 땀을 착취한다.

2082 **压制** yāzhì 통 억제하다. 제지하다.

我们要尽量压制消极思想。 우리는 최대한 소극적인 생각을 자제해야 한다.

2083 **鸦雀无声** yāquè wúshēng 성 매우 고요하다. 쥐 죽은 듯이 조용하다.

教室里鸦雀无声。 교실이 쥐 죽은 듯이 조용하다.

2084 **亚军** yàjūn 명 제2위. 준우승.

他获得了亚军。 그는 준우승을 차지했다.

2085 **烟花爆竹** yānhuā bàozhú 명 불꽃놀이. 폭죽.

政府禁止燃放烟花爆竹。정부는 불꽃놀이를 하는 것을 금지했다.

2086 **淹没** yānmò 동 잠기다. 수몰되다.

洪水淹没了村庄。홍수 때문에 논이 물에 잠겼다.

2087 **延期** yánqī 동 연장하다. 늘리다.

他的签证延期了。그의 비자는 연장되었다.

2088 **延伸** yánshēn 동 펴다. 늘이다.

山脉向远处延伸。산맥이 저 멀리까지 뻗어있다.

2089 **延续** yánxù 동 계속하다. 지속하다.

节约的传统一直延续了下来。절약의 전통은 줄곧 지속되어 왔다.

2090 **严寒** yánhán 형 추위가 심하다. 아주 춥다.

松树在抵抗严寒。대나무는 극심한 추위에 저항하고 있다.

2091 **严禁** yánjìn 동 엄금하다.

严禁贩卖人口，一经抓获必将严惩。
인신매매를 엄금하고, 일단 잡히면 반드시 엄하게 처벌할 것이다.

2092 **严峻** yánjùn 형 중대하다. 심각하다. 엄숙하다.

目前的形势很严峻。 현재의 정세가 매우 엄숙하다.

2093 **严厉** yánlì 형 매섭다. 호되다.

老师对学生们很严厉。 선생님은 학생들에게 매우 엄격하시다.

2094 **严密** yánmì 　　　　　　　　형 빈틈없다. 긴밀하다.

那袋咖啡原豆封得很严密。저 커피원두 봉지는 빈틈없이 밀봉되어 있다.

2095 **言论** yánlùn 　　　　　　　　명 언론. 의견.

他在发表反动言论。그는 반대 의견을 발표하고 있다.

2096 **岩石** yánshí 　　　　　　　　명 암석. 바위.

海浪向岸边的岩石冲过来。파도가 기슭의 암석을 향해 부딪쳤다.

2097 **炎热** yánrè 　　　　　　　　형 무덥다. 찌는 듯하다.

北京的夏天很炎热。베이징의 여름은 찌는 듯이 덥다.

2098 **沿海** yánhǎi 　　　　　　　　명 연해. 바닷가 근처 지방.

青岛是沿海城市。칭다오는 연해에 있는 도시이다.

2099 **掩盖** yǎngài 　　　　　　　　동 위에서 덮어 씌우다. 감추다. 숨기다.

真相是掩盖不住的。진상은 숨길 수 없다.

2100 **掩护** yǎnhù 　　　　　　　　동 엄호하다. 몰래 보호하다.

解放军掩护了大家撤退。해방군은 모두가 철수하는 것을 엄호했다.

2101 **掩饰** yǎnshì 　　　　　　　　동 덮어 숨기다. 감추다.

他掩饰不住心里的喜悦。그는 마음속의 기쁨을 감출 수 없다.

2102 **眼光** yǎnguāng 　　　　　　　　명 안목. 식견. 시선. 눈길.

他眼光很高，所以到现在还没有女朋友。
그는 안목이 높아서, 지금까지도 여자친구가 없다.

2103 **眼色 yǎnsè** 명 윙크. 눈짓. 눈치.

看我眼色行事，不能擅自行动。
내가 윙크하는 것을 봐봐, 내 마음대로 움직여지지 않아.

2104 **眼神 yǎnshén** 명 눈빛. 눈의 표정.

他用充满爱意的眼神看着自己的一双儿女。
그는 사랑이 가득찬 표정으로 자신의 아들 딸을 보고 있다.

2105 **演变 yǎnbiàn** 동 변화 발전하다.

争执演变成了一场战争。 논쟁이 전쟁으로 변화 발전했다.

2106 **演习 yǎnxí** 동 훈련하다. 연습하다.

海军在领海演习，但是引起了邻国的不满。
해군은 영해에서 훈련 중이어서 이웃나라의 불만이 야기됐다.

2107 **演绎 yǎnyì** 동 벌여 놓다.

那件事儿又演绎出了很多动人的故事。
그 사건이 또 수많은 감동적인 이야기를 만들어냈다.

2108 **演奏 yǎnzòu** 동 연주하다.

演奏大提琴的那个人，是去年刚毕业的大学生。
첼로를 연주하는 저 사람은 작년에 갓 졸업한 대학생이다.

2109 **厌恶 yànwù** 동 혐오하다.

我厌恶他的虚伪，永远不想和他做朋友。
나는 그의 위선을 혐오해서 영원히 그와 친구를 하고 싶지 않다.

2110 **验收 yànshōu** 동 검수하다.

产品通过验收了，研制人员都很高兴。
상품이 검수를 통과하자, 연구제작 인원들이 모두 기뻐했다.

2111 验证 yànzhèng 　　　　동 검증하다.

真理再一次被验证了。진리가 재차 검증되었다.

2112 氧气 yǎngqì 　　　　명 산소.

高原地区缺少氧气。고원지역은 산소가 부족하다.

2113 样品 yàngpǐn 　　　　명 샘플. 견본.

给我们一些样品，我们拿去推销。가져가서 영업하게 샘플을 좀 주세요.

2114 谣言 yáoyán 　　　　명 유언비어. 헛소문. 뜬소문.

不管是谁在传播谣言，查出来后都会受到处罚。
유언비어를 퍼트리는 사람이 누구인지 찾아낸 후에는 모두 처벌을 받을 것이다.

2115 摇摆 yáobǎi 　　　　동 흔들거리다. 동요되다.

起风了，灯笼不停地摇摆。바람이 불어서, 초롱이 계속해서 흔들린다.

2116 摇滚 yáogǔn 　　　　명 로큰롤.

年轻人比较喜欢摇滚。젊은 사람은 비교적 로큰롤을 좋아한다.

2117 遥控 yáokòng 　　　　동 원격조종하다.

这台电脑是可以遥控的。이 컴퓨터는 원격조종할 수 있다.

2118 遥远 yáoyuǎn 　　　　형 요원하다. 아득히 멀다.

那是一个遥远的年代，那个时候这里还是一片沼泽zhǎozé。
그것은 아득히 먼 시대인데, 그때에 이곳은 소택지였다.

2119 要点 yàodiǎn　　　　명 요점. 요지. 거점.

写文章要抓住要点，不能西瓜芝麻一起写。
문장을 쓰려면 요점을 잡아야 하고, 중요한 것과 그렇지 않은 것을 같이 써서는 안 된다.

2120 要命 yàomìng　　　　분 엄청. 아주.
　　　　　　　　　　　　동 귀찮아 죽겠다.

哈尔滨地处中国的东北地区，一到冬天就冷得要命。
하얼빈은 중국의 동북지역에 위치해서 겨울만 되면 매우 춥다.

这个孩子真要命，每天哭。이 아이는 매일 울어서 정말 귀찮아 죽겠다.

2121 要素 yàosù　　　　명 요소.

新闻有三大要素，即时间、地点、人物。
뉴스에는 삼대 요소가 있는데, 바로 시간, 장소, 인물이다.

2122 耀眼 yàoyǎn　　　　형 (광선이나 색채가 강렬하여) 눈부시다.

太阳的光芒很耀眼，他只得戴上了墨镜。
태양 광선이 매우 눈이 부셔서, 그는 하는 수 없이 선글라스를 착용했다.

2123 野蛮 yěmán　　　　형 야만적이다. 미개하다. 잔인하다.

暴徒们很野蛮，毁坏了很多店铺和饭馆。
폭도들은 야만적이어서, 많은 점포와 호텔을 파괴했다.

2124 野心 yěxīn　　　　명 야심.

他是一个有野心的人。그는 야심이 있는 사람이다.

2125 液体 yètǐ　　　　명 액체.

水是一种液体，可以流动。물은 일종의 액체로 흘러갈 수 있다.

2126 **一度** yídù 　　　　　閉 한때. 한동안.
　　　　　　　　　　　　　명 한 번. 한 차례.

我一度很喜欢那个演员。 나는 한때 저 연기자를 좋아했다.
五年一度的总统选举开始了。 5년에 한 번 있는 총통 선거가 시작되었다.

2127 **一帆风顺** yìfān fēngshùn 　성 일이 순조롭게 진행되다.

没有任何事情是一帆风顺的。 어떤 일도 순조롭게 진행되는 것은 없다.

2128 **一贯** yíguàn 　　　　　형 한결같다. 일관되다.

晚睡是他一贯的做法。 늦게 잠을 자는 것은 그의 일관된 방법이다.

2129 **一举两得** yìjǔ liǎngdé 　성 일거양득. 일석이조.

这样做一举两得，既可以赢得他的信任又可以让他愿意投资。
이렇게 하면 그의 신임을 얻을 수도 있고, 또 그가 기꺼이 투자를 하게 할 수 있으므로 일거양득이다.

2130 **一流** yīliú 　　　　　형 최상급의. 일류의.

这个酒店的服务是一流的。 이 술집의 서비스는 일류이다.

2131 **一目了然** yímù liǎorán 　성 일목요연하다.

整个设计一目了然。 모든 설계가 일목요연하다.

2132 **一如既往** yìrú jìwǎng 　성 지난날과 다름없다.

别担心，我会一如既往地支持你的。
나는 지난날과 마찬가지로 너를 지지할 거니, 걱정하지 마.

2133 **一丝不苟** yìsī bùgǒu 　성 조금도 소홀히 하지 않다.

他工作一丝不苟。 그는 일에 있어 조금도 소홀히 하지 않는다.

2134 **一向** yíxiàng 〖부〗 줄곧. 종래.

爸爸一向不喜欢吃米饭。아빠는 줄곧 쌀밥을 좋아하지 않으신다.

2135 **衣裳** yīshang 〖명〗 의상. 의복.

她买了几件新衣裳。그녀는 새로운 옷을 몇 벌 샀다.

2136 **依旧** yījiù 〖부〗 여전히.

我朋友依旧是老样子。내 친구는 여전히 옛 모습 그대로이다.

2137 **依据** yījù 〖동〗 의거하다. 근거하다.
〖명〗 근거.

这个结论是依据多次试验得到的。
이 결론은 여러 차례 실험에 근거해서 얻은 것이다.
这个说法没有依据。이 말은 근거가 없다.

2138 **依靠** yīkào 〖동〗 의존하다.

他到现在还依靠父母生活。그는 지금까지도 부모에 의존해 생활한다.

2139 **依赖** yīlài 〖동〗 의존하다.

人类依赖水生存。인류는 물에 의존해서 생존한다.

2140 **依托** yītuō 〖동〗 의지하다. 기대다.

不知道我该依托谁。내가 누구에게 기대야 할지 모르겠다.

2141 **仪器** yíqì 〖명〗 측정기구.

这些都是精密仪器，要轻拿轻放。
이것들은 모두 정밀 측정기구이다. 살살 들고 살살 놓아야 한다.

2142 **仪式** yíshì 　　　　　　　　名 의식.

他们俩明天举行结婚仪式。 그들 둘은 내일 결혼식을 거행한다.

2143 **遗产** yíchǎn 　　　　　　　　名 유산.

父母留下了很多遗产，但是他又把这些遗产捐献给了社会。
부모님이 유산을 많이 남겼으나, 그는 이 유산을 다시 사회에 기부했다.

2144 **遗传** yíchuán 　　　　　　　　动 유전하다.

孩子们都遗传了父母的优点，各个聪明上进。
아이들이 부모의 좋은 점만 물려받아, 모두 똑똑하고 진취적이다.

2145 **遗留** yíliú 　　　　　　　　动 남겨 놓다. 남아 있다.

他走的时候遗留了很多问题。 그가 갔을 때 많은 문제가 남아 있었다.

2146 **遗失** yíshī 　　　　　　　　动 유실하다. 잃어버리다.

我下车的时候，不小心把钱包遗失在车上了。
나는 차에서 내릴 때, 부주의하여 지갑을 차에서 잃어버렸다.

2147 **疑惑** yíhuò 　　　　　　　　动 의심하다. 의심을 품다.

我刚开始有点疑惑，现在已经完全明白了。
나는 막 시작할 때는 조금 의심했는데, 지금은 이미 완전히 이해했다.

2148 **以便** yǐbiàn 　　　　　　　　接 ~하기 위하여.

我们使用计算机以便节省时间。 우리는 시간을 아끼려고 계산기를 사용한다.

2149 **以免** yǐmiǎn 　　　　　　　　接 ~하지 않도록.

注意储蓄一部分钱，以免老了没钱。
늙어서 돈이 없지 않도록, 돈 일부를 저축하는 데 신경 써.

2150 以往 yǐwǎng 명 종전. 이전.

以往这个时候他已经到了。 이전에는 이맘때면 그는 이미 도착했었다.

2151 以至 yǐzhì 접 ~에 이르기까지. ~에까지.

口语课内容不够丰富，以至学生学习兴趣低。
회화 수업 내용이 풍부하지 못해서 학생들의 학습흥미까지 떨어지게 했다.

2152 以致 yǐzhì 접 ~이(가) 되다. ~을 초래하다.

我非常高兴以致于忘记了时间。 나는 매우 기뻐 시간을 잊어버렸다.

2153 亦 yì 부 ~도 역시. 또한.

人需要朋友，动物亦如此 。 사람은 친구가 필요하고 동물 또한 이러하다.

2154 异常 yìcháng 형 심상치 않다. 이상하다.

最近天气很异常。 최근 날씨가 이상하다.

2155 意料 yìliào 동 예상하다. 예측하다.

他的成绩在我意料之中，因为他是我们班最努力的学生。
그의 성적은 나의 예측 안에 있는데, 왜냐하면 그는 우리 반에서 가장 열심히 하는 학생이기 때문이다.

2156 意识 yìshí 명 의식.

一个大木棍砸zá在他的头上，他失去了意识。
큰 나무 막대기가 그의 머리 위를 내리쳐서 그는 의식을 잃었다.

2157 意图 yìtú 명 의도. 기도.

我没有辞职的意图。 나는 사직할 뜻이 없다.

2158 意味着 yìwèizhe   동 의미하다. 뜻하다.

这**意味着**什么呢? 이것은 무엇을 의미합니까?

2159 意向 yìxiàng   명 의향. 의도. 의사.

双方已经达成合作**意向**。 양측은 합작에 대한 의견을 모았다.

2160 意志 yìzhì   명 의지.

他的**意志**很薄弱, 需要你时刻鼓励。
그의 의지는 매우 약해서 네가 항상 독려해야 한다.

2161 毅力 yìlì   명 굳센 의지. 끈기.

学习需要**毅力**, 否则就容易失去信心半途而废。
공부하는 데에는 끈기가 있어야 하는데, 그렇지 않으면 쉽게 자신감을 잃고 중도에 포기해 버린다.

2162 毅然 yìrán   부 의연히. 결연히.

父母**毅然**决定送他去留学。 부모는 의연히 그를 유학 보내기로 결정했다.

2163 翼 yì   명 날개. 깃.

鸟都有双**翼**, 就像人有双臂一样。
새는 모두 두 개의 날개가 있는데, 마치 사람에게 두 팔이 있는 것과 같다.

2164 阴谋 yīnmóu   명 음모. 동 음모를 꾸미다.

敌人的**阴谋**破产了。 적의 음모가 실패로 돌아갔다.

2165 音响 yīnxiǎng   명 음향.

这台**音响**的音质很好。 이 음향기기는 음질이 매우 좋다.

2166 **引导** yǐndǎo 图 인도하다. 지도하다.

在教练的引导下，他终于得了冠军。
코치의 지도 아래, 그는 마침내 금메달을 획득했다.

2167 **引擎** yǐnqíng 图 엔진.

飞机引擎出现故障，延误了半个小时。
비행기 엔진에 고장이 나서 30분이나 지연되었다.

2168 **引用** yǐnyòng 图 인용하다.

他的论文被很多人引用。 많은 사람이 그의 논문을 인용했다.

2169 **饮食** yǐnshí 图 음식.

注意饮食卫生，否则会经常闹肚子。
음식 위생에 유의해라. 그렇지 않으면 자주 배탈이 날 것이다.

2170 **隐蔽** yǐnbì 图 은폐하다. 가리다.

敌人来了，快隐蔽起来。 적이 왔다, 빨리 숨어라.

2171 **隐患** yǐnhuàn 图 잠복해 있는 병.

不及时清理会留下隐患的。
제때에 깨끗하게 처리하지 않으면 후환이 남을 것이다.

2172 **隐瞒** yǐnmán 图 숨기다. 속이다.

她隐瞒了自己的年龄。 그녀는 자신의 나이를 속였다.

2173 **隐私** yǐnsī 图 사적인 비밀.

每个人都有自己的隐私。 모든 사람은 자신의 사적인 비밀이 있다.

2174 **隐约** yǐnyuē 形 희미하다. 흐릿하다.

从远处隐约传出来几声狗叫。
먼 곳으로부터 희미하게 개 짖는 소리가 몇 번 들려왔다.

2175 **英明** yīngmíng 形 현명하다. 뛰어나게 슬기롭고 총명하다.

他是个英明而和蔼的父亲。그는 현명하고 온화한 부친이시다.

2176 **英勇** yīngyǒng 形 용맹하다. 용감하다.

战士们很英勇，因此很快就击败了敌人的进攻。
전사들은 용감해서 매우 빨리 적의 공격을 격파했다.

2177 **婴儿** yīng'ér 名 영아. 젖먹이. 갓난아기.

床上睡着一个婴儿。침대에서 갓난아기가 자고 있다.

2178 **迎面** yíngmiàn 名 맞은편.
　　　　　　　　　　　　　　副 정면으로.

迎面是一家便利店，旁边是一个服装店。
맞은편은 편의점이고, 옆은 옷가게이다.

一个外国人迎面走来了。외국인 한 명이 정면으로 걸어왔다.

2179 **盈利** yínglì 名 이윤. 이익.

营销是一个强大的盈利来源。영업은 강력한 이윤의 원천이다.

2180 **应酬** yìngchou 动 응대하다. 접대하다.

他每天都要应酬客人。그는 매일 손님을 접대해야 한다.

2181 **应邀** yìngyāo 动 초청에 응하다.

董事长应邀参加了签约仪式。이사장은 초청에 응해 서명식에 참석했다.

2182 拥护 yōnghù
동 옹호하다. 지지하다.

拥护党的领导，认真贯彻党的政策。
당의 지도자를 옹호하고 열심히 당의 정책을 관철시켜라.

2183 拥有 yōngyǒu
동 보유하다. 소유하다.

那座城市拥有悠久的历史。 저 도시는 유구한 역사를 보유하고 있다.

2184 庸俗 yōngsú
형 범속하다. 비속하다.

这种观念是很庸俗的。 이런 관념은 매우 비속한 것이다.

2185 永恒 yǒnghéng
형 영원히 변하지 않다.

她从小就梦想着拥有一份永恒不变的爱情。
그녀는 어려서부터 영원히 변치 않는 사랑을 하길 꿈꾸고 있다.

2186 勇于 yǒngyú
동 용감하게 ~하다.

勇于挑战困难才能战胜困难。
어려움에 용감하게 도전해야만이 어려움을 극복할 수 있다.

2187 涌现 yǒngxiàn
동 한꺼번에 나타나다. 대량으로 생겨나다.

最近班里涌现了很多好人好事。
최근 반에 착한 학생들의 선행이 한꺼번에 나타났다.

2188 踊跃 yǒngyuè
형 열렬하다. 활기차다. 적극적이다.
동 펄쩍 뛰어오르다.

这次报名大家都很踊跃。 이번 신청에 모두 아주 적극적이다.
海浪在海面上踊跃。 파도가 해수면으로 솟아오른다.

2189 **用户** yònghù ᅠ 명 사용자. 가입자.

用户们都反应很好，因此销量一直在不断上升。
사용자들의 반응이 모두 좋아서 판매량도 줄곧 상승하고 있다.

2190 **优胜劣汰** yōushèng liètài ᅠ 성 우수한 것은 살아남고, 나쁜 것은 도태하다.

优胜劣汰是不变的真理。
우수한 것만 살아남고 나쁜 것은 도태되는 것은 불변의 진리이다.

2191 **优先** yōuxiān ᅠ 동 우선하다.
ᅠ ᅠ ᅠ ᅠ ᅠ ᅠ ᅠ ᅠ ᅠ ᅠ ᅠ ᅠ 부 우선적으로.

老人和儿童优先。 노인과 아동이 우선이다.
这些问题得优先考虑。 이 문제들이 우선적으로 고려되어야 한다.

2192 **优异** yōuyì ᅠ 형 특히 우수하다.

他取得了优异的成绩。 그는 우수한 성적을 거두었다.

2193 **优越** yōuyuè ᅠ 형 우월하다. 우량하다.

条件很优越，但是他却不好好儿利用。
조건이 우월하나 그는 오히려 잘 이용하지 않는다.

2194 **忧郁** yōuyù ᅠ 형 우울하다. 침울하다.

孩子的表情最近很忧郁，这让父母很担心。
아이의 표정이 요즘 우울한데, 이것이 부모를 걱정하게 한다.

2195 **犹如** yóurú ᅠ 동 마치 ~와[과] 같다.

我犹如回到了故乡。 나는 마치 고향에 돌아온 것 같다.

2196 **油腻** yóunì 형 기름지다. 느끼하다.

中国菜很油腻，韩国菜很清淡。중국요리는 느끼하고 한국요리는 담백하다.

2197 **油漆** yóuqī 명 페인트.
　　　　　　　　　　　동 (페인트 등을) 칠하다.

明天进城去买一桶油漆。내일 시내에 가서 페인트 한 통을 구매하려 한다.
一天就油漆了一张床。하루 만에 침대 하나를 페인트로 칠했다.

2198 **有条不紊** yǒutiáo bùwěn 성 조리 있고 질서 정연하다.

选举工作在有条不紊地进行。
선거 작업은 조리 있고 질서정연하게 진행 중이다.

2199 **幼稚** yòuzhì 형 유치하다. 수준이 낮다.

这种做法很幼稚。이런 방법은 유치하다.

2200 **诱惑** yòuhuò 동 끌어들이다. 유도하다. 유혹하다.

诱惑青少年犯罪是一种严重的犯罪。
청소년 범죄를 유도하는 것은 심각한 죄이다.

2201 **渔民** yúmín 명 어민.

海边居住着很多渔民。해변에는 어민이 많이 거주하고 있다.

2202 **愚蠢** yúchǔn 형 우둔하다. 어리석다.

你太愚蠢了，怎么能相信他的话呢?
너는 너무 어리석어, 어떻게 그의 말을 믿을 수가 있어?

2203 **愚昧** yúmèi 형 우매하다.

愚昧是贫穷的根源。우매한 것은 가난의 근원이다.

2204 **舆论** yúlùn 명 여론.

舆论的力量很强大。 여론의 힘은 아주 강하다.

2205 **与日俱增** yǔrì jùzēng 성 날이 갈수록 많아지다. 날로 번창하다.

我对她的爱与日俱增。 나는 그녀에 대한 사랑이 날이 갈수록 깊어진다.

2206 **宇宙** yǔzhòu 명 우주. L5

辽阔的宇宙，隐藏着很多奥秘。 광활한 우주에는 수많은 비밀이 숨겨져있다.

2207 **羽绒服** yǔróngfú 명 다운재킷.

天气很冷，所以今天得穿羽绒服。
날씨가 추워서 오늘은 다운재킷을 입어야 겠다.

2208 **玉** yù 명 옥. C

男孩的脖子上戴着一块玉。 남자아이의 목에 옥 하나가 채워져 있다.

2209 **预料** yùliào 동 예상하다.
　　　　　　　　　　　　명 예상. 예측.

这个结果是我没有预料到的。 이 결과는 내가 예상치 못했던 것이다.
这个结果出乎我的预料。 이 결과는 내 예상을 빗나갔다.

2210 **预期** yùqī 동 예기하다. 미리 기대하다.

药的效果没有预期得那么好。 약효가 기대한 것만큼 그렇게 좋지는 않다.

2211 **预算** yùsuàn 명 예산.
　　　　　　　　　　　　동 예산하다.

这次活动经费预算多少? 이번 활동 경비 예산은 얼마인가요?
他预算这个事业将耗资两亿。 그는 이 사업에 2억이 투입될 것으로 예산한다.

2212 **预先 yùxiān** 　　　　　　　　🔲 사전에. 미리.

有人预先告诉我了。 어떤 사람이 사전에 나에게 알려주었다.

2213 **预言 yùyán** 　　　　　　　　🔲 예언하다.

没有人能预言世界末日。 세계종말을 예언할 수 있는 사람은 없다.

2214 **预兆 yùzhào** 　　　　　　　　🔲 조짐을 보이다.
　　　　　　　　　　　　　　　　🔲 전조. 징조.

冬天的大雪预兆明年会丰收。
겨울의 큰 눈은 내년이 풍작일 것이라는 조짐을 보이는 것이다.

这场地震没有一点预兆。 이번 지진은 조금의 전조도 없었다.

2215 **欲望 yùwàng** 　　　　　　　　🔲 욕망.

求生的欲望让他忘记了疲惫。
살고자 하는 욕망이 그로 하여금 피로도 잊게 했다.

2216 **寓言 yùyán** 　　　　　　　　🔲 우언. 우화.

小时候读了很多寓言故事。 어릴 적 우화 이야기를 많이 읽었다.

2217 **愈 yù** 　　　　　　　　🔲 ~하면 ~할수록 ~하다.

我愈劝他愈哭。 내가 충고하면 할수록 그는 점점 더 운다.

2218 **冤枉 yuānwang** 　　　　　　　　🔲 억울하다.
　　　　　　　　　　　　　　　　🔲 억울한 누명을 씌우다.

受了这样的批评，他觉得很冤枉。
이런 비평을 받고 그는 매우 억울하다고 느꼈다.

不能冤枉好人，也不能放过一个坏人。
좋은 사람에게 누명을 씌워서는 안 되고 나쁜 사람을 놓아주어서도 안 된다.

2219 **元首** yuánshǒu　　　　　　　명 국가 원수.

朴槿惠是韩国的新任国家元首。
박근혜는 한국의 새로 임명된 국가 원수이다.

2220 **元素** yuánsù　　　　　　　명 요소. 원소.

好的方法是事情成功的重要元素。
좋은 방법은 일이 성사되는 중요한 요소이다.

2221 **元宵节** Yuánxiāo Jié　　　　명 정월 대보름.

明天是元宵节，大家都到我家吃元宵啊。
내일은 정월 대보름이니 모두 우리 집에 와서 위앤샤오를 먹어라.

2222 **园林** yuánlín　　　　　　　명 정원. 조경 풍치림.

苏州园林非常有名。 쑤저우 정원은 매우 유명하다.

2223 **原告** yuángào　　　　　　　명 원고.

原告和被告同时出现在法庭上。 원고와 피고는 동시에 법정에 나타났다.

2224 **原理** yuánlǐ　　　　　　　명 원리.

起重机利用的是杠杆原理。 기중기가 이용하는 것은 지렛대의 원리이다.

2225 **原始** yuánshǐ　　　　　　　형 원시의. 최초의.

原始社会的人已经懂得用铁制造工具。
원시사회 때 인간은 이미 철로 도구를 제조할 줄 알았다.

2226 **原先** yuánxiān　　　　　　　명 종전. 이전.

这些东西都是原先就在这里的。 이것들은 모두 이전에 여기에 있던 것이다.

2227 **圆满 yuánmǎn** 형 원만하다.

预祝活动圆满成功。행사가 원만하게 성공하기를 미리 기원한다.

2228 **缘故 yuángù** 명 연고. 원인. **L5**

你今天没来是什么缘故？너 오늘 왜 안 왔어?

2229 **源泉 yuánquán** 명 원천. 근원.

生活是创作的源泉。생활은 창작의 원천이다.

2230 **约束 yuēshù** 동 단속하다. 규제하다.

不能约束年轻人施展才干。젊은이들의 재능 발휘를 규제해서는 안 된다.

2231 **乐谱 yuèpǔ** 명 악보.

找不到乐谱不能演奏。악보를 못 찾으면 연주를 할 수 없다.

2232 **岳母 yuèmǔ** 명 장모. **C**

岳母要搬来和我们一起住。
장모님께서 거처를 옮겨 우리와 같이 살려고 하신다.

2233 **孕育 yùnyù** 동 내포하다. 낳아 기르다. 생육하다.

你的话孕育着矛盾。네 말에는 모순이 있다.

2234 **运算 yùnsuàn** 동 연산하다.

几台电脑正在同时运算。몇 대의 컴퓨터가 동시에 연산하고 있다.

2235 **运行 yùnxíng** 동 운행하다.

那台机器运行不正常。저 기계는 작동이 제대로 안 된다.

2236 **酝酿 yùnniàng** 图 사전에 미리 준비하다. 술을 빚다.

全国正在酝酿一场革命。전국은 지금 혁명을 준비하고 있다.

2237 **蕴藏 yùncáng** 图 잠재하다. 매장되다.

这里蕴藏着丰富的矿藏。이곳에 풍부한 광산자원이 매장되어 있다.

2238 **熨 yùn** 图 다리다. 다림질하다.

妈妈给我熨衣服。엄마는 내게 옷을 다려주신다.

2239 **杂技 zájì** 图 잡기. 곡예.

中国杂技世界有名。중국 잡기는 세계적으로 유명하다.

2240 **杂交 zájiāo** 图 교잡하다. 교배하다.

杂交水稻产量很高。교배한 벼의 생산량은 매우 높다.

2241 **砸 zá** 图 찧다. 박다. 깨뜨리다.

他的头被砸出血了。그는 머리를 찧어서 피가 났다.

2242 **咋 ză** 대 어째서. 어떻게.

你咋来了? 너 어쩐 일이야?

2243 **灾难** zāinàn 명 재난. 재해.

一场灾难降临了，很多人失去了家园。
재난이 한 차례 닥쳐와, 많은 사람이 집을 잃었다.

2244 **栽培** zāipéi 동 배양하다. 재배하다.

温室里栽培了很多热带植物。 온실에 많은 열대식물을 재배했다.

2245 **宰** zǎi 동 죽이다. 도살하다.

他们准备宰一头牛迎接客人。
그들은 소 한 마리를 도살해 손님을 접대할 준비를 한다.

2246 **再接再厉** zàijiē zàilì 성 더욱더 힘쓰다.

不要骄傲，要再接再厉。 자만하지 말고 더욱더 힘써야 한다.

2247 **在意** zàiyì 동 마음에 두다.

他不是故意的，你别在意。 그는 일부러 그런 것이 아니니 너는 신경 쓰지 마라.

2248 **攒** zǎn 동 쌓다. 모으다.

工作几年攒了一部分钱。 몇 년 동안 일을 해 돈을 좀 모았다.

2249 **暂且** zànqiě 부 잠시. 잠깐.

过去的事情，暂且不要提了。 과거의 일은 잠시 언급하지 마라.

2250 **赞叹** zàntàn 동 찬탄하다.

他的高尚品德让人赞叹。 그의 고상한 품성은 사람들의 찬탄을 받는다.

2251 **赞助** zànzhù 동 찬조하다. 지지하다.

那个老华侨赞助了新建的小学两台电脑。
저 나이 드신 화교가 신설된 초등학교에 두 대의 컴퓨터를 찬조하셨다.

2252 **遭受** zāoshòu 　　　　　　동 입다. 당하다.

父亲的去世让他遭受了沉重的打击。
부친의 죽음으로 그는 심각한 충격을 받았다.

2253 **遭殃** zāoyāng 　　　　　　동 재난을 입다. 재앙을 당하다.

每一场战争都是老百姓遭殃。전쟁 때마다 백성이 재앙을 당한다.

2254 **遭遇** zāoyù 　　　　　　동 (불행한 일 등을) 만나다.

我们在去西藏的路上遭遇了一场暴雨。
우리는 시짱으로 가는 길에 폭우를 만났다.

2255 **糟蹋** zāotà 　　　　　　동 낭비하다. 짓밟다.

不能糟蹋粮食，每一粒米都是农民的血汗。
한 톨 한 톨이 모두 농민의 피땀이니, 식량을 낭비해서는 안 된다.

2256 **造型** zàoxíng 　　　　　　명 조형. 이미지. 형상. 동 형상화하다.

这个头发造型很特别。이 헤어스타일은 특이하다.

2257 **噪音** zàoyīn 　　　　　　명 소음.

减少噪音污染，人人有责。소음 오염을 줄이는 것은 누구에게나 책임이 있다.

2258 **责怪** zéguài 　　　　　　동 원망하다. 나무라다.

先检讨自己，再责怪别人。먼저 자신을 점검하고 나서 다른 사람을 원망해라.

2259 **贼** zéi 　　　　　　명 도둑. 도적.

有一个贼偷了我家的东西。어떤 도둑이 우리 집 물건을 훔쳤다.

2260 增添 zēngtiān 동 더하다. 늘리다.

孩子的出生给家庭增添了很多乐趣。
아이의 출생은 가정에 많은 즐거움을 더해주었다.

2261 赠送 zèngsòng 동 증정하다. 주다.

买这款化妆品的话，我们会赠送礼物。
이 화장품을 사시면 선물을 증정합니다.

2262 扎 zhā 동 찌르다.

我的手指叫针给扎了一下。손가락이 바늘에 찔렸다.

2263 扎实 zhāshi 형 견실하다. 견고하다.

那个学生的基础很扎实。저 학생의 기초는 매우 견고하다.

2264 渣 zhā 명 찌꺼기. 침전물.

豆腐渣在韩国可以吃。한국에서는 두부 찌꺼기를 먹는다.

2265 眨 zhǎ 동 깜박거리다. 깜박이다.

孩子眼睛一眨一眨，好像在想什么事情。
아이가 눈을 깜박깜박 거리는 것이 마치 무엇을 생각하는 것 같다.

2266 诈骗 zhàpiàn 동 속이다. 갈취하다.

诈骗穷人钱财的人不得好死。
가난한 사람의 돈을 갈취하는 사람은 제 명에 죽지 못한다.

2267 摘要 zhāiyào 명 적요. 개요.
동 적요하다.

论文摘要要用中英文来写。논문 개요는 중문과 영문으로 써야 한다.
可以摘要别人的论文，但是不能全部引用。
다른 사람의 논문을 적요는 해도 되지만, 전부를 인용해서는 안 된다.

2268 **债券 zhàiquàn** 〔명〕 채권.

这份债券是免税的。이 채권은 면세이다.

2269 **沾光 zhānguāng** 〔동〕 득을 보다. 덕을 보다.

一个人当官，全家人跟着沾光。
한 사람이 관원이 되면 모든 가족이 따라서 득을 본다.

2270 **瞻仰 zhānyǎng** 〔동〕 우러러보다.

儿孙们都去瞻仰老人的遗像。아들 손자들이 모두 노인의 초상을 우러러본다.

2271 **斩钉截铁 zhǎndīng jiétiě** 〔성〕 맺고 끊다. 과단성이 있고 머뭇거리지 않다.

他说得斩钉截铁，好像已经下定决心了。
그는 말하는 데 있어 맺고 끊음이 분명한데, 마치 이미 결정을 내린 것 같다.

2272 **展示 zhǎnshì** 〔동〕 전시하다. 드러내다.

这些图片展示了过去二十年的成就。
이러한 사진들은 과거 20년의 성취를 보여준다.

2273 **展望 zhǎnwàng** 〔동〕 먼 곳을 보다. 전망하다.

展望未来，我们信心百倍。미래를 바라보니 자심감이 넘친다.

2274 **展现 zhǎnxiàn** 〔동〕 드러내다. 나타나다.

你不能改变容貌，但可以展现笑容。
생김새는 바꿀 수 없지만, 미소를 지을 수 있다.

2275 崭新 zhǎnxīn 형 참신하다. 아주 새롭다.

一辆崭新的轿车开进了市政府大院。
신형 자동차 한 대가 시청의 정원으로 들어갔다.

2276 占据 zhànjù 동 점거하다. 점유하다.

他的车占据两个车位，引起了邻居的不满。
그의 차가 두 자리를 차지해서 이웃들의 불만을 샀다.

2277 占领 zhànlǐng 동 점령하다.

日本占领台湾五十一年。 일본은 대만을 51년간 점령했다.

2278 战斗 zhàndòu 명 전투.
동 전투하다. 싸우다.

很多士兵在战斗中死去了。 많은 사병이 전투 중에 사망했다.
新春佳节很多人仍然战斗在工作第一线。
많은 사람들이 설날에도 여전히 작업의 최일선에서 고군분투하고 있다.

2279 战略 zhànlüè 명 전략.

战争中战略很重要。 전쟁 중에는 전략이 중요하다.

2280 战术 zhànshù 형 전술의. 전술적인. 명 전술.

他是国际象棋的战术大师。 그는 국제 바둑계에서 전술적인 대가이다.

2281 战役 zhànyì 명 전역. 전투.

那场战役在历史上很重要。 그 전투는 역사적으로 매우 중요하다.

2282 章程 zhāngchéng 명 장정. 규정. 조례.

我申请加入学会，并愿意遵守学会章程。
나는 학회에 가입 신청을 하였고, 학회 규정도 준수하는 데 동의했다.

2283 **帐篷** zhàngpeng　　　　　명 장막. 천막. 텐트.

大家一起打起帐篷准备野营。 모두 다같이 천막을 치고 야영을 준비한다.

2284 **障碍** zhàng'ài　　　　　명 장애물. 방해물.　동 방해하다.

缺乏教育是成功的障碍。 교육이 부족하면 성공의 장애물이 된다.

2285 **招标** zhāobiāo　　　　　동 입찰하다.

政府准备为新桥工程招标。 정부는 새로운 교각 사업 입찰을 준비 중이다.

2286 **招收** zhāoshōu　　　　　동 모집하다.

学校今年招收了2000名新生。 학교는 올해 2,000명의 신입생을 모집했다.

2287 **朝气蓬勃** zhāoqì péngbó　　　성 생기가 넘쳐흐르다.

孩子们都朝气蓬勃。 아이들은 모두 생기가 넘쳐 흐른다.

2288 **着迷** zháomí　　　　　동 몰두하다. 사로잡히다.

新游戏让他着迷。 새로운 게임이 그를 사로잡았다.

2289 **沼泽** zhǎozé　　　　　명 늪. 습지.

沼泽周围生活着很多白鹤。 습지 주위에 흰 두루미가 많이 서식한다.

2290 **照样 zhàoyàng** 〈부〉 여전히. 변함없이.
〈동〉 양식에 따라 쓰다.

尽管她有困难，她照样继续工作。
비록 그녀는 어려움이 있지만, 여전히 계속해서 일한다.
请您照这个样写。이 양식에 따라 쓰세요.

2291 **照耀 zhàoyào** 〈동〉 밝게 비추다.

阳光照耀着大地。태양이 대지를 밝게 비추고 있다.

2292 **折腾 zhēteng** 〈동〉 고통스럽게 하다.

你在里面折腾啥呢？너는 안에서 뭐가 그렇게 괴로워?

2293 **遮挡 zhēdǎng** 〈동〉 막다. 차단하다.

用雨伞遮挡阳光。우산으로 태양을 막아라.

2294 **折 zhé** 〈동〉 꺾다. 끊다.

他在花园折了一束花给她。그는 화원에서 꽃 한 다발을 꺾어 그녀에게 주었다.

2295 **折磨 zhémó** 〈동〉 고통스럽게 하다. 괴롭히다.

病痛折磨得他直呻吟。병이 고통스러워 그는 계속 신음만 한다.

2296 **侦探 zhēntàn** 〈명〉 탐정. 스파이. 간첩. 〈동〉 정탐하다.

他雇佣了一名私人侦探。그는 사립 탐정 한 명을 고용했다.

2297 **珍贵 zhēnguì** 〈형〉 진귀하다. 귀중하다.

远在美国的姐姐给我们寄来了一份珍贵的礼物。
멀리 미국에 있는 언니가 우리에게 진귀한 선물을 보내왔다.

2298 **珍稀** zhēnxī　　　　　　　형 진귀하고 드물다.

熊猫是珍稀动物。판다는 진귀하고 드문 동물이다.

2299 **珍珠** zhēnzhū　　　　　　명 진주.

她脖子上戴着一串珍珠，是生日的时候男朋友送给她的礼物。
그녀는 목에 진주목걸이를 차고 있는데, 이것은 생일 때 남자친구가 그녀에게 선물해준 것이다.

2300 **真理** zhēnlǐ　　　　　　명 진리.　　　　**L5**

真理永远不会改变。진리는 영원히 변하지 않는다.

2301 **真相** zhēnxiàng　　　　　명 진상. 실상.

真相终于大白，坏人被关进了监狱。
진상이 마침내 다 밝혀져, 악인은 감옥으로 보내졌다.

2302 **真挚** zhēnzhì　　　　　　형 성실하다. 참되다.

请接受我真挚的谢意。저의 진실한 감사의 뜻을 받아주세요.

2303 **斟酌** zhēnzhuó　　　　　동 다듬다. 헤아리다. 짐작하다.

每个词句都经过长久斟酌。모든 단어와 문장은 모두 오랫동안 다듬은 것이다.

2304 **枕头** zhěntou　　　　　　명 베개.　　　　**L5**

床上放着两个枕头。침대에 베개 두 개가 놓여있다.

2305 **阵地** zhèndì　　　　　　명 진지. 일선.

战士们虽然负伤的很多，但是一直严守阵地。
전사들은 비록 부상자는 많지만 여전히 진지를 엄호 중이다.

2306 **阵容** zhènróng 명 진용. 라인업.

那部电影的演员阵容很强大，因此创下了新的票房记录。
그 영화의 연기자 진용은 정말 대단해서, 새로운 흥행기록을 만들어냈다.

2307 **振奋** zhènfèn 형 분기하다. 진작시키다.

从前面传来让人振奋的消息。 앞에서 사람을 진작시키는 소식이 전해져왔다.

2308 **振兴** zhènxīng 동 진흥시키다.

只有振兴乡镇经济，才能真正提高国力。
지방 경제를 일으켜야만 진정으로 국력을 향상시킬 수 있다.

2309 **震撼** zhènhàn 동 진동시키다. 뒤흔들다. **N**

副总裁突然辞职造成震撼。 부총재의 갑작스런 사직으로 혼란이 야기되었다.

2310 **震惊** zhènjīng 형 깜짝 놀라게 하다. 경악하게 하다.

这个消息让大家震惊。 이 소식은 모두를 경악하게 했다.

2311 **镇定** zhèndìng 형 차분하다. 태연하다.

即使面临危险，她还是很镇定。
설령 위기에 직면하더라도 그녀는 여전히 매우 차분하다.

2312 **镇静** zhènjìng 형 냉정하다. 침착하다.

他表现得很镇静。 그는 매우 침착하게 보인다.

2313 **正月** zhēngyuè 명 정월. 음력 1월.

正月初一是新的一年的开始。 정월 초하루는 새로운 한 해의 시작이다.

2314 **争端** zhēngduān　　　　　몡 분쟁의 실마리. 싸움의 발단.

我和任何人之间都没有争端。나는 어떤 사람과도 분쟁이 없다.

2315 **争夺** zhēngduó　　　　　동 쟁탈하다. 다투다.

两队争夺得很激烈。두 팀이 격렬하게 다툰다.

2316 **争气** zhēngqì　　　　　동 잘하려고 애쓰다. 지지 않으려고 애쓰다.

他这个人真不争气。그 사람은 정말 잘하려고 하지 않는다.

2317 **争先恐后** zhēngxiān kǒnghòu　셍 뒤질세라 앞을 다투다.

同学们都争先恐后地去报了名。반 친구들이 앞다투어 신청을 했다.

2318 **争议** zhēngyì　　　　　동 쟁의하다.

这个问题还在争议中。이 문제는 아직 논쟁 중이다.

2319 **征服** zhēngfú　　　　　동 정복하다.

登山队征服了世界第一高峰。등산팀은 세계 제일의 고봉을 정복했다.

2320 **征收** zhēngshōu　　　　　동 징수하다.

为了保护本国的汽车行业，政府决定对进口汽车征收高额关税。
본국의 자동차 산업을 보호하기 위해서, 정부는 수입 차량에 대한 고액의 관세를 징수하기로 결정했다.

2321 **挣扎** zhēngzhá　　　　　동 발버둥치다.

他挣扎着坐了起来。그는 발버둥치며 앉았다.

2322 **蒸发** zhēngfā　　　　　　동 증발하다.

贴上一层薄膜才能防止水分蒸发。
얇은 막을 한 겹 붙여야만 수분 증발을 방지할 수 있다.

2323 **整顿** zhěngdùn　　　　　동 정돈하다. 바로잡다.

政府整顿市场秩序，提倡公平竞争。
정부는 시장 질서를 바로잡고 선의의 경쟁을 선도한다.

2324 **正当** zhèngdāng　　　　　동 마침 ~에 처하다.

正当妈妈准备出门的时候，孩子来了。
엄마가 막 외출하려고 할 때 아이가 왔다.

2325 **正负** zhèngfù　　　　　　명 플러스 마이너스.

误差率在正负3.2%。 오차율이 플러스 마이너스 3.2%다.

2326 **正规** zhèngguī　　　　　　형 정규의. 표준의.

一看他打球的动作就知道他接受过正规的训练。
그가 공을 치는 동작만 봐도 그가 정식훈련을 받아본 적이 있음을 알 수 있다.

2327 **正经** zhèngjing　　　　　　형 정직하다. 곧다. 정당하다.

他整天没有正经事儿。 그는 온종일 정당한 일은 하지 않는다.

2328 **正气** zhèngqì　　　　　　명 공명정대한 태도.

他满脸正气，但是内心却很肮脏。
그는 만면에 공명정대한 표정을 지어보이지만 내심으로는 추악하다.

2329 **正义** zhèngyì　　　　　　명 정의.

为正义而斗争，为正义可以牺牲自己的生命。
정의를 위해 투쟁하고 정의를 위해서 자신의 생명을 희생할 수도 있다.

2330 **正宗** zhèngzōng　　　혱 정통의. 진정한.　　　Ⓝ

那家的中国料理一点儿都不正宗。그 식당의 중국요리는 전혀 정통적이지 않다.

2331 **证实** zhèngshí　　　동 실증하다. 사실을 증명하다.

有人能证实这种说法吗？누가 이런 말을 증명할 수 있니?

2332 **证书** zhèngshū　　　명 증서. 증명서.

他毕业好久了，但是一直没有去学校拿毕业证书。
그는 졸업한 지 오래 되었는데도 줄곧 학교에 가서 졸업증서를 가져오지 않았다.

2333 **郑重** zhèngzhòng　　　혱 정중하다.

他郑重保证要做得更好。그는 더욱더 잘 할 것이라고 정중하게 보증한다.

2334 **政策** zhèngcè　　　명 정책.　　　L5

大多数经济政策都是无效的。대부분의 경제 정책은 모두 효과가 없다.

2335 **政权** zhèngquán　　　명 정권.

中华人民共和国的国家政权属于人民。
중화인민공화국의 국가정권은 인민에게 속해 있다.

2336 **症状** zhèngzhuàng　　　명 증상. 증후.

症状已经消失了，但是还要坚持吃药。
증상은 이미 없어졌지만 여전히 지속적으로 약을 먹는다.

2337 **之际** zhījì　　　명 (일이 발생한) 때. 즈음.　　　Ⓝ

危急之际老师跑了，很多学生也跑了。
위기가 발생할 즈음에 선생님도 도망가고 학생들도 많이 도망갔다.

2338 **支撑** zhīchēng 　　　　　圄 버티다. 지탱하다.

她用双手支撑起身体。그녀는 두 손으로 신체를 지탱한다.

2339 **支出** zhīchū 　　　　　圄 지출하다.
　　　　　　　　　　　　　　圐 지출.

今天又支出一大笔资金。오늘 또 큰 자금을 지출했다.
减少支出，增加收入。지출을 줄이고 수입을 늘려라.

2340 **支流** zhīliú 　　　　　圐 지류.

这是长江的一条支流。이곳은 창장의 한 지류이다.

2341 **支配** zhīpèi 　　　　　圄 안배하다. 분배하다. 지배하다.

爱不是要支配对方。사랑은 상대방을 지배하려는 것이 아니다.

2342 **支援** zhīyuán 　　　　　圐 지원. 지지. 圄 지원하다. 지지하다.

我需要你的忠告和支援。나는 너의 충고와 지지가 필요하다.

2343 **支柱** zhīzhù 　　　　　圐 지주. 받침대.

那个岛国的经济支柱是渔业。저 섬나라의 경제 받침대는 어업이다.

2344 **枝** zhī 　　　　　　　　圐 가지.(가늘고 긴 물건을 셀 때 쓰임)

一枝野玫瑰在路边绽放着。야생 장미가 길가에 피어있다.

2345 **知觉** zhījué 　　　　　圐 지각. 감각.

冻得她失去了知觉。얼어서 그녀는 감각을 잃었다.

2346 **知足常乐** zhīzú chánglè 　　圀 만족할 줄 알면 즐겁다.

许多人相信知足常乐的道理。
많은 사람들이 만족할 줄 알면 즐겁다는 도리를 믿는다.

2347 **脂肪** zhīfáng 　　　　명 지방.

我们怎样才能少摄入脂肪? 우리는 어떻게 해야 지방의 섭취를 줄일 수 있지?

2348 **执行** zhíxíng 　　　　동 집행하다. 수행하다.　　　　**L5**

我们必须执行这项任务。 우리는 반드시 이 임무를 수행해야 한다.

2349 **执着** zhízhuó 　　　　형 집착하다. 고집스럽다.　　　　**N**

她嫁给了最执着追求她的人。
그녀는 그녀에게 가장 고집스럽게 구애하는 사람에게 시집을 갔다.

2350 **直播** zhíbō 　　　　동 생방송을 하다.

电视台正在直播那场比赛。
텔레비전 방송국은 지금 그 시합을 생방송하고 있다.

2351 **直径** zhíjìng 　　　　명 직경. 지름.　　　　**N**

那个圆很大, 直径大约有200米。 그 원은 커서, 직경이 대략 200미터나 된다.

2352 **侄子** zhízi 　　　　명 조카.　　　　**N**

我侄子来看望我。 내 조카가 나를 보러온다.

2353 **值班** zhíbān 　　　　동 당번이 되다. 당직을 맡다.

今天谁值班? 怎么没有把窗户管好?
오늘 누가 당번이죠? 왜 창문을 닫지 않았죠?

2354 **职能** zhínéng 　　　　명 직능. 직책과 기능.

国会的主要职能是立法。 국회의 주요 기능은 입법이다.

2355 **职位** zhíwèi 명 직위.

职位越高, 责任越大。 직위가 높아질수록 책임감은 커진다.

2356 **职务** zhíwù 명 직무.

他在公司担任重要职务。 그는 회사에서 중요한 직무를 맡고 있다.

2357 **殖民地** zhímíndì 명 식민지.

印度曾经是英国的殖民地。 인도는 일찍이 영국의 식민지였다.

2358 **指标** zhǐbiāo 명 목표. 지표. 수치.

我们会努力完成今年的指标。 우리는 노력해서 올해의 목표를 달성할 것이다.

2359 **指定** zhǐdìng 동 지정하다. 확정하다.

部队已经准时到达指定地点。 부대는 이미 제시간에 지정된 지점에 도달했다.

2360 **指甲** zhǐjia 명 손톱.

剪一下指甲吧, 你的指甲太长了。 손톱이 너무 기네. 손톱을 잘라라.

2361 **指令** zhǐlìng 명 지령. 동 지시하다. 명령하다.

士兵应该服从上级的一切指令。
사병은 반드시 상급자의 모든 지령에 복종해야 한다.

2362 **指南针** zhǐnánzhēn 명 나침반. 지침.

中国人发明了指南针。 나침반은 중국인이 발명했다.

2363 **指示** zhǐshì 동 가리키다. 지시하다. 명 명령. 지시.

上面指示了士兵们尽全力保护群众。
윗선에서 사병들에게 전력을 다해 군중을 보호하라고 지시하였다.

2364 **指望 zhǐwàng**　　　　동 기대하다. 바라다.
　　　　　　　　　　　　　　명 기대. 가망. 희망.

我能指望你吗? 你每次都爽约!
내가 네게 기대를 해도 되겠니? 너는 매번 약속을 어기잖아!

我觉得已经没有指望了。 나는 이미 희망이 없어져 버렸다.

2365 **指责 zhǐzé**　　　　　동 지적하다. 비난하다.

别指责别人，先检讨自己。
다른 사람을 지적하지 말고, 먼저 자신을 반성해라.

2366 **志气 zhìqì**　　　　　명 패기. 기개.

他有更高的志气。 그는 더 높은 기개가 있다.

2367 **制裁 zhìcái**　　　　　동 제재하다.

如果我说谎，我愿意接受法律的制裁。
만약 내가 거짓말을 한다면, 나는 기꺼이 법률적인 제재를 받겠다.

2368 **制服 zhìfú**　　　　　명 제복.

员工必须穿制服。 직원은 반드시 제복을 입어야 한다.

2369 **制约 zhìyuē**　　　　　동 제약하다.

环境问题制约着经济发展。 환경문제는 경제발전을 제약하고 있다.

2370 **制止 zhìzhǐ**　　　　　동 제지하다. 저지하다.

皇帝指示军队竭尽全力制止民间动乱。
황제는 군대가 전력을 다해 민간의 동란을 제지하라고 지시했다.

2371 **治安** zhì'ān　　　　　　　　명 치안.

那个小区的治安很不好。그 주택단지는 치안이 매우 좋지 않다.

2372 **治理** zhìlǐ　　　　　　　　동 다스리다. 정비하다. 치수하다.

大禹用挖掘河道的办法治理了洪水。
우왕은 수로를 파는 방법으로 홍수를 다스렸다.

2373 **致辞** zhìcí　　　　　　　　동 인사말을 하다. 축사를 하다.

市领导在开幕式上致辞。시 간부가 개막식에서 인사말을 한다.

2374 **致力** zhìlì　　　　　　　　동 진력하다. 애쓰다. 힘쓰다.　　**C**

他们致力于最好的平面设计。그들은 가장 좋은 평면 설계에 힘쓴다.

2375 **致使** zhìshǐ　　　　　　　　동 ~를 초래하다.

因不可抗力致使不能实现合同目的。
불가항력 때문에 계약 목적이 실현되지 못했다.

2376 **智力** zhìlì　　　　　　　　명 지력. 지능.

这是一道智力测验题。이것은 지능테스트 문제이다.

2377 **智能** zhìnéng　　　　　　　　명 지능.

人类的智能是无限的。인류의 지능은 무한하다.

2378 **智商** zhìshāng　　　　　　　　명 지능지수.

他的智商很高，但是不太努力。
그의 지능지수는 높지만 그다지 노력은 하지 않는다.

2379 **滞留** zhìliú　　　　　　　　동 ~에 머물다. 체류하다.

很多难民滞留在边境上。많은 난민이 변경에 머문다.

2380 **中断 zhōngduàn** 동 중단하다. 중단되다.

地震使得通讯中断了，一连几天都没有孩子的消息，父母很担心。
지진으로 통신이 중단되어, 며칠동안 계속 아이의 소식을 듣지 못해 부모는 걱정이다.

2381 **中立 zhōnglì** 명 중립. 동 중립을 지키다.

那个国家始终保持中立。그 국가는 시종일관 중립을 유지한다.

2382 **中央 zhōngyāng** 명 중앙. 정부의 최고 기관.

院子中央放着一张桌子。정원 한가운데에 책상 하나가 놓여있다.

2383 **忠诚 zhōngchéng** 형 충성하다. 충실하다.

那条小狗对主人很忠诚。저 강아지는 주인에게 매우 충성한다.

2384 **忠实 zhōngshí** 형 충실하다. 진실하다.

狗是人类忠实的朋友。개는 인류의 충실한 친구이다.

2385 **终点 zhōngdiǎn** 명 종착점. 종점.

他第一个跑到终点。그는 첫 번째로 종점에 도착했다.

2386 **终究 zhōngjiū** 부 결국. 어쨌든.

他想了半天，终究没有想明白。
그는 한참을 생각했으나 결국은 이해하지 못했다.

2387 **终身 zhōngshēn** 명 평생. 종신.

他立志终身为祖国工作。그는 평생 조국을 위해 일을 하기로 마음을 다졌다.

2388 **终止** zhōngzhǐ 　　　　　　　동 마치다. 정지하다.

革命工作从不终止。혁명 작업은 멈추지 않는다.

2389 **衷心** zhōngxīn 　　　　　　　형 충심의. 진심인.

衷心祝福你身体健康。진심으로 당신이 건강하기를 빕니다.

2390 **肿瘤** zhǒngliú 　　　　　　　명 종양.

老人胸部有一个肿瘤。노인은 흉부에 종양이 하나 있다.

2391 **种子** zhǒngzi 　　　　　　　명 종자. 열매.

一粒种子的力量大得让人无法想像。
씨앗 하나의 힘은 사람이 상상하기 힘들 정도로 크다.

2392 **种族** zhǒngzú 　　　　　　　명 종족. 인종.

虽然是不同种族，但是俩人关系非常好。
비록 인종은 다르지만, 두 사람은 관계가 아주 좋다.

2393 **众所周知** zhòngsuǒ zhōuzhī 　　성 모든 사람이 다 알고 있다.

他们俩的关系众所周知。그들 둘의 관계는 누구나 다 안다.

2394 **种植** zhòngzhí 　　　　　　　동 재배하다. 씨를 뿌리고 묘목을 심다. **N**

山上种植着很多松树。산에 소나무가 많이 심어져 있다.

2395 **重心** zhòngxīn 　　　　　　　명 중심. 무게 중심. 핵심.

不能偏离工作重心，做一些有用的事情。
작업의 중심에서 벗어나서는 안 되고 좀 유용한 일을 해라.

2396 **舟** zhōu 　　　　　　　　　명 배.

一叶小舟在河边停泊着，上面立着一只水鸟。
작은 배 하나가 강가에 정박해있고 상공에는 물새 한 마리가 있다.

2397 **州 zhōu** 명 주. 자치 주.

美国有55个州。 미국에는 55개의 자치주가 있다.

2398 **周边 zhōubiān** 명 주변. 주위.

我家周边有很多咖啡厅。 우리 집 주위에는 커피숍이 많다.

2399 **周密 zhōumì** 형 조밀하다. 꼼꼼하다.

他说话做事都很周密。 그는 말과 행동이 모두 꼼꼼하다.

2400 **周年 zhōunián** 명 주년.

爷爷去世五周年了。 할아버지가 돌아가신 지 5주년이 되었다.

2401 **周期 zhōuqī** 명 주기.

一个月为一个周期，一共三个周期。
한 달이 하나의 주기이고, 모두 세 개의 주기가 있다.

2402 **周折 zhōuzhé** 명 우여곡절.

我迷路了，费了很多周折才找到这里。
나는 길을 잃어서 많은 우여곡절 끝에 이곳을 찾았다.

2403 **周转 zhōuzhuǎn** 동 융통하다. 회전시키다. 돌리다.

资金一时周转不开。 자금이 잠시 융통되지 않는다.

2404 **粥 zhōu** 명 죽.

天气太冷了，煮一点儿粥喝吧。 날씨가 너무 춥네, 죽을 좀 끓여 먹자.

2405 昼夜 zhòuyè
명 낮과 밤.

一昼夜等于24小时。 하루의 낮과 밤은 24시간이다.

2406 皱纹 zhòuwén
명 주름.

妈妈脸上开始出现皱纹了。 엄마는 얼굴에 주름이 생기기 시작했다.

2407 株 zhū
양 그루.(나무를 세는 단위)

村口有一株大树，村里的老人都去那里乘凉。
마을 입구에 큰 나무가 한 그루 있는데, 마을의 노인은 모두 그곳에서 더위를 식힌다.

2408 诸位 zhūwèi
대 제위. 여러분.

谢谢诸位的光临。 여러분의 방문에 감사드립니다.

2409 逐年 zhúnián
부 해마다. 매년.

轿车的数量在逐年增长。 승용차의 수량이 매년 증가한다.

2410 主办 zhǔbàn
동 주최하다.

这次活动由集团办公室主办。 이번 행사는 그룹 사무실에서 주관한 것이다.

2411 主导 zhǔdǎo
명 주도. 주도적인 것.
동 주도하다.
형 주도의. 주도적인.

这是整个事情的主导。 이것은 모든 일의 주도적인 것이다.

我要主导，这是我们部门的业务。
이것은 우리 부서의 업무이므로, 내가 주도해야 한다.

还没有出现占主导地位的集团。
아직 주도적 위치를 차지한 기업이 나타나지 않았다.

2412 主管 zhǔguǎn
동 주관하다.
명 책임자. 주관자.

谁来主管这个科呢? 누가 이 과를 주관하죠?
谁是部门主管? 누가 부서의 책임자입니까?

2413 主流 zhǔliú
명 주류. 주된 추세.

长江除了主流之外还有很多支流。창장은 주류 외에도 지류가 많이 있다.

2414 主权 zhǔquán
명 주권.

任何主权国家都不允许他国干涉内政。
어떠한 주권 국가도 타국의 내정 간섭을 허락하지 않는다.

2415 主义 zhǔyì
명 주의.

韩国是民主主义, 任何公民都享有民主自由。
한국은 민주주의 나라로, 시민 어느 누구건 간에 민주적 자유를 누린다.

2416 拄 zhǔ
동 짚다. 몸을 지탱하다.

老奶奶拄着拐杖站在门口等孙子。
나이 드신 할머니가 지팡이를 짚고 입구에 서서 손자를 기다리신다.

2417 嘱咐 zhǔfù
동 분부하다. 당부하다.

妈妈一再嘱咐我路上小心。엄마는 재차 내게 길에서 조심하라고 당부하신다.

2418 助理 zhùlǐ
형 보조하다.
명 비서. 보조원.

秘书助理董事长处理公司事务。
비서는 이사장을 도와서 회사의 업무를 처리한다.

社长助理暂时代替社长主持工作。
사장 비서는 잠시 사장을 대신해 업무를 주관한다.

2419 **助手** zhùshǒu 몡 비서. 보조. 조수.

我很愿意给你当助手。저는 당신의 비서가 되기를 몹시 바랍니다.

2420 **住宅** zhùzhái 몡 주택.

住宅附近不能燃放烟花爆竹。주택 부근에서는 불꽃놀이를 하면 안 된다.

2421 **注射** zhùshè 동 주사하다.

护士给病人注射药品。간호사는 환자에게 약품을 주사한다.

2422 **注视** zhùshì 동 주시하다. 지켜보다.

他注视着远方，好像在等什么人。
그는 먼 곳을 주시하고 있는데 마치 누군가를 기다리는 것 같다.

2423 **注释** zhùshì 동 주석하다.
 몡 주석.

他给正本都注释了。그는 원본에 주석을 했다.
这篇论文一共有十条注释。이 논문은 모두 합쳐 10개의 주석이 있다.

2424 **注重** zhùzhòng 동 중시하다.

我们学校很注重个人能力的培养。
우리 학교는 개인의 능력 개발을 중시한다.

2425 **驻扎** zhùzhā 동 주둔하다. 주재하다.

军队驻扎在我们村后。군대는 우리 마을 뒤편에 주둔한다.

2426 **著作** zhùzuò 몡 저서. 저작.
 동 저작하다.

他的著作都很受欢迎。 그의 저서는 인기가 많다.
他著作了很多书。 그는 많은 책을 저술했다.

2427 **铸造** zhùzào　　　　　　　통 주조하다.

这个钟是青铜铸造的。 이 시계는 청동으로 주조한 것이다.

2428 **拽** zhuài　　　　　　　통 잡아당기다. 끌다.

他拽了我一把，我才没有掉下去。
그가 나를 잡아당겨줘서 나는 떨어지지 않았다.

2429 **专长** zhuāncháng　　　　　명 특기. 특수 기능.

没什么专长让我很苦恼。 특별한 특기가 없어서 고민이다.

2430 **专程** zhuānchéng　　　　　부 특별히.

谢谢你专程来看我。 당신이 특별히 나를 보러 와줘서 고맙다.

2431 **专利** zhuānlì　　　　　　명 특허권.

他已经把自己的发明申请了专利。
그는 이미 자신의 발명에 대해 특허권을 신청했다.

2432 **专题** zhuāntí　　　　　　명 특별한 주제. 특정한 테마.

明天下午学校有一场专题报告会，你来听吧。
내일 오후 학교에 특별한 주제의 보고회가 있으니 너도 와서 들어봐.

2433 **砖** zhuān　　　　　　　명 벽돌.　　　　　　Ⓝ

这座房子是砖木结构。 이 집은 벽돌과 나무로 이루어졌다.

2434 **转达 zhuǎndá** 동 전달하다. 전하다.

他回来后转达了会议精神。 그는 돌아온 후에 회의의 주요 내용을 전했다.

2435 **转让 zhuǎnràng** 동 양도하다. 넘겨주다.

本商店转让，欢迎随时前来洽谈。
본 상점을 양도하려 하니 언제든지 오셔서 상담하세요.

2436 **转移 zhuǎnyí** 동 이동하다. 옮기다.

灾民已经转移出来了。 이재민은 이미 이주했다.

2437 **转折 zhuǎnzhé** 동 방향이 바뀌다. 전환하다.

事态的发展又一次转折了。 사태의 발전은 다시 한 번 바뀌었다.

2438 **传记 zhuànjì** 명 전기.

他是一位传记作家。 그는 전기 작가이다.

2439 **庄稼 zhuāngjia** 명 작물. 농작물. Ⓝ

农民都很爱惜庄稼。 농민은 모두 농작물을 아낀다.

2440 **庄严 zhuāngyán** 형 장엄하다. 엄숙하다.

这是一个庄严的职责。 이것은 장엄한 직책이다.

2441 **庄重 zhuāngzhòng** 형 장중하다.

哥哥总是那么庄重认真。 형은 항상 저렇게 장중하고 진지하다.

2442 **装备 zhuāngbèi** 명 장비. 설비.
동 탑재하다. 장치하다.

部队的装备很精良。부대의 장비가 매우 훌륭하다.
整个部队已经装备好了。모든 부대가 이미 탑재를 마쳤다.

2443 **装卸** zhuāngxiè 동 하역하다. 조립하고 해체하다.

哥哥是一名装卸工人。형은 하역부이다.

2444 **壮观** zhuàngguān 형 장관이다.

黄果树瀑布很壮观。황궈수 폭포가 매우 장관이다.

2445 **壮丽** zhuànglì 형 웅장하고 아름답다.

眼前的景色很壮丽。눈앞의 풍경이 웅장하고도 아름답다.

2446 **壮烈** zhuàngliè 형 장렬하다.

为了祖国，他壮烈牺牲了。조국을 위해, 그는 장렬히 희생했다.

2447 **幢** zhuàng 양 동. 채.(건물을 셀 때 쓰임)

一幢别墅出现在我的视野里，我知道那就是他的家。
별장 한 채가 나의 시야에 들어왔는데 나는 그것이 바로 그의 집이라는 것을 알았다.

2448 **追悼** zhuīdào 동 추도하다. 추모하다.

追悼逝去的先烈们。돌아가신 선열들을 추모해라.

2449 **追究** zhuījiū 동 추궁하다. 따지다. 규명하다.

这次就不追究你的责任了。이번에는 당신의 책임을 따지지 않겠습니다.

2450 **坠** zhuì 동 떨어지다. 추락하다. 매달리다. **N**

他感觉整个身子像是在往下坠。
그는 온몸이 마치 밑으로 떨어지는 느낌을 받았다.

2451 **准则** zhǔnzé 명 준칙. 규범.

节约时间和节约用水成了他生活的准则。
시간을 절약하고 용수를 절약하는 것이 그의 생활 준칙이 되었다.

2452 **卓越** zhuóyuè 형 탁월하다. 출중하다.

他在有机化学领域取得了卓越的成就。
그는 유기화학 영역에서 탁월한 성과를 얻었다.

2453 **着手** zhuóshǒu 동 착수하다.

他一时不知道从哪里着手。그는 잠시 어디에서부터 착수해야 하는지 몰랐다.

2454 **着想** zhuóxiǎng 동 생각하다. 고려하다.

父母时刻为儿女着想。부모님은 언제나 자녀를 위해 생각하신다.

2455 **着重** zhuózhòng 동 치중하다. 강조하다.

这次着重检查厨房卫生。이번에는 주방 위생 검사에 중점을 둔다.

2456 **琢磨** zhuómó 동 탁마하다. 다듬다.

琢磨了半天也没有明白老师的意思。
한참을 갈고 닦았는데도 선생님의 뜻을 이해하지 못했다.

2457 **姿态** zītài 명 자태. 모습. 자세.

他摆出了一种悲哀的姿态。그는 슬픈 모습에서 벗어났다.

2458 **资本** zīběn 명 자본. 자금. 밑천.

资本不足，不能扩大投资。자본이 부족해서 투자를 확대할 수 없다.

2459 **资产** zīchǎn　　　　　　명 자산. 재산.

他有四十亿韩币的资产。그는 한화 40억의 자산이 있다.

2460 **资深** zīshēn　　　　　　형 경력이 오래된. 베테랑의.

一位资深记者采访了我们公司。베테랑 기자가 우리 회사를 인터뷰했다.

2461 **资助** zīzhù　　　　　　동 (경제적으로) 돕다.

在他的资助下，几名大学生完成了学业。
그의 후원으로 대학생 몇 명이 학업을 마쳤다.

2462 **滋润** zīrùn　　　　　　형 습윤하다. 촉촉하다.
　　　　　　　　　　　　동 촉촉하게 적시다. 축이다.

孩子的皮肤很滋润。아이의 피부는 아주 촉촉하다.
春雨滋润了大地。봄비가 대지를 촉촉하게 적시었다.

2463 **滋味** zīwèi　　　　　　명 맛. 기분. 심정.

心里不是滋味。기분이 영 아니다.

2464 **子弹** zǐdàn　　　　　　명 총알.

子弹穿透了他的胸膛，他壮烈牺牲了。
총알이 그의 가슴을 뚫고 지나가 그는 장렬히 전사했다.

2465 **自卑** zìbēi　　　　　　형 스스로 남보다 못하다고 느끼다.

没有什么可自卑的，你很优秀。열등감 가질 것 없어, 너는 훌륭해.

2466 **自发** zìfā　　　　　　형 자발적인.

学生们自发地开始拍手。학생들이 자발적으로 박수를 치기 시작했다.

2467 **自力更生** zìlì gēngshēng　　성 자력갱생하다.

不依靠别人，自力更生。 다른 사람에게 의지하지 말고 자력갱생해라.

2468 **自满** zìmǎn　　형 자만하다.

他太骄傲自满了。 그는 너무 거만하다.

2469 **自主** zìzhǔ　　동 자주적이다.

她希望能自主决定。 그녀는 스스로 결정할 수 있기를 바란다.

2470 **宗教** zōngjiào　　명 종교. **L5**

韩国是一个宗教自由的国家。 한국은 종교 자유의 국가이다.

2471 **宗旨** zōngzhǐ　　명 취지. 목적.

保障人民安全是我们警察工作的宗旨。
국민의 안전을 보장하는 것이 우리 경찰 업무의 주된 목적이다.

2472 **棕色** zōngsè　　명 갈색. 다갈색.

很多外国人的头发是棕色的。 많은 외국인의 머리카락이 갈색이다.

2473 **踪迹** zōngjì　　명 종적. 자취.

我家的猫突然消失得没有踪迹了。
우리 집 고양이가 갑자기 종적도 없이 사라졌다.

2474 **总而言之** zǒng'ér yánzhī　　성 총괄적으로 말하면.

总而言之，他现在很生气。 어쨌든 그는 지금 화가 나 있다.

2475 **总和** zǒnghé　　명 총체. 총계.

两组数字的总和等于十万。두 숫자 그룹의 총합은 10만이다.

2476 **纵横** zònghéng　　　　　형 종횡의. 가로세로.

首尔的地铁纵横交错。서울의 지하철은 종횡으로 교차된다.

2477 **走廊** zǒuláng　　　　　명 복도. 회랑.

门外是一条长长的走廊。문밖에 매우 긴 복도가 있다.

2478 **走漏** zǒulòu　　　　　동 누설하다.

不小心走漏了风声，敌人已经悄悄武装了起来。
부주의로 소문이 새어나가, 적들은 이미 몰래 무장하기 시작했다.

2479 **走私** zǒusī　　　　　동 밀수하다.

海关在严厉打击走私。세관은 엄하게 밀수를 단속한다.

2480 **揍** zòu　　　　　동 때리다. 치다.

他因为不听话，被爸爸揍了一顿。
그는 말을 듣지 않아서 아빠에게 한 대 맞았다.

2481 **租赁** zūlìn　　　　　동 임차하다. 빌리다.

我家的房子已经租赁出去了。 우리 집은 이미 세가 나갔다.

2482 **足以** zúyǐ　　　　　부 충분히[족히] ~할 수 있다.

两天时间足以完成任务。이틀이라는 시간은 임무를 완성하기에 충분하다.

2483 **阻碍** zǔài　　　　　동 방해하다. 가로막다.

一块石头阻碍了交通。돌 하나가 교통을 방해했다.

2484 **阻拦** zǔlán 　　　　　　图 저지하다. 막다.

一条大狗阻拦着他不能进去。
큰 개 한 마리가 그가 들어가지 못하게 막고 있다.

2485 **阻挠** zǔnáo 　　　　　　图 가로막다. 차단하다.

没有人能阻挠改革的前进。개혁의 전진을 방해할 사람은 없다.

2486 **祖父** zǔfù 　　　　　　图 조부. 할아버지.

祖父很健康，这是我们大家的福气。
조부께서 무척 건강하신 것은 우리 모두의 복이다.

2487 **祖国** zǔguó 　　　　　　图 조국.　　　　　　**L5**

我爱我的祖国。나는 내 조국을 사랑한다.

2488 **祖先** zǔxiān 　　　　　　图 선조. 조상.　　　　**L5**

祖先给我们留下了很多精神财富。
선조는 우리에게 많은 정신적 재산을 남겼다.

2489 **钻研** zuānyán 　　　　　　图 깊이 연구하다.

研究人员们认真钻研杂交水稻的栽培技术。
연구원들은 진지하게 교배 벼 품종의 재배기술을 깊이 연구한다.

2490 **钻石** zuànshí 　　　　　　图 금강석. 다이아몬드.

钻石很贵，像我这样的穷人买不起。
다이아몬드는 비싸서 나같이 이렇게 가난한 사람은 살 수 없다.

2491 **嘴唇** zuǐchún 　　　　　　图 입술.

嘴唇上有点儿血。입술에 피가 약간 났다.

2492 **罪犯** zuìfàn　　　　　　　명 범인. 죄인.

罪犯被关进了监狱。 범인은 감옥에 갇혔다.

2493 **尊严** zūnyán　　　　　　명 존엄. 존엄성.
　　　　　　　　　　　　　　형 존엄하다.

他用自杀的方式维护了自己的尊严。
그는 자살의 방식으로 자신의 존엄을 지켰다.

那个夫人显得高贵而又尊严。 저 부인은 보기에 고귀하고 또 존엄해 보인다.

2494 **遵循** zūnxún　　　　　　동 따르다.

生态系统遵循一定的自然规律。 생태계는 일정한 자연 규율을 따른다.

2495 **作弊** zuòbì　　　　　　동 법이나 규정을 어기다. 부정행위를 하다.

他因为考试作弊被批评了。 그는 시험에서 부정행위를 해서 혼났다.

2496 **作废** zuòfèi　　　　　　동 폐기하다.

原先的规章制度作废，新的规章制度下周实行。
종전의 규율제도가 폐기되고 새로운 규정이 다음 주에 실행된다.

2497 **作风** zuòfēng　　　　　　명 기풍. 풍격. 태도.

这不是她的作风，肯定有其他的原因。
이것은 그녀의 스타일이 아닌데, 분명히 다른 원인이 있을 것이다.

2498 **作息** zuòxī　　　　　　동 일하고 휴식하다.

要有规律作息，否则身体会出现各种不良症状。
규칙적으로 일하고 휴식을 해야 하는데, 그렇지 않으면 신체에 여러 좋지 않은 증상이 나타날 것이다.

2499 **座右铭** zuòyòumíng 명 좌우명.

你的座右铭是什么? 네 좌우명은 무엇이니?

2500 **做主** zuòzhǔ 동 주인이 되다. 주관하다.

这件事情我做主。 이 일은 내가 주관한다.